도시,
역사를
바꾸다

THE CITY : A Global History

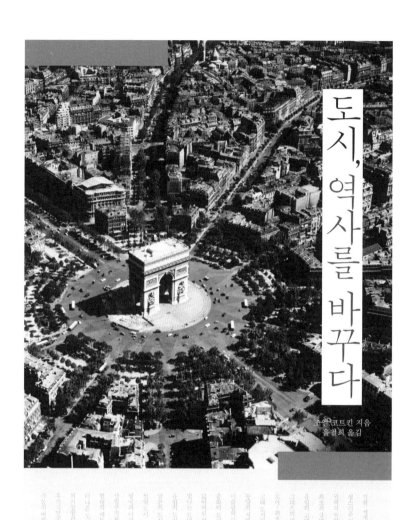

도시, 역사를 바꾸다

조엘 코트킨 지음
윤철희 옮김

을유문화사

옮긴이 윤철희

연세대학교 경영학과와 동 대학원을 졸업하고, 현재 전문 번역가로 활동하고 있다. 옮긴 책으로
『위대한 영화 1, 2』, 『히치콕: 서스펜스의 거장』, 『제임스 딘』, 『런던의 짧은 역사』, 『지식인의 두 얼
굴』, 『로저 에버트』 등이 있다.

도시, 역사를 바꾸다

발행일
2007년 4월 20일 초판 1쇄
2013년 3월 10일 신판 1쇄
2019년 3월 20일 신판 3쇄

지은이 | 조엘 코트킨
옮긴이 | 윤철희
펴낸이 | 정무영
펴낸곳 | (주)을유문화사

창립일 | 1945년 12월 1일
주 소 | 서울시 마포구 월드컵로16길 52-7
전 화 | 02-733-8153
팩 스 | 02-732-9154
홈페이지 | www.eulyoo.co.kr
ISBN 978-89-324-7201-0 03900

나의 동생, 마크에게

"우리의 인생을 풍부하게 만들어 주는 도시의 과거와 미래"

도시 발달의 역사는 태초의 기원에서 출발한 인류가 세계를 통제하게 되기까지의 이야기를 구체적으로 보여 준다. 이는 또한 프랑스 신학자 자크 엘륄이 말했듯이, 타고난 은총에서 추락한 인간이 잘 기능하는 새로운 사회를 창조해 내려는 시도를 상징한다.

"카인은 도시를 세웠다"고 엘륄은 썼다. "그는 하나님의 에덴을 자신의 도시로 대체했다."[1] 중앙아메리카에서부터 중국, 북아프리카, 인도, 메소포타미아에 이르는 지역에 세워진 도시들의 최초 건립자들의 머릿속에는 새로운 종류의 인공 환경을 창조해 내려는 욕망이 꽉 차 있었다. 그 과정에서 그들은 오랫동안 인간 관계의 틀을 지탱해 온 부족과 씨족관계를 초월하는 사회적, 윤리적 체제를 만들어 냈다.

두 가지 핵심적인 주제가 도시들의 이런 역사에 대해 알려 준다. 첫째 주제는 인종과 기후, 소재지가 천양지차임에도 도시들의 경험은 보편적이라는 것이다. 이것은 순식간에 이뤄지는 커뮤니케이션과 글로벌 네트워크, 수송의 용이함이 도시들의 공통점을 더욱 두드러지게 만들기 이전에도 진리였다. 프랑스 사학자 페르낭 브로델의 지적처럼 "공간뿐 아니라 시간의 어느 지점에 자리를 잡았건 관계없이, 도시는 늘 도시이다."[2]

이 책의 첫 부분에 등장하는, 16세기에 베르날 디아스가 쓴 일기는 이 주제를 놀라운 방식으로 나타낸다. 코르테스의 부관이던 디아스는 세비야, 앤트워프, 콘스탄티노플 같은 유럽의 도시들에서 찾아볼 수 있는 특징들을 보여 주면서도 아주 이질적인 위대한 도시인 테노치티틀란(지금의 멕시코시티)에 대해 들려 준다.

테노치티틀란은 유럽의 메트로폴리스와 비슷하게 위대한 종교적 중심지이자 성스러운 공간으로 굳건히 자리를 잡았다. 테노치티틀란은 방비가 튼튼하고 안전한 곳에 자리를 잡아 거주민들이 도시 생활을 집중적으로 영위할 수 있게 했다. 이 위대한 아스텍의 수도는 커다란 장터도 자랑감이었다. 진열된 상품들의 대다수도 기이하고 이국적이었지만 이 장터는 대서양 건너편에 있는 도시의 장터와 비슷한 방식으로 운영됐다.

오늘날 세계 곳곳의 도시에서 이런 공통점을 볼 수 있다. 동아시아나 영국 동부, 로스앤젤레스의 광대한 교외에 있는 치안과 상업의 중심지들, 종교 시설들은 종종 유사한 방식으로 운영되고 메트로폴리스에서 동일하게 중요한 입지를 차지하며 건축 형태에서 공통점을 보여 주기까지 한다. 그리고 거의 모든 곳에서 도시의 본능적인 '느낌'을 만날 수 있다. 이는 분주한 거리나 무허가 시장, 무료 간선도로의 인터체인지에서 볼 수 있는 가속화되는 속도, 유명한 장소들을 만들어낼 필요성, 그 도시만의 독특한 정체성의 공유이다.

많은 도시역사학자들은 특별한 종류의 도시 ─ 뉴욕, 시카고, 런던, 파리, 도쿄가 전형적으로 보여 주는 인구 밀도가 높은 핵심적인 지역 ─ 에서 이런 현상을 확인했다. 내가 도시를 포괄적으로 정의하려는 것은 나의 제2의 고향인 로스앤젤레스와 개발도상국의 고도로 분산되고 확장일로에 있는 새로운 메트로폴리스 지역들을 될 수 있으면 많이 포함시키려는 시도에서다. 이 새로운 도시 지역들은 형태 면에서는 전통적인 도심과 많이 다르지만 본질적인 면에서는 하나같이 도시의 특징을 보여 준다.

이러한 현상은 성공적인 도시를 특징짓는 두 번째 일반화로 이어진다. 초창기 이래로, 도시 지역은 각기 별개인 세 가지 중요 기능들 ─성스러운 공간의 창출, 기본적인 치안의 제공, 돈벌이가 되는 시장의 소재지─을 수행해왔다. 도시들은 이 기능들을, 많고 적은 정도의 차이만 있을 뿐, 모두 보유한다. 다시 말해, 도회 생활의 이 세 측면에 심각한 약점이 있을 경우, 그 약점은 부지불식간에 도시의 생명에 해를 끼치며 결국에는 도시를 쇠락으로 이끈다.

오늘날 세계의 대부분의 도시들은 이런 기능들을 성공적으로 수행하고 있다. 개발도상국의 확장돼 가는 도시들에서 활발하지 못한 경제와 안정된 정치 체제의 결여는 가장 절박한 문제점으로 대두된다. 많은 경우, 그런 도시에 거주하는 사람들은 아직도 강한 가족간의 유대와 ─유서 깊은 민속 종교나 기독교, 이슬람, 불교를 막론하고 ─ 신앙 체계를 보유하고 있지만 도시의 물질적인 토대는 손상을 입어왔다. 그러면서 경제적으로 번영하거나 권력이 증대되는 일 없이 그저 성장만하는 대도시라는 새로운 역사적 현상이 생겨났다.

서양의 도시 지역 그리고 동남아시아의 개발 지역들이 맞닥뜨리는 점점 더 커지는 본질적인 문제점은 속성이 다르다. 이런 지역에 있는 도시들은 상대적으로 안전하다. 그 도시들을 고리처럼 둘러싼 교외를 포함시켰을 때, 그 도시들은 역사적 기준으로 볼 때 두드러지게 번성한 곳이다. 그럼에도 이 도시들은 신성한 장소와 도시의 정체성, 윤리적 질서 같은 기존에 공유하고 있던 가치관들을 점차 상실해 가는 듯하다.

세계의 가장 중요한 도시들의 도심에서 중산층 세대가 급격하게 쇠퇴하고 있는 것보다 이런 특징을 더 잘 보여 주는 것도 없다. 오늘날, 엘리트 도시들이 관광객, 비즈니스 서비스의 최상층부를 점하는 상류층 인구와 그들의 요구에 봉사하는 사람들 그리고 훗날 상당수가 다른 곳으로 빠져나갈 많은 방랑하는 젊은이들을 끌어당기는 경우가 잦다. 수명이 점차로 짧아지는 이런 도시들은 최신 정보와 멋진 스타일, 빼어난 유행 선도 능력 같은 일시적이고 덧없는 가치관들을 높이 평가하는 듯하다.

이런 특징들은 얼마나 매력적인가 하는 점과는 상관없이 가족과 믿음, 도시 문화와 지역에 오래도록 지속되는 유대감을 대체할 수가 없다. 상거래나 레크리에이션을 위주로 이뤄지는 경제는 상류층에 진입하겠다는 가족들의 야심을 키워내는 폭넓고 다양한 산업이 했던 것과 똑같은 역할을 할 수도 없다. 이런 가족들은 점차로 도심에서 멀리 떨어진, 종종은 도시의 외곽에 위치한 주변부나 소읍에서 피난처를 찾는다. 이런 현상이 개발도상국의 도시들에 공통적으로 존재하는 심각한 가난과 불안정만큼 극심한 난점을 나타내지는 않는다.

한편 도시의 역사에 대한 연구는 아무리 부유한 도시라 할지라도 도덕적 응집력이나 도시의 정체성이 없다면 타락하고 쇠락할 운명이라는 것도 시사한다. 현대의 도시들은 — 소재지가 어디이건 — 여전히 각각의 역사적 기능을 수행할 수 있으며, 그 결과로 대다수의 인구가 도시에서 살아가는 21세기를 인구통계학적 의미에서뿐 아니라 더욱 초월적인 가치관의 관점에서도 도시의 세기로 만들 것이다.

독자들은 이 분석이나 내 주장의 많은 부분에 완전히 동의하지 않을지도 모른다. 그러나 그것은 여러 가지 점에서 중요한 이슈가 아니다. 이 책의 주된 기획 의도는 분석하자는 게 아니라 도시 경험의 근원을 더 깊이 탐구하면서 독자를 유혹할 가이드를 제공하자는 것이다. 앞으로 펼쳐질

이 역사에 발을 들여놓은 독자들이 우리의 인생을 풍성하게 만들어 준 도시 경험의 복잡성을 더욱 의미 있게 통찰할 수 있기를 바란다.

조엘 코트킨

차례

성스럽고 안전하며 번화한 곳들

　1519년 11월 8일, 베르날 디아스 델 카스티요는 이후로 수십 년 동안 그의 뇌리에 깊이 박혀 있게 될 광경을 목격했다. 27살 난 스페인 군인[1]이었던 그는 4백 명에 못 미치는 동료들과 더불어 멕시코의 눅눅한 저지대에서 화산지대인 고지대까지 행군을 했다. 그동안 그는 더욱더 강렬해져만 가는 도시 문명의 흔적들과 마주쳤다. 그는 여기저기 흩어져 있는 사원들의 꼭대기에 단정하게 줄지어 정리돼 있는 '해골 무더기'가 이후 맞닥뜨릴 광경에 대한 힌트를 준다고 기록했다.[2]

　그리고 갑자기 거대한 규모의 도시가 눈앞에 나타났다. 그것은 화산 봉우리들에 에워싸인 호수 위로 솟아 있는 고산지대에 건설된, 상상조차 할 수 없는 규모의 도시였다. 그는 카누들이 가득한 널찍한 포장길, 온갖 종류의 농산물과 가금류, 생활용품들이 판매되고 있는 대로를 보았다. 그는 꽃으로 공들여 장식된 가정집과 거대한 궁전들 그리고 사원들이 멕시코의 태양 아래 눈부시게 솟아오르는 광경을 목격했다.

　"그토록 경이적인 광경을 뚫어져라 쳐다보면서 우리는 무슨 일을 해야 할지 무슨 말을 해야 할지를 몰랐다. 우리 앞에 나타난 것이 실제인지 환상인지도 몰랐다. 맞은편에 있는 땅에 거대한 도시가 갑자기 나타났기 때문이었다. 호수에도 많은 것들이 즐비했다. 호수는 카누들로 붐볐고, 포장길에는 여기저기에 다리들이 놓여 있었다. 우리 앞에 거대한 멕시코의 도시가 서 있었던 것이다."[3]

베르날 디아스가 40년 후 노인이 되어 과테말라에 거주하면서 집필했던 '이런 광경들'의 기억은 인류가 위대한 도시들을 건설하기 시작한 이래로 인류의 뇌리에 깊이 박혀진 그런 기억들과 비슷하다. 디아스가 보인 반응은 그보다 5천년 앞서 수메르의 성벽과 피라미드들을 처음 마주친 셈족 유목민들의 반응, BC 7세기에 낙양洛陽에 입성한 중국 지방관리의 반응, 9세기에 캐러밴에 합류해서 바그다드의 관문에 도착한 무슬림 순례자의 반응 또는 지난 세기에 기선 위에서 맨해튼의 멋들어진 마천루를 올려다보는 이탈리아 농부의 반응과 별반 다르지 않았을 것이다.

도시 경험의 보편성

시대를 막론하고, 인류의 가장 위대한 창조물은 도시였다. 도시는 가장 심원하고 지속적인 방법들을 동원해서 자연 환경을 새롭게 바꿀 줄 아는 인류의 능력을 입증하는 증거물이다. 또 인류가 하나의 종種으로서 상상력을 발휘하여 만들어낸 최고의 세공품이다. 정말이지, 오늘날 우리의 도시들은 우주 공간에서도 식별할 수 있을 정도가 됐다.

도시는 인류의 창조적 충동을 극단적으로 자유롭게 풀어놓는다. 인류의 극히 일부만이 도시에 거주하던 초창기부터 도시는 인류의 예술과 종교, 문화와 통상, 기술의 대부분이 태어난 곳이었다. 이런 발전은 몇 안 되는 도시들에서 무척이나 놀랍게 이뤄졌으며 그 도시들의 영향력은 정복과 통상, 종교 그리고 최근에는 대규모 전기 통신을 통해 다른 중심지들로 퍼져나갔다.

도시를 창조해 온 5천년에서 7천년 넘는 세월 동안 인류는 무수한 형태의 도시들을 만들어냈다. 어떤 도시는 처음 시작할 때는 조그마한 마을이었지만 시간이 흐르는 동안 여러 마을들이 함께 성장하면서 대도시로 발전했다. 다른 도시들은 제사장이나 통치자, 경제 엘리트의 의식적인 비전을 반영하면서 더욱 위대한 종교적, 정치적 혹은 경제적 목적을 성취하려는 포괄적인 계획에 따라 건설됐다.

페루의 고산 지대에서부터 남아프리카의 끄트머리와 호주의 해안에 이르기까지 도시는 사실상 세계의 모든 지역에서 건설돼 왔다. 사람들은 가장 오래된 도시의 출발은 티그리스 강과 유프라테스 강 사이에 있는 지역인 메소포타미아에서 출발했다고 믿는다. 그런 뿌리에서부터 시작해 서구의 도시적 전통을 보여 주는 — 우르, 아가데, 바빌론, 니네베, 멤피스, 크노소스, 티레를 포함하는 — 성공적인 다른 메트로폴리스들이 엄청나게 솟아났다.

다른 많은 도시들은 초기 메소포타미아와 지중해 주거지와는 대체로 무관하게 싹을 틔웠다. 이런 도시들 중 인도의 모헨조다로와 하라파, 중국의 장안 같은 일부 도시는 동시대 서구의 도시에 견줄만한 규모와 복잡성을 이뤄냈다.[4] 정말이지, 로마의 멸망 이후 여러 세기 동안 이러한 동양의 중심지들은 지구상에서 가장 선진적이고 복잡한 도시 시스템에 속했다. 어버니즘(urbanism: 도시 생활에 특징적인 생활 양식을 구성하는 여러 특성의 복합체 —역주)이 보편적인 인간의 열망을 일부 반영하고 있기는 하지만, 우리는 어버니즘을 한 뿌리에서 피어난 서구적인 현상으로 바라보기보다는 많은 서로 다른 겉모습을 보여 주는 특성으로 접근할 필요가 있다.

　세계의 곳곳에서 형성된 도시들의 주된 위치는 거듭해서 자리를 옮겨 다녔다. BC 5세기에, 그리스 사학자 헤로도토스는 위대한 도시들의 잦고 급격한 흥망을 기록했다. 인류 초기의 이 예리한 관찰자는 거대한 도시들과 왜소한 도시들을 모두 여행하면서 이런 기록을 남겼다.

　　"한때 거대했던 도시들의 대부분은 오늘날 왜소하다. 그러나 과거에 왜소했던 곳은 내가 사는 지금은 거대하다. 따라서 인간의 번영은 같은 장소에서 결코 오래 지속되지 않는다는 것을 잘 아는 나는 양쪽 모두에 비슷한 정도의 주의를 기울일 생각이다."[5]

　헤로도토스가 살던 무렵, 그보다 앞선 시대에 가장 거대하고 인구가 많았던 도시들 중 일부 ─ 우르, 니네베 ─ 는 한때 번성했던 도시의 말라비틀어진 골격 정도만 남아 있는 보잘것없는 곳으로 전락했다. 당시 바빌론과 아테네, 시러큐스 같은 도시들은 영광스러운 전성기를 누리고 있었다. 그렇지만 그 도시들은 2, 3세기도 지나지 않아 훨씬 거대한 도시들에 의해, 특히 알렉산드리아와 로마 같은 도시들에 의해 대체될 터였다.

　헤로도토스 시대에 제기된 다음과 같은 중요한 의문들은 여전히 풀리지 않은 채로 남아 있다. 도시들을 위대하게 만드는 것은 무엇인가? 무엇이 도시들을 쇠락으로 이끄는가? 이 질문에 대해 이 책은 세 가지 중요한 요소를 주장한다. 이는 장소의 신성, 안전을 제공하고 권력을 발산할 수 있는 능력 그리고 마지막으로 도시에 활력을 주는 통상의 역할이다. 이 요소들이 도시의 총체적인 건강을 결정해 왔다. 이 요소들이 존재하는 곳에서 도시 문화는 번성한다. 이 요소들이 약해질 때 도시는 흩어지고 결국은 역사에서 퇴장한다.

장소의 신성(神性)

종교적인 구조물 — 사원, 성당, 모스크, 피라미드 등 — 은 오랫동안 거대한 도시들의 경치와 상상력을 장악해 왔다. 이런 건물들은 그 도시가 세상을 통제하는 신성한 힘과 직접 연결된 성스러운 장소이기도 하다는 것을 시사한다.

훨씬 더 세속적인 가치를 지향하는 우리 시대에, 도시는 우뚝 솟은 상업적 빌딩들과 문화적인 분위기를 발산하는 구조물을 통해 성스러운 장소라는 관념을 재창조하고자 노력한다. 그런 풍경은, 신성한 곳이라는 마음의 위안이 없기는 하지만 애향심이나 경외감을 고취시킨다. 사학자 케빈 린치는 이렇게 말했다. "인상적인 풍경은 도시 거주자들이 그 안에서 그들의 '사회적으로 중요한 신화들'을 구성해내는 골격이다."[6]

안전의 필요성

방어 시스템도 도시의 패권에 중요한 역할을 해왔다. 도시는, 무엇보다도 먼저, 안전해야만 한다. 많은 도시들이 처음에는 약탈을 일삼는 방랑자들이나 무법 상태를 피할 수 있는 피신처로 생겨났다고 사학자 앙리 피렌느는 밝혔다. 서로마제국 말기나 범죄가 횡행하던 20세기 말엽에서처럼 안전을 보장하는 도시의 능력이 감퇴하면 도시 거주자들은 시골에 은

거하거나 또 다른 더 안전한 요새를 제공하는 도시로 이주한다.[7]

통상의 역할

    그러나 신성함과 안전만으로는 거대한 도시를 만들어낼 수 없다. 성직자와 군인, 관료가 도시의 성공을 위한 필요 조건을 제공할 수 있을지는 모르지만, 그들은 막대한 인구를 오랜 기간 동안 부양하기에 충분한 부를 스스로 생산해내지 못한다. 여기에는 장인과 상인, 노동 인력 그리고 서글프게도 역사를 통틀어 최근까지 많은 지역에 존재해 왔던 노예들이 만들어낸 활발한 경제가 필요하다. 필연적으로 도시 거주자들의 대다수를 차지하는 이 사람들은 자본주의의 도래 이래로 도시 그 자체를 만들어낸 주된 창조자로 부상했다.

제1부

기원: 세계적인 맥락에서 본 도시의 발생

1. 성스러운 기원

멕시코나 중국, 유럽에서 도시들이 처음으로 선을 보이기 오래 전에 도시 생활의 본질적인 패턴이 중동에서 서서히 발달했다. 호모 사피엔스는 진화를 통해 현재의 육체적 형태를 2만5천 년에서 4만 년 전에 이뤄냈고, BC 8000년 무렵에는 미국 대륙과 오스트레일리아를 포함해 지구의 거의 모든 곳으로 퍼져나갔다.[1]

마지막 빙하기가 끝나면서 가축 사육과 농경이 발달했고, 그와 더불어 정착을 위주로 한 생활 방식도 자리를 잡았다. 작은 마을들은 장인匠人들이 활동하고 교역이 이뤄지는 중심지로 성장했다. '최초의 도시proto-city'라고 불러도 무방한 선진화된 도시들이 등장해서 시리아의 스텝 지대를 가로지르며 퍼져 있는 예리코와 이란, 이집트와 터키에서 급격하게 발달했다.[2]

메소포타미아

이 지역 — 팔레스타인의 서부 해안에서부터 이집트의 나일 계곡, 티그리스 강과 유프라테스 강까지 이르는 지역 — 은 이른바 '비옥한 초승달 지역Fertile Crescent'에 해당한다. 독일의 사학자이자 고고학자인 베르너 켈러는 역사의 초창기에 이 지역에서 먼 곳으로 가면 갈수록 "어둠은 더욱 더 깊어만 갔고 문명과 문화는 점점 더 줄어들었다"고 말했다. "다른 대륙에 사는 사람들은 잠에서 깨어나기를 기다리는 어린아이와 비슷했다."[3]

오늘날의 이라크에 해당하는 티그리스 강과 유프라테스 강 사이의 충적 분지는 도시로 급격히 변모하는 데 이상적인 환경을 지녔다. 그리스인들에게 메소포타미아로 알려진 이 지역에서, 불모의 사막은 끝나고 물고기가 넘쳐나는 강물과 야생생물이 북적대는 강기슭이 딸린 갈대 무성한 습지가 나타난다. 여기에서는 밀과 보리 같은 토착 곡물들이 싹을 틔웠으며, 생명을 유지시킬 수 있는 믿음직한 농작물인 이 곡물들은 신석기시대 농부들에게 중요한 잉여 식량을 제공해 줬다. 그 잉여 식량에 의지해서 도시 문명이 탄생했다.[4]

그러나 초기의 도시 건설자들은 이 기름진 환경에서 많은 어려움에 직면했다.[5] 우선 광물과 건축용 석재, 목재가 부족했다. 비는 드문드문 내렸고, 강물은 이집트에서와는 달리 주변에 있는 넓은 면적의 건조한 땅에 자연스럽게 물을 공급하지 않았다. 그 결과 이 지역 정착민들은 경작지에 물을 대기 위해 복잡한 시스템을 개발해야만 했다.[6]

이런 엄청난 노력은 복잡하게 얽힌 사회를 규제하면서 자연과 더욱 지배적인 관계를 맺을 수 있게 해 주는 도덕적, 사회적 체제를 필요로 했다. 이는 촌락의 전통적인 삶을 수천 년 동안 좌우해 왔던 가족간, 씨족간 체제를 무너뜨려야 한다는 뜻이었다. 초창기 도시들은 이런 기능을 수행하기 위한 지휘소로 생겨났다. 현대의 기준으로 볼 때 — 심지어 고대의 기준으로 볼 때에도 — 기원이 BC 5000년까지 거슬러 올라갈 수 있는 도시의 규모는 아주 작았다. BC 3000년경에 강력한 메트로폴리스인 우르 역시 넓이가 겨우 150에이커에 인구는 대략 2만4천 명에 불과했던 것 같다.[7]

당시 성직자 계급이 새로운 도시 체제의 주요 창시자로 부상했다. 그들은 인간을 자연보다 우위에 두는 원칙들을 명료하게 표현하고, 숭배 시스템을 대중에게 주입했다. 또한 구성원 서로간에 관련이 없는 대규모 인력이 한데 모여 벌이는 활동을 복잡한 공동체 과업 위주로 규제하는 일을 하기 시작했다.

요즘처럼 세속적인 시대를 살아가는 우리가 도시 역사의 대부분의 기간 동안 종교가 수행했던 역할이 어느 정도였는지를 상상하기란 어렵다.[8] 훗날의 가톨릭이나 불교, 무슬림, 아스텍과 힌두교의 성직자들과 비슷하게 수메르의 성직자들은 질서와 연속성이라는 중요한 관념을 이들 태고의 도시에 제공했다. 성직자들은 일할 시간과 예배드릴 시간, 잔치를 벌일 시간을 결정하는 일정표를 전체 인구를 대상으로 짰다.[9]

성직자 계급이 으뜸가는 계급이었다는 점을 감안하면 신들을 찬양하는 사원들이 초창기의 원시적인 스카이라인을 장악했다는 것은 놀라운 일이 아니다. 초창기에 세워진 이러한 지구라트zigguart 중 하나인 '달의 신 난나르Nannar'를 모시는 우르의 사원은 평평한 메소포타미아의 평원에서 21m 높이로 드높이 솟아올랐다.[10] 미르치아 엘리아데는 높다란 사원이 질서와 조화로 이루어진 우주와 직접 연결되는 '우주의 산'을 만들어냈다고 밝혔다.[11]

사원들은 초기 수메르 도시 문명의 도심inner city이라고 부를 수 있을 만한 곳을 장악했다. 이 지역의 성벽 안에서 사원은 통치자들의 관저와 주요 시민들의 저택을 따라 세워졌다. 이러한 구조물들은 "이곳은 신들이

보호해 주는 안전한 곳"이라는 관념을 널리 퍼뜨렸다.[12]

사원의 건설은 초기 도시의 상업적 성장을 자극했다. 노예들 외에도 평민 노동자들과 숙련된 장인들이 거대 구조물 건설에 참여했고, 그중 많은 이들이 성직자 계급의 욕구에 봉사하기 위해 도시에 남았다. 종교적인 이유와 상업적인 이유 모두를 충족시키는 식별이 가능한 최초의 문자 시스템이 대략 BC 3500년경에 나타난 곳도 바로 이곳이었다.[13]

성직자들은 물질적 세계에 막강한 지배력을 행사했다. 그들은 신을 대신해서 공동체에 속한 토지의 상당 부분을 지배했다. 성스러운 가족인 그들은 운하의 관리 그리고 가장 중요한 과업인 잉여농산물의 저장과 분배를 책임졌다. 수메르 시대까지 기원이 거슬러 올라가는 『길가메시 서사시』에는 여신 이슈타르의 권좌인 '성스러운 창고'가 언급되어 있다.[14]

사원은 기름과 지방脂肪에서부터 갈대와 아스팔트, 매트와 석재에 이르기까지 광범위한 상품들을 트인 공간에 전시해놓은 도시 최초의 쇼핑 센터 역할도 수행했다. 심지어 사원은 의복과 가정용품을 제조하는 공장도 소유했다.

정권과 왕조는 흥하고 쇠했지만 종교기관을 무너뜨릴 수 있는 것은 대재앙 같은 대규모의 변화뿐이었다. 예를 들어, 우르의 사원들은 도시를 정복한 이들에 의해 거듭해서 재건됐다. 또 신의 위계와 숭배 방법은 시간에 따라 바뀌기도 하지만 종교 중심적인 역할은 수천 년 동안 그대로 남았다.[15]

이 패턴은 수메르인들의 전성기를 지난 후에도 잘 살아남았다. 이후로 이 지역 — 바빌로니아와 아시리아부터 페르시아에 이르는 지역 — 에서 생겨나 수메르를 계승한 거의 모든 사회가 자신들의 도시를 신과 긴밀하게 연결된 본질적으로 성스러운 곳으로 계획했다. 메소포타미아의 도시

중에서 가장 거대했던 바빌론은 신이 지상으로 내려오는 통로라 믿어졌으며 '신들의 출입문'이라는 뜻의 바비-일라니Babi-ilani로 불렸다.[16]

이집트

메소포타미아가 이집트 초기 문명의 틀을 직접 잡았는지 아닌지의 여부는 명확하지 않지만 사학자 그레이엄 클라크가 밝혔듯이 이집트 초기 문명은 "수메르인들이 뿌린 씨앗 덕에 비옥해졌다"고 말해도 무방하다.[17] 초기 메소포타미아 도시들에서처럼 최초의 이집트 광역도시들은 경제적으로 중요한 잉여농산물에 의지했다. 몇몇 학자의 추정에 따르면 이집트 농부의 평균 산출량은 각자가 필요로 하는 양의 세 배에 달했다고 한다.[18]

그런데 이 두 초기 문명 사이에는 차이점도 많다. 이집트에서 통치권은 자신이 바로 신이라고 주장하는 파라오의 손아귀에 들어 있었다. 관리들은 신이나 왕을 위해 용수로와 잉여경제를 관리했다기보다는 그 둘을 동시에 인격화한 존재인 한 개인을 위해 일을 했다.[19] 메소포타미아의 발전에 너무나 중요했던 도시의 정체성과 성직자 계급 사이의 깊은 관계는 이집트에서는 별로 뚜렷하지 않았다.

다른 이유들도 있지만 바로 그 이유 때문에 우리가 어버니즘의 기원에 초점을 맞출 때 초기 이집트는 그 정의에 그리 잘 부합하지 않는다. 메소포타미아 사회의 도시 생활은 영구적인 종교적 구조물들을 중심으로 운영됐다. 그에 비해 이집트인의 생활은 왕궁을 중심으로 이뤄졌다.[20] 행정가, 성직자, 기술자, 노동자 그리고 노예들은 자신을 도시적 공간에 속한 개인으로 간주한 것이 아니라 파라오에 속한 개인으로 간주했다. 왕조가

다른 곳으로 옮겨가면 성직자 계급과 정부도 자리를 옮겼다.[21]

물론 이집트처럼 위대하며 오랫동안 지속된 문명은 아주 큰 도시들을 여러 개 만들어냈다. 예를 들어, BC 15세기에 만들어진 한 찬가는 테베를 이렇게 찬양한다. "테베는 도시라 불린다. 다른 모든 것은 테베를 통해 자신을 확대시켜 보여 주려고 테베의 그림자 안에 자리를 잡는다."[22] 바빌론 같은 도시들이 생겨나기 이전의 세계에서 이집트 도시들의 인구는 메소포타미아의 도시들과 같은 정도이거나 그보다 더 많기도 했다.[23]

그러나 상황이 이랬음에도 멤피스나 테베 같은 거대한 도시들조차 수메르의 다양한 도시들이 보여 줬던 독립적인 정체성과 활발한 경제, 성스러운 지위를 결코 보여 주지 못했다. 한 가지 예를 들자면 — 제멋대로인데다가 사분오열된 메소포타미아와 강하게 대비되는—이집트의 장기간에 걸친 통치 체제는 성벽을 두른 도시들의 발달을 장려하지 않았다. 교역에 따른 경쟁이 그리 치열하지 않았다는 점도 시장 경제의 발달을 늦췄다. 이집트는 가장 위대한 업적인 피라미드를 "살아 있는 이들을 위한 환경"으로 만들어낸 것이 아니라 "죽은 자들을 수용하기 위한 구조물을 건설한 문명"으로 남을 터였다. "이집트에 있는 모든 것은 내구성 있는 형태를 찾아낸 듯하다"고 도시 사학자 루이스 멈포드는 밝혔다. "그러나 도시만큼은 예외다."[24]

인도와 중국

이집트는 종교에 초점을 맞춘 문명이라는 점에서 메소포타미아 도시들과 공통점을 갖는다. 이와 비슷하게 BC 2500년경에 현재의 파키스탄의 신드와 펀자브에 해당하는 지역에 건설된 하라파와 모헨조다로는 중심부에 기념비적인 종교적 건물들을 배치했다. 그들이 교역 관계를 유지하고 있던 수메르에서처럼[25] 신권 정치가들은 도시의 운영에서 지배적인 역할을 행사했다. 숭배의 대부분은 중동의 풍요신 숭배 의식에서도 중요한 존재인 모신母神에 초점을 맞췄던 듯하다.[26]

이러한 종교적 태도는 비옥한 초승달 지역과 직접적인 관계가 거의 없는 또는 전혀 없는 도시들에도 적용됐다. 중국에서는 BC 1700년경에 상商 왕조의 통치자들이 도시 공간의 중심부에 사당을 배치했다. 사제 또는 샤먼들은 성스러운 일과 관련된 문제뿐 아니라 통치에서도 중요한 역할을 담당했다.

우리는 중국 도시 문명의 영구적이고 지속적인 모델이 발달하는 과정에서 중요한 역할을 수행한 조상 숭배의 패턴이[27] 상 왕조 때부터 시작됐다는 것을 알고 있다.[28] 종교적 헌신과 관습은 성벽을 쌓고 도시의 기초를 놓는 데 필요한 대규모 농업 인력을 강제로 징집할 때도 중요한 역할을 했다. 중국의 옛 시에 그러한 모습이 담겨 있다.

> 그들은 다림줄을 수직으로 세우고는
> 판자들을 묶어 땅에 고정시켜,
> 우주를 본떠 조상을 모시기 위한 사당을 세웠네.[29]

고대 중국 역사의 대부분을 통틀어 "우주를 본뜬 형태"를 향한 집착은 거대 도시들을 지배했다. 신과 조상들을 모신 사원은 통치자들의 궁전과 더불어 도시의 중심부에 세워졌다. 통치자들은 이 신성한 존재의 비위를 맞추는 의식을 통해 자연계와 인간 사회 모두를 통제할 수 있기를 바랐다.[30]

아메리카 대륙

종교적인 역할이 도시의 으뜸가는 역할이었다는 점은 멀리 떨어진 ― 메소포타미아나 중국의 도시들과 접촉했을 성싶지 않은 ― 아메리카 대륙의 초창기 도시들에서 훨씬 더 두드러졌다. 멕시코와 페루 그리고 아메리카 대륙의 다른 초기 문명들이 세운 도시들도 메소포타미아와 중국의 도시들과 비슷하게 종교적 구조물을 메트로폴리스의 중심에 배치했다.[31] 테노치티틀란이 세워진 것보다 1천년이나 앞선 시기에 현재의 멕시코시티에서 가까운 곳에 건설된 테오티우아칸에는 중심가인 '죽은 자들의 거리Street of the Dead'를 따라 1백 곳이 넘는 사원들이 있었다.

그보다 남쪽에 있는 마야와 페루에서도 초기 도시의 중심부에는 사원들과 종교적 의식, 종교적 규제들이 있었다. 페루 북쪽 고산지대에 있는 차빈을 BC 1000년대 초에 세운 건설자들은 자신들이 문화적으로 발달했음을 보여 주는 동시에 훗날 남아메리카의 서부 해안에 건설된 도시 문명의 토대임을 보여 주는 대규모 종교 건축물들을 세웠다.[32] 대략 2천 년쯤 후에 잉카도 도시의 복판에 사원을 지었다. 잉카 사회는 자신들의 통치자들은 신이며, 수도인 쿠스코는 '세상의 배꼽'에 해당한다는 관념에 의지했다.[33]

사학자들은, 아마추어건 그렇지 않건, 멀리 떨어진 공간적 거리를 가로지르는 문화의 모호한 전파를 주장하는 것으로 고대 도시들의 종교적 기원에서 나타나는 유사점을 설명하려 노력해 왔다. 꽤나 유익한 접근 방식은 ― 미국 사학자 T. R. 페렌바흐가 밝힌 것처럼 ― 세계 전역의 초창기 도시 건설자들 사이에 '심리적 통일감'이 존재했다고 가정하는 것이다.[34]

제
1
부
·
기
원
:
세
계
적
인
맥
락
에
서
본
도
시
의
발
생

2. 권력의 투영-제국 중심지의 탄생

    도시가 세계 어느 곳에서건 성스러운 장소라는 관념 없이도 발달할 수 있었을지는 의심스럽다. 그러나 도시가 성벽 너머로 성장하기 위해서는 도시 거주자들이 지역의 영주나 신 또는 그들의 심복들이 통치하는 영역 너머의 땅에 정착하고 여행하고 교역할 수 있는 능력을 가질 필요가 있었다.

    일련의 소규모 도시국가들이 오랫동안 지배해 온 지역인 메소포타미아에서 어떤 지도자의 무력 정복 ― 그리고 어느 도시로 모든 권력이 옮겨가는 것 ― 은 도시 발달의 중요한 다음 단계를 위한 토대를 제공했다. 이들 중심지 중에서 가장 초기의 중심지는 BC 2400년경에 메소포타미아의 다양한 도시국가들을 정복한 사르곤에 의해 설립됐다.

사르곤: '제국의 중심지'의 창조자

    사르곤을 비롯해 '제국의 중심지imperial city'의 초창기 건축가들은 그보다 앞서 세워진 성스러운 고장들의 토대와 전통 위에 자신들의 정통성을 구축할 정도로 신중했다. 새 통치자는 수메르인이 아니라 셈족이었음에도 그들은 종교적인 목적을 위해 사용된 옛 언어와 시, 신화적 이야기를 그대로 보존했다. 새 정복자들이 구체제를 존중하는 전통은 페르시아 제국과 알렉산드로스의 제국 그리고 로마 제국에 이르기까지 메소포타미아에서 내내 지속됐다.[1]

사르곤은 성스러운 과거에 경의를 표하면서 도시 체제의 틀을 영원히 바꿔놓을 변화를 일으켰다. 성직자들에게서 경제적 지배력을 빼앗아 온 그는 이전까지만 해도 토착 신의 부속물에 불과했던 토지를 그와는 정반대로 사유 재산으로 삼을 수 있도록 허용했다. 왕은 중요한 관개수로와 건설, 통상을 모두 책임지는 최고 기업가였다.[2]

사르곤이 기존의 수메르 도시 중 한 곳을 수도로 삼기를 거부하면서 관례를 깬 것은 위험천만한 일이었다. 대신 그는 훗날 바빌론이 될 지점에서 가까운 아가데에 새로운 제국의 중심지를 세웠다. 사르곤의 새 수도는 물리적으로 제약이 많은 도시국가이던 애초의 도시들과는 달리, 짧은 기간이기는 하지만 지중해 해안까지 영역을 넓힌 제국으로부터 원재료와 완제품, 대규모의 노예들을 끌어올 수 있었다.[3]

그러나 이 최초의 제국의 중심지는 오래 살아남지 못했다. 4세대를 넘기지 못하고 사르곤의 제국은 북쪽에서 온 방랑민의 침공에 희생됐다. 유서 깊은 우르는 훗날 새 왕조에 의해 이 지역의 주요 도시로 재건됐다. 그러나 새 통치자들은 사원을 중심으로 하는 옛 시스템으로 돌아가지는 않았다. 대신 사르곤과 그의 계승자들이 발달시킨 토지 소유와 중앙 통제 양식을 존속시켰다.

바빌론: 최초의 거대 도시

BC 1900년 무렵, 메소포타미아의 권력 중심은 바빌론에 있는 새 수도로 옮겨갔다.[4] 이후 1,500년 동안 바빌론은 세상에서 가장 큰 도시이자 이전에는 세계 어느 곳에서도 볼 수 없던 규모를 자랑하는 도시문화의 인큐베이터로 자리매김했다.[5]

바빌로니아인들의 통치 아래 종교가 통상을 철저히 지배하는 경향은 상당히 약화됐고, 교역은 넓게 포진돼 있는 도시들에서 장려됐다.[6] 이런 현상 때문에 인종과 출신 씨족이 엄청나게 다양한 사람들에게 보편적으로 적용할 수 있는 법률 체계가 필요해졌다.

바빌로니아의 함무라비 왕이 집행한 가장 유명한 법은 폭넓은 형사적, 민사적 상황에 적용됐다. 법률의 머리말에 따르면 함무라비는 마르두크 신으로부터 "땅 위에 정의가 나타나게 만들고, 악한 자들과 부도덕한 자들을 멸하여 강자가 약자를 탄압하지 못하도록 하며, 대지에 빛을 뿌리기 위해 검은머리를 한 자들[인간들]의 머리 위에 태양신처럼 솟구쳐 오르고…"라는 명령을 받았다.[7]

헤로도토스가 살던 무렵, 바빌론은 제국의 권좌라는 지위는 잃었지만 성스러운 장소이자 학문의 중심지라는 지위는 여전히 유지하고 있었다. 추정 인구 25만 명인 바빌론은 세상에서 가장 큰 도시 지역으로 남아 있었다. 이 도시가 물려받은 위대한 유산은 외래인의 통치 아래에서도 존경심과 외경심을 불러일으켰다. 엄청난 인구와 인상적인 건물들이 즐비했던 이 도시는 "당당함 면에서 세상의 모든 도시들"을 여전히 능가했다고 헤로도토스는 기록했다.[8]

BC 1900년 무렵 바빌론은 세상에서 가장 큰 도시였다.

안전과 도시의 붕괴

사르곤에서 시작된 제국의 창조는 규모가 더 큰 도시들의 발달을 이끌었다. 아시리아인 같은 가혹한 통치자의 치하에서조차도 통치자들이 너른 지역에 걸쳐 안전한 활동을 할 수 있도록 확실하게 보장해 준 것은 도시 생활과 통상의 확대를 가져왔다. BC 650년에 세계에서 가장 큰 도시였던 수도 니네베[9]에서뿐 아니라 아시리아 제국의 전역에 있는 규모가 작은 많은 도시에서도 이런 일이 벌어졌다.[10]

이러한 패턴은 고대 세계의 다른 곳에서도 반복됐다. 인도의 하라파 도시 문명은 침략자들에 맞서 치안을 유지하는 도시의 능력에 의존했다. 그러나 이 초기의 도시 문명은 방랑하는 침략자들이 도시의 성벽 안으로 침투해 들어오면서 붕괴했다. 인도아대륙에서 거대한 메트로폴리스가 다시금 생겨난 것은 이후로 수백 년이 지난 후였다.[11]

이와 비슷하게 — 중앙아메리카의 올멕과 마야에서부터 안데스의 잉카이전 문명들에 이르기까지 — 아메리카 대륙 최초의 거대 도시들은 도시가 대규모로 성장하는 데 중요한 치안을 제공하는 제국의 중심지로 번성했다.[12] 치안 상태가 좋은 정권 아래에서 멕시코 중부에 있는 테오티우아칸은 AD 4세기부터 6세기 사이에 인구가 5만에서 8만5천 명 사이의 도시로 성장했다. 그러나 AD 750년에 북쪽에서 온 덜 문명화된 민족의 침략을 받으면서 이곳은 대단히 황량한 곳으로 남았다.[13]

중국: 영구적인 도시 체제

논란의 여지는 있지만 중국은 도시 건설에서 제국이 차지하는 역할을 보여 주는 가장 영구적인 사례이다. 중국 고유의 독특한 어버니즘은 BC 2000년경에 시작됐지만 대부분의 경우 초기 도시들은 상대적으로 규모가 작은 제사의 중심지로 세워졌고 왕실에 봉사하는 장인들의 작업장이 그 주위를 둘러쌌다. BC 1110년경에 통일된 제국인 주周가 탄생하면서 높다란 성벽으로 에워싸인 소읍들이 처음으로 발달할 수 있었다. 사실, 성城이라는 한자에는 성벽이라는 뜻과 도시라는 뜻이 모두 있다.[14]

주나라와 그 계승자인 한나라와 당나라는 존속 기간과 철저함 면에서 비교할 상대를 찾을 수가 없는 중앙집권적인 통치 양식을 고안해냈다.[15] 수도인 낙양과 장안長安, 카이펑開封은 1천년이 넘는 세월 동안 세계에서 가장 큰 도시로 꾸준히 자리매김했다. 각각의 도시가 갖는 상대적인 중요성의 변동은 대개는 통치하는 군주가 자리하는 곳이 어디냐에 달려 있었다.[16] 유교의 고전인 『주례周禮』는 "군주 혼자서 수도를 건설한다"고 단언한다. 커다란 행정의 중심지이건 현縣이라 불리는 지방 행정 구역이건 수도를 제외한 다른 도시들의 중요성은 해당 도시가 제국의 일부를 통치하는 행정의 중심지로서 수행하는 역할에 따라 좌우됐다.[17]

뒤이은 몇 백 년 동안 이웃의 다른 아시아 국가들은 중국형 어버니즘 모델을 채택했다. 일본의 첫 주요 중심지들—나니와, 후지와라, 나라—은 중국의 장안을 의식적으로 모방했다.[18] AD 794년에 일본은 헤이안(교토)에 새롭고 영구적인 수도를 건설했는데 10만 명 이상의 거주자를 수용하는 이 수도는 천황 일가를 중심으로 한 의식의 중심지로 이후 1천년 넘게 공헌할 수 있을 정도로 성장했다.[19]

이와 유사하게 AD 1394년에 조선의 수도로 건설된 한양은 이후 거의 5백 년 동안, 한국 사학자 두 사람의 표현에 따르자면 "목가적인 중국식 수도"로 이바지했다. 한양은 전형적인 중국식 모델을 따라 성벽으로 둘러싸이고 왕실의 관료들이 지배하는 행정의 중심지로 설계됐다.

3. 최초의 상업적 중심지들

너른 지역에 통치력을 행사하는 제국의 중심지가 발달한 덕에 중국에서부터 이집트, 메소포타미아, 결국에는 미국 대륙에 이르기까지 초기의 도시가 성장한 모든 지역에서 교역이 급격히 늘어났다. 이러한 현상이 생겼음에도 도시 사회에서 상인과 장인이 차지하는 전반적인 역할은 한계가 분명했다.

오늘날 기업가 계급은 활력 넘치는 도시의 틀을 잡는 존재로서 지배적이지는 않을지라도 중요한 역할을 수행한다. 그러나 고대 세계에서는 상인과 장인이 상당한 정도의 부를 축적했을 때조차도 권력은 성직자와 군인, 관료들의 손아귀에 집중되었다. 상인들은 국가나 성직자가 휘두르는 교역권을 집행하는 단순한 중개자로만 종사하는 경우가 잦았다. 이집트에서 파라오는 '유일한 도매상'으로 존재했다고 어느 사학자는 기록했다.[1]

중국에서 도시의 상인들은 엄격한 계급간의 장벽을 넘어서는 수단으로 그들의 부를 활용했다. 상인 자신이나 자식들이 지배 계급이나 귀족 계급에 들어갈 수 있게끔 해 주는 방법을 강구한 것이다. 중국의 도시는 건물의 배치조차도 사회의 우선순위를 반영했다. 통치자의 궁전은 메트로폴리스의 한복판에 자리 잡은 반면 시장은 상서로움과는 거리가 먼 주변부 지역

에 배치됐다.[2]

페니키아의 탄생

훗날의 어버니즘 발전에 대단히 중요한 존재인 상업적 메트로폴리스의 기원에 대한 연구는 거대한 도시 제국들에서 멀리 떨어진 곳, 해안의 산악 지대와 지중해 사이에 있는 가느다란 띠 모양의 땅으로 우리를 이끈다.

나중에 페니키아로 알려지는 이 지역의 기후는 인간의 정착에 특히 적합했다. 아랍의 시인이 썼듯이 이곳은 "머리에 겨울을 이고 어깨에는 봄을 짊어진 동시에 여름을 발치에 잠재우고 있다."[3] 시리아 해안을 따라 북쪽에 있는 우가리트 같은 초기의 항구 도시들은 일찍이 BC 2000년대의 중반에 히타이트와 이집트 제국의 교역 중심지로 발달했다.[4]

거의 모든 다른 도시의 거주자들이 드넓은 대양을 두려워하던 시기에 페니키아의 교역자들은 그때까지 알려진 세계의 넓은 공간을 분주하게 돌아다녔다. 그들의 검정색 상선은 아프리카의 저 먼 서부 해안에서부터 사르디니아와 키프로스, 스페인 심지어는 영국에 이르기까지 모든 곳을 탐험했다.[5] 티레나 시돈 같은 페니키아의 주요 도시들은 — 바빌론의 규모[6]에 비하면 얼마 되지 않은 — 인구 4천 명을 넘는 수준으로는 결코 성장하지 못했지만 그들은 당시에 존재한 다른 어떤 문명도 다다를 수 없는 드넓은 공간에 영향력을 행사했다.

그러나 다른 거대 제국과 달리 페니키아는 내륙 깊은 곳으로는 결코 팽창하지 않았다. 대신에 해안선을 따라 나아간 그들은 막강한 이웃들에게 상품을, 때로는 서비스를 교역하는 일에 기초한 도시 생활을 발달시켰다.[7]

페니키아인들의 천재성은 교역에서 짭짤한 이익을 챙기면서도 그들 자신을 교역에 필수불가결한 존재로 만들어내는 데에 있었다.

"그들의 상인들은 고관들이요"

BC 9세기와 8세기 경, 비블로스(레바논산 삼나무 교역의 핵심 항구)와 티레, 시돈 같은 페니키아의 도시들은 부유해지고 권세도 좋아졌다. 이곳에서 처음으로 영향력 있고 지배적이기까지 한 상인 계급이 출현했다. 이사야는 티레가 "북적이는 도시, 그들의 상인들은 고관들이요 그 무역상들은 세상에 존귀한 자들이었다"고 썼다.[8]

페니키아인들이 한 공헌은 상품의 교역자로서 그들이 수행한 역할을 훌쩍 뛰어넘는다. 그들은 나중에 베니스나 암스테르담, 오사카 같은 도시에서 볼 수 있는 방식으로 장인과 기능공의 솜씨를 발전시켰다. 페니키아인들은 스페인의 황무지에 거주하는 거주민들부터 이미 유서가 깊은 수메르에 거주하는 거주민들까지 모두 애용하는 유리와 보석, 의상과 다른 장신구들을 만들어냈다. 호메로스는 『일리아드』에서 파리스가 헬렌에게 "시돈의 여자들이 짠 화사한 옷"[9]을 입힌 일을 묘사한다. 해변에서 발견되는 바다달팽이의 분비기관에서 자줏빛 염료를 추출해내는 복잡한 방법을 터득한 페니키아인들의 숙련된 솜씨로부터 특히 중요한 산업 하나가 성장했다. 이 지역의 이름은 이 염료의 이름인 포니케스(phonikes: 그리스어로 빨강 또는 자줏빛)에서 유래했다.[10]

페니키아의 도시들은 전문기술과 지식도 수출했다. 그들은 솔로몬의 예루살렘 사원을 포함한 고대 세계 곳곳의 아름다운 도시 공간과 궁전, 사원의 설계자였다.[11] 페니키아인들이 인류에게 남긴 가장 위대한 문화적 공헌 중의 하나인 알파벳도 통상의 필요에 따라 생겨났다. 페니키아의 상인과 장인들은 장부를 기입하고 법률을 정하는 방법으로서 필기가 지니는 가치를 메소포타미아인과 이집트인들에게서 배웠다. 이 현실적인 도시 거주자들은 BC 1100년경에 옛날의 상형문자보다 더 간단하고 이해하기 쉬운 시스템을 고안해냈다. 이 필기 시스템은 그리스 알파벳의 기초가 됐고 그 후로는 라틴 알파벳의 기초가 됐다.[12]

환경에 적응할 줄 아는 재능 있는 기업가인 페니키아인들은 자신들이 보유하고 있는 가치를 제대로 인식했다. 그들이 이익을 따진 후에 값을 부르지, 충동적으로 값을 부르는 게 아니라는 사실을 고객들은 그들을 보자마자 떠올렸다. 파라오가 아몬 신에게 바칠 신성한 배를 지을 목재를 조달하라며 사절단을 파견했을 때 비블로스의 왕은 이집트의 대표에게 다소 무례하게 현실을 상기시켰다. "나는 그대들을 보낸 분의 종복이 아니니라."[13]

페니키아 쇠락의 뿌리들

후에 페니키아의 상업 제국을 물려받게 될 그리스 도시국가들처럼 또는 2천년 후 르네상스 시대의 이탈리아 도시들처럼 페니키아의 도시들은 독립을 무척이나 갈망했다. 대부분의 경우, 도시들은 교역 확대가 주된 관심사인 상업적 이해 관계자들에 의해 운영됐다.

상업 엘리트의 도시별 파벌주의는 페니키아가 제국의 건설자로 발달하지 못하는데 영향을 끼쳤다. 교역자들은 본토에서 멀리 떨어진 곳에서 영구 전초기지를 발견할 경우 새로운 독립도시를 만들려는 경향을 보였다.

북아프리카의 카르타고는 이런 식민지 중에서 가장 규모가 컸다. 전실에 따르면 카르타고는 티레 출신의 상인들에 의해 BC 814년에 창건됐다. '신도시'라는 뜻의 쿠앗-하다쉬트Quat-Hadasht로 알려진 이곳은 지중해 서부의 가장자리에 있는 지역으로, 페니키아의 교역을 확장하기 위한 기지로 활용됐다. 급성장하는 교역의 중심지가 가진 영향력은 서서히 스페인의 대서양쪽 해안으로부터 북쪽으로 콘월까지 그리고 일부의 설명에 따르면 기니의 해안에까지 이르렀다.[14]

BC 5세기 무렵, 카르타고의 인구는 티레와 시돈을 합친 인구를 능가했다. 카르타고는 웅장한 선단을 거느리고 이탈리아의 에트루리아를 포함한 다양한 지역의 토착 세력들과 일련의 동맹을 맺는 지중해의 막강한 국가였다. 서쪽에 있는 페니키아의 다른 전초기지들은 대다수가 그리스인들이 세운 적대적인 도시국가들로부터 자신들을 보호해 주는 카르타고의 리더십에 의지했다.[15]

고향 도시에서 멀어지는 이런 충성심의 이동은 페니키아 자체의 뿌리를 뒤흔들었다. 낡은 도시들은 점점 더 공격적으로 변해 가는 아시리아와 바빌로니아, 페르시아 제국의 공격을 후손들의 도움 없이는 저지할 수 없었다. 결국 도시들은 독립과 고대 지중해의 주된 교역 허브인 공간을 모두 잃고 만다. 페니키아의 황금기는 막을 내리고 있었던 것이다.[16]

조만간 카르타고도 고대의 순수한 상업도시라는 태생적 한계 때문에 몰락했다. 페니키아의 문화와 정치적 가치관의 자랑스러운 운반자였던 카르타고인들 ― 전성기에는 인구가 15만 명에서 40만 명 사이였다[17] ― 은 수페테스suffetes라고 불리는 집정관과 원로원, 일반의회를 선출하는 도시국가에 어울리는 규모의 정부 시스템을 운영했다. 보통은 상업귀족들이 이런 통치 체제를 장악했다. 노예와 하인은 허드렛일과 더러운 일을 하고, 군인

과 선원은 전투를 했으며, 성직자는 지배 계급의 비위를 맞췄다. 그리고 부자들이 이들을 통치했다.[18]

카르타고의 고집스럽게 상업적인 성격은 페니키아의 선조들에게 그랬던 것처럼 카르타고의 몰락에 한몫을 했다. 카르타고에는 경제적 이익 이외에는 확장을 해야겠다는 다른 사명감이나 근본적인 동인이 없었다. 카르타고인들은 다른 식민지들과 유대 관계를 유지하고 있을 때에도 그곳들을 응집력 있는 제국으로 통합시키려는 시도를 하지 않았다. 그곳들은 무엇보다도 사업적 이해 관계자들이 경영하는 나라였다.[19]

그 옛날의 세계에서 사업을 위해 설계된 메트로폴리스는 결국에는 정복을 위해 건설된 도시의 상대가 되지 않았다. 경제적 이익과 편협한 이기주의에 기초한 이데올로기는 현대의 동이 터오르기 전까지는 도시의 역사를 지배하게 될 제국의 비전에 대항할 수 없었다.

제2부

유럽의 고대 도시들

4. 그리스의 위업

도시 역사의 초창기 동안 유럽은 침체한 곳이었고 원시적이고 호전적인 사람들의 근거지였다. 유럽에 인접한 도시들의 초창기 모습을 대표적으로 잘 보여 주는 도시가 그리스 본토에서 떨어져 있는 섬인 크레타였다. 크레타는 기다란 노가 달린 배를 이용해서 올리브 기름과 주석 같은 중요한 교역 상품들을 실어 날랐는데, 주석은 청동기와 무기를 만드는 데 필요한 재료였다. 이 교역 덕분에 그리고 이집트와 메소포타미아에서 도입한 아이디어들 덕분에 독특하고 풍성한 도시 문화가 출현했다.[1]

크레타

많은 근동 문명들과 비슷하게 크레타인들은 대지의 모신母神을 주요한 신으로 숭배했다. 그들의 도시는 새로운 종류의 신령을 모셨는데, 이 신령은 훗날 유럽의 고전적인 도시 생활을 규정하는 데 도움을 준다. 크레타 섬의 주요 도시인 크노소스는 활기 넘치는 상업 문화와 고도로 사실적인 예술 모두의 근거지였다. 섬의 요새에 안전하게 자리를 잡은 밝고 들뜬 분위

기의 주택들은 근동에 보편적인 짙은 색상의 어둠침침한 집들과 두드러진 대조를 이루었다.[2]

그리스 본토는 크레타 섬의 영향을 받아 도시 문명의 가능성을 깨달았다. 원시적인 그리스의 난폭한 모험가들은 이제는 성공적인 교역도시의 안락함과 풍요를 체험했다.[3] BC 16세기 무렵, 크레타는 힘을 잃고 있었다. 자연재해와 그리스 본토에서 건너온 더 강건하고 호전적인 사람들의 침공 때문이었던 듯하다.[4]

미케네: 그리스의 선조

크레타의 업적 위에 유럽의 주요 도시 중 최초의 도시를 건설한 미케네인들은 이후 1천년 동안 그리스의 어버니즘을 특징지을 기본 패턴을 여러 분야에서 선보였다. 호전적이고 논쟁하기 좋아하는 그들은 자기들끼리, 그리고 지중해 동부 곳곳의 이국인들과 싸웠다. 이 시기의 가장 유명한 분쟁은 호머의 『일리아드』에 묘사된 트로이 전쟁이다.

그들의 호전적인 정신은 나라가 처한 환경을 반영한 것이기도 했다. 산악과 조밀한 협곡들이 사슬처럼 이어지는 바위투성이 국가 그리스는 정치적 분열을 장려했고, 확장을 거듭하는 도시제국들이 생겨나는 것을 방해했다. 바다는 세력을 확장할 수 있는 편리하고 유일한 길이었다. 아테네와 테베 같은 초기 도시들은 키프로스와 멜로스, 로도스 같은 주변의 섬들을 식민지로 삼기 시작했다. 이아손과 아르고 원정대의 이야기가 시사하는 것처럼 그들은 귀중한 호박琥珀을 입수하기 위해 본거지에서 아주 멀리 떨어진 유럽의 험난한 지역까지 진출했다. 교역을 하려고 오늘날의 덴마크에 해당

하는 유틀란트 반도까지 l 아간 것이다.[5]

고대의 폴리스

BC 12세기에 야만적이고 호전적인 유랑민 침략자들이 미케네를 포함한 대부분의 주요 그리스 정착지들을 파괴했다. 교역은 붕괴됐고 도시들은 황폐해졌으며 암흑의 시기가 이어졌다. 그리스 어버니즘이 다시금 번성하기까지는 4세기가 걸렸다. 과거의 패턴에 충실한 그리스는 도심과 주위를 둘러싼 배후지(背後地: 도시의 경제적 세력권에 들어 있어 그 도시와 밀접한 관계를 가지는 주변 지역 — 역주)에 뿌리를 박은 소규모 도시국가들이 이룬 군도群島로 남았다. 각 도시 또는 폴리스 사이의 경쟁은 치열했다. 그 경쟁은 재래식 전쟁의 형태로뿐만 아니라 해외시장과 숙련된 노동력, 예술 심지어는 운동경기를 통해 우열을 가리는 형태로도 표출됐다. 플라톤이 훗날 밝혔던 그대로다. "모든 도시는 다른 도시들과 전령을 통해 선포되는 전쟁이 아닌 영속적인 형태의 전쟁 상태에 놓여 있다."[6]

이러한 경쟁적인 정신에 내몰린 그리스인들은 오늘날까지도 서구인들이 이상적인 도시의 특징이라고 여기는 것들을 상당 부분 규정짓는 그림과 조각, 드라마를 아우르는 고도로 개인주의적인 지적 문화를 만들어냈다. 그들은 이후 몇 세기 동안 도시 거주자들에게 깊은 영향을 끼치는 적극적인 도시적 사고 의식을 발전시켰다. 소크라테스의 말은 이 새로운 감수성을 표현한 것이다. "시골에 있는 건물들과 나무들은 나에게 아무것도 가르치지 않지만 도시에 사는 사람들은 나를 가르친다."[7]

신성과 자연계에 초점을 맞추는 다른 지역의 철학자들과 달리 그리스 사상가들은 코이노니아(koinonia, 화합, 참여를 뜻하는 그리스어 — 역주) 또는 공동체의 건강을 보장할 시민들의 역할에 대해 숙고했다.[8] 시민은 배의 갑판에서 일하는 일손과 비슷하다고 아리스토텔레스는 밝혔다. 시민들의 의무는 "항해에 나선 배의 보존"을 책임지는 것이었다.[9] 아테네에서 이런 생각은 더욱 급진적인 관념으로 이어졌다. 아테네의 입법자 솔론이 밝힌 것처럼 시민들은 권리에 따라 '국가의 주인'이 돼야만 한다는 관념이었다.[10]

이런 이상은 상대적으로 규모가 작은 그리스 도시들에 의해 실현이 가능해졌다. BC 5세기에 아테네를 제외한 그 어떤 그리스 도시도 인구가 15만명을 넘지 않았다. 어떤 도시에서건 거주자의 극히 일부만이 시민이었다. 가장 규모가 큰 아테네조차도 총인구 27만5천 명 중에서 시민의 인구가 4만5천 11명[11]을 넘은 적이 한 번도 없었다.[12]

페니키아인들과는 달리 그리스인들은 전통적으로 통상을 그다지 중요시하지 않았다. 도둑의 신 헤르메스는 동시에 상업의 신 역할도 수행했다. 오늘날에도 우리가 여전히 감탄하고 있는 작품들을 만들어낸 그 시절의 기능공들은 그다지 좋은 대접을 받지 못했다. 플라톤이 투덜댔듯이 그들의 마음은 "그들의 육체가 육체 노동으로 으깨지는 것만큼이나 기계적인 삶에 의해 배배 꼬이고 으깨졌다."[13] 여성들의 지위도 딱히 높은 수준이 아니었다. 그리스의 낭만적인 이상주의는 남자와 여자 사이의 사랑이 아니라 남자들 사이의 우정과 동성애 관계를 숭배했다.[14]

아테네 같은 도시에서의 일상생활은 심지어는 대부분의 시민들에게조차도 비열하고 추레하고 불편했을 게 분명하다. 파르테논 같은 커다란 건물들의 그림자 안에 있는 주택들은 자그마했고, 비좁은 골목길에는 온갖 해로운 짐승과 곤충들이 그득했다. 이런 모습에 충격을 받은 어느 방문자는 "도시는 건조하고 물은 공급이 잘 되지 않는다. 거리는 낡은 골목길에 불과하다"고 썼다. "주택들은 우열을 가리는 게 의미가 없을 정도로 초라하다." 역병이 꾸준한 공포의 대상이었다는 것은 놀랄 일도 아니다. 간헐적으로 도시를 휩쓸었던 전염병은 무장 분쟁에서 희생된 아테네인들보다도 더 많은 아테네인들을 저승으로 데려갔다. 투키디데스에 따르면 BC 430~428년에 창궐한 전염병은 아테네 무장병력의 4분의 1의 목숨을 앗아갔다.[15]

그리스인들의 국외 이주

고국의 혹독한 상황을 감안하면 그리스인들이 타향에서 더 나은 생활을 추구하려 든 것은 자연스러운 일이었다. 바빌론이나 페니키아 도시국가들을 에워싼 환경과는 대조적으로 그리스 도시국가들을 둘러싼 농촌지대는 일반적으로 수확이 없는 불모지였다. 가축을 지나치게 많이 방목하고 지력도 고갈된 그리스 시골 지역은 늘어가는 인구를 부양할 능력을 점점 더 많이 잃어갔다. 식량과 원자재의 새로운 출처를 획득하기 위해 그리스 도시들은 소아시아의 서부 해안(현재의 터키)에서부터 남이탈리아의 시실리에까지 이르는 지역에 식민지들을 만들었다. BC 600년경, 그리스의 영향력은 골족이 거주하는 오늘날의 마르세유인 마실리아 해변에까지 이르렀고 멀리는 카탈로니아 해변에까지 뻗쳤다.[16]

한때 그리스인들은 상업적 마인드로 무장한 페니키아인들을 경멸했지만 궁핍한 생활에 시달린 그들은 어쩔 수 없이 교역자로서 페니키아인들을 능가했다. 그리스 도시들의 한복판에서 이런 변화를 감지할 수 있었다. 한때는 집회 장소에 불과했던 아고라agora는 BC 5세기 무렵에는 일부 철학자들과 귀족들을 낙담시키면서 커다랗고 떠들썩하며 점점 더 복잡해져가는 시장으로 발달했다.[17] 페르시아의 위대한 왕 키루스는 전형적인 그리스 아고라를 "그들이 한데 모여서 맹세를 하고 서로서로를 속이는, 그들의 도시 한복판에 있는 만남의 장소"라고 묘사했다고 헤로도토스는 전한다.[18]

그리스의 확장은 시장에 대한 필요성보다는 난폭한 군사력, 특히 해군력에 크게 의존했다.[19] 페리클레스 치하의 아테네인들은 대규모 건설 프로젝트를 실행하는 와중에도 대다수의 시민들에게 보조금을 주기에 충분할 정도로 많은 외국의 부를 빨아들이는 군사력을 잠시 동안 보유했다. 페리클레스는 이렇게 자랑했다. "우리 도시의 위대함 덕에 전 지상의 과일들이 우리에게로 흘러 들어온다."[20]

그 과정에서 그리스인들은 요즘의 시실리 메시나부터 마르세유와 니스, 모나코 그리고 훗날 위대한 수도 콘스탄티노플로 성장하는 보스포러스의 비잔티움에 이르는 지역에까지 급격한 팽창을 부추겼다. 그리스의 도시국가들은 이 새로운 거주지들의 모델이 됐고 각각의 거주지들은 제각기 나름의 아고라와 극장, 신전을 발전시켰다.

일부 식민지는 대규모 도시로 성장했다. 처음에 코린트의 식민지였던 시러큐스는 성장을 거듭해 초기에 창건된 폴리스보다 규모가 몇 배나 커지고 세력도 엄청나게 강해졌다. 디오니소스 1세 치세에 시러큐스는 시실리의 대부분과 이탈리아 남부의 일부를 통치하는 유럽 최대의 도시로 부상했다. BC 408년에 또 다른 중요한 신흥도시로 창건된 로도스는 널찍한 도로와 하수구, 적소에 자리 잡은 항구를 갖춘 고전적인 계획 도시의 모델이었다.[21]

도시국가들의 황혼기

그러나 이런 업적들도 규모가 더 크고 조직도 잘 정비된 제국들이 가하는 위협으로부터 그리스 도시국가들을 보호할 수 없었다. 페니키아의 도시들처럼 그들은 중요한 이데올로기나 안정적인 연합국으로 한데 묶어 줄 통치 구조를 전혀 발전시키지 못했다. 그들이 다른 인종들을 선천적으로 열등한 존재라며 경멸한 것은 다른 문화권의 사람들과 교류하는 데 심각한 어려움을 안겨 줬다.

전쟁터에서 얼마나 두려운 존재인가 하는 점과는 무관하게 이 편협한 도시들은 더 관대하고 확장적인 통치 시스템을 발전시켜온 제국들에 맞서기에는 적합하지 않았다. 페르시아 제국의 창건자인 키루스 대제는 뛰어난 국제적 비전의 소유자였다. 키루스는 적들을 전멸시키거나 노예로 삼는 대신 외래 문화들이 페르시아의 감독 아래에서 존중되고 보존되는 다국적 제국을 계획했다.

이 정책은 대단히 효과가 좋았다. 페르시아인에게 정복당한 그리스 도시국가들 사이에서조차도 그랬다. 많은 이들, 특히 이오니아 해안을 따라 분포한 상인들은 나아진 치안 상황과 더 넓어진 제국과 동맹을 맺으면서 창출된 신흥 시장들에 더 잘 접근할 수 있게 된 것을 환영했다.[22] 이런 확장 정책이 실패한 것은 페르시아가 그리스를 습격하려고 시도했을 때가 유일했다. 전통적으로 유지해오던 독립을 상실할 위험에 처하자 아테네의 주도 아래 뭉친 그리스 도시국가들은 BC 480년에 살라미스에서 유럽의 역사를 바꿔놓은 획기적인 전투를 통해 다국적군으로 이뤄진 아시아의 적들을 내쫓았다.

그러나 그런 영웅적인 승전조차도 싸우기 좋아하는 도시국가들을 하나로 단결시킬 수 없었다. 페르시아를 물리친 직후 그들은 자기들끼리 싸움을 벌이던 예전 시절로 되돌아갔는데 때로는 페르시아인들이 펼치고 뿌린 절묘한 외교와 황금 때문에 그런 싸움이 벌어지곤 했다. BC 5세기 후반부에 펠로폰네소스 전쟁이 끝났을 무렵 아테네는 스파르타가 이끄는 도시연합에 패했다. 노예 수천 명과 몇몇 무역에서 중요한 역할을 수행했던 메틱스(metics: 외국인 거류자 ― 역주) 다수가 도시에서 피신했다. 재앙 때문에 동요한 아테네인들은 점차 억압적인 태도를 취하면서 걸출한 지식인들을 다수 처형하거나 추방했고 경제적으로 중요한 존재였던 메틱스들을 박해했다. 세기말 무렵에 민주주의가 복원됐지만 고대 세계에서 그리스 도시국가들이 리더십을 행사하던 시기는 끝이 났다.[23]

알렉산드로스와 헬레니즘 도시

최후의 결정타는 동쪽의 아시아에서 날아온 것이 아니었다. 아직 미개한 지역인 북쪽에서 날아왔다. BC 338년에 필리포스 2세가 다스리는, 세상에 잘 알려지지 않은 북쪽의 왕국 마케도니아의 군대가 도시국가들이 펼친 최후의 저항을 제압한 것이다.

그나마 그리스인들은 필리포스 2세의 아들이자 계승자인 알렉산드로스가 아리스토텔레스의 제자이자 그리스 문화의 열렬한 추앙자라는 사실에서 위안을 찾을 수 있었다. 그러나 그는 그리스적인 관행의 무비판적인 추종자라고는 할 수 없었다. 그리스 도시들의 실패를 지켜본 알렉산드로스는 페르시아의 키루스가 품었던 비전과 비슷한 제국의 비전을 품었다. 알렉산드로스는 마케도니아인과 그리스인 모두를 화나게 만드는 방식을 채택하면서 피정복 백성들의 제국이 아닌 다인종으로 구성된 연방을 창조하고자 했다. 일단 페르시아를 결정적으로 격파한 후 그는 페르시아의 관료들을 재빨리 휘하로 거두었고, 페르시아 보병대의 상당 부분을 확장일로에 있는 그의 군대로 편입시켰다.

코스모폴리탄 세계제국이라는 알렉산드로스의 비전은 도시국가들의 독립에 치명적이었다. 유서 깊은 도시인 테베가 마케도니아에 저항하자 평소에는 계몽된 인물이었던 이 정복자는 도시를 잿더미로 만들고 거주자들은 모두 노예로 팔아버렸다.[24] 아테네를 포함한 나머지 도시국가들은 두 번 다시 강력한 독립성을 갖지 못했다.[25]

알렉산드리아: 최초의 거대 코스모폴리스

알렉산드로스는 헬레니즘 도시 문화와 상업 문화를 예전의 세력권 너머로, 심지어는 인도로까지 전파했다. 경제적인 영향은 드라마틱했다. 알렉산드로스와 그의 승계자들이 제조한 화폐가 널리 보급되면서 국경을 초월한 국제적인 교역[26]이 폭발적으로 증가했다. 이런 현상의 주된 수혜자 중에는 로도스와 시러큐스 같은 그리스의 옛 식민지들이 있었다.[27]

그러나 알렉산드로스의 가장 위대한 도시 유산은 그와 승계자들이 창건한 신도시에 있었다. 안티오크와 셀레우키아 그리고 가장 유명한 알렉산드리아는 옛적의 그리스 도시에서는 좀처럼 보지 못했던 규모로 합리적인 건설 원칙들을 채택했다. 허허벌판에서 시작된 각 도시는 규모에 알맞은 아고라와 신전, 정부 청사들을 갖추게끔 설계됐다. 여기에서 우리는 대규모 공공 토목공사의 체계적이고 계획적인 발전을 목격하게 된다.[28]

이집트의 알렉산드리아는 신도시 중에서도 가장 규모가 컸다. 자그마한 어촌 마을 라코티스가 있던 자리에 건설된 알렉산드리아는 아프리카와 근동, 지중해 세계 사이의 교역을 위한 화물 집산 항구로 설계됐다. 알렉산드리아의 건설은 알렉산드로스가 오랜 포위 끝에 파괴해버린 페니키아의 티레를 대체할 지중해 동부의 교역 중심지를 만들겠다는 의식적인 계획을 반영했다.

이 야심찬 비전은 먼저 거대한 새 항구의 건설을 요구했다. BC 323년에 알렉산드로스가 사망한 후 이집트를 넘겨받은 마케도니아의 그리스 가문인 프톨레마이오스 왕조는 선박들이 항구를 안전하게 오갈 수 있게끔 파로스 섬에 거대한 등대를 건설했다. 알렉산드리아는 우아한 공원들로 아름답게 꾸며졌고 이 도시를 지중해 세계의 지적 중심지로 만들어 준 건물들 — 특히 박물관과 도서관 — 도 갖췄다. 도시 계획의 현실적인 측면들 역시 무시되지 않았다. 대로는 넓었고, 거리의 청소부들과 공중위생 시스템들은 더 믿음직스러웠다. 당시로서는 보기 드물게 도시의 대부분은 화재로부터 보호하기 위해 석재로 지어졌다.[29]

알렉산드리아는 창건자의 의도를 재빨리 실현시켰다. 도시에 근거지를 둔 선단은 저 멀리 인도와 '아프리카의 뿔(아프리카 대륙 북동부의 소말리아 지역 — 역주)'에 있는 고객들과 교역했다. 프톨레마이오스의 관료들은 센서스를 벌이고 교역 화물을 등록하며 자국 산업을 활성화하기 위해 수입을 규제하는 등 복잡한 중앙 통제 경제를 실시했다. 또 이 정권은 이집트의 비옥하기로 유명한 — 보리와 밀, 파피루스 — 농업을 전례가 없는 수준으로 끌어올렸다.[30]

이 도시들은 성 평등의 관점에서도 중요한 비약을 이뤄냈다. 여성들이 재산권을 획득한 것이다. 일부는 정치 권력까지 쟁취했다. 이집트의 마지막 그리스계 통치자이기도 한 유명한 클레오파트라 7세를 포함힌 여러 명의 여왕들이 존재했었다는 사실이 그 증거다. 헬레니즘 도시들에서, 특히 알렉산드리아에서 그리고 그리스인이 지배하는 이탈리아 남부에서 여성 시인들과 건축가들 심지어는 철학자들이 두각을 나타냈다.

새로운 도시 환경에서는 유대인과 그리스인, 이집트인과 바빌로니아인의 대규모 식민지들이 공존했다. 물론 항상 상대 민족에게 우호적이지만은 않았다. 알렉산드리아는 이 점에서 특히 두드러져서 사학자 마이클 그랜트의 표현에 따르면 "최초의 그리고 가장 위대한 만인의 도시, 헬레니즘 최고의 인종 도가니"가 됐다.[31]

코스모폴리탄 분위기는 문화와 과학의 급격한 발전에 박차를 가했다. 이집트 문화, 유대 문화, 페르시아 문화, 바빌로니아 문화 그리고 다른 문화들이 그리스 문화와 접하면서 수혜를 입었다. 그러는 동안 그리스 문화도 천문에 대한 바빌로니아의 지식, 파라오가 통치하는 이집트의 문학, 고대 모세의 텍스트의 영향을 받은 히브리 성서를 그리스어로 번역한 70인역 성서를 습득했다.

알렉산드로스 비전의 퇴락

이 위대한 코스모폴리탄 실험은 알렉산드로스가 숨을 거두고 1세기가 약간 지난 후부터 퇴락하기 시작했다. 새로운 헬레니즘 왕국의 총인구의 10%를 넘지 않는 그리스 통치자들과 이주자들은 그들이 이주한 곳에 거주하는 다른 인종들과 권력과 위세를 공유하려 하지 않았다.

2세기 무렵 많은 이집트인들과 페르시아인들은 자신들이 점점 더 심하게 주변적인 존재가 되어가는 현실에 분노했고, 그 분노는 때때로 그리스인 정권에 맞서는 폭동의 형태로 표출됐다.[32] 유대 지역에서는 그리스계 셀레우코스 왕조가 규모는 작지만 끈질긴 독립심을 지닌 유대인들에게 이교도 숭배 정책을 시행하려고 하자 이 지역의 열렬한 종교 당원들은 반란을 일으켰다. BC 168년에 유대인들은 그리스인 정권과 성공적으로 결별하면서 독립국을 다시 세웠다.[33]

알렉산드리아에서도 그리스인과 유대인, 이집트인 토박이 사이의 갈등이 악화됐다. 부패와 궁중의 음모는 경제 발전의 뿌리를 훼손하고 통치자의 권위를 약화시켰다. 알렉산드로스의 정복이 있은 지 2세기도 채 되기 전에 그의 메소포타미아 속국들은 파르티아인의 손아귀에 떨어졌다. 그리스의 인도 식민지들은 헬레니즘 세계의 궤도 밖으로 그보다 더 빨리 이탈했다.[34]

5. 로마-최초의 메거시티

　부유한 로마인의 아들이자 네로 황제의 궁전에서 오랜 시간을 보낸 총신인 티투스 페트로니우스는 도시의 뒷골목에서 매춘부들과 단정치 못한 귀족 여인들을 모두 동등한 열정으로 희롱하고 흥청거리면서 시간을 보냈다. 훗날 궁중 음모를 공모했다는 누명으로 자살을 강요당한 페트로니우스는 이 도시와 이 도시가 만들어낸 제국에 대한 두드러진 묘사와 통찰력을 남겼다.[1]

　그가 살던 무렵, 로마 —사방으로 뻗어나가는 커다란 수도였으며 장터와 술집, 신전, 북적거리는 주택과 귀족들의 빌라가 집결된 곳—는 이후로 현대가 도래하기 전까지 다시는 목격할 수 없는 규모로 성장했다. 페트로니우스의 로마에서 우리는 고아함의 경계를 뛰어넘어 오늘날의 뉴욕이나 도쿄, 런던, 로스앤젤레스, 상하이, 멕시코시티에 접근한 도시를 보게 된다. 인구가 1백만 명이 넘었던 로마는 바빌론 같은 앞선 시대의 거대 도시들보다 2배에서 3배 정도 컸다.[2] 로마는 훗날의 괴물 같은 도시들과 비슷하게 "거대 도시의 상피병象皮病(단단하고 두꺼운 코끼리의 피부와 같이 되는 병 — 역주)"이라 불리는, 인간적인 규모를 완전히 상실하면서 나타난 증세로 고통 받았다고 루이스 멈포드는 썼다.[3]

이 괴물이 대략 5백 년 동안 세계의 신경중추로 기능할 수 있게 해 준 법적, 경제적, 공학적 구조물들을 로마인들이 창조해냈다는 것은 영원토록 지워지지 않을 그들의 자랑거리다. 도시제국 중에서 가장 거대한 이 도시는 최고조에 올랐을 때 5천만 명의 인구를 거느렸고, 영국에서 메소포타미아까지 펼쳐진 넓은 지역을 통치했다.[4]

의기양양한 로마인들

로마인들은 이 대담한 발자취를 어떻게 도시의 미래에 남길 수 있었을까? 그들은 고대 도시의 두 가지 중요한 기초 요소인 종교적 신념과 잘 조직된 군사력을 융합해내면서 그런 위업을 달성했다. 자신들이 위대한 존재라는 믿음은 확고부동했고 제국을 향한 추구는 집요했다. 이를 페트로니우스는 이렇게 기록했다.

> 전세계는 의기양양한 로마인들의 손아귀에 들어 있다.
> 그들은 대지와 바다와 별들의 벌판을 가졌다.
> 그러면서도 그들은 흡족해하지 않는다.[5]

로마의 위대한 힘은 지리적 위치나 자연자원에서 비롯되지 않았다. 로마를 가로질러 흐르는 티베르 강은 티그리스나 유프라테스, 나일 같은 거대한 강과는 같은 반열에 끼지 못한다. 로마의 심장부는 도시를 둘러싼 일곱 언덕의 보호를 받았고, 내륙에 자리한 입지는 바다를 통한 침략에 맞설 수 있는 방패를 제공해 주었다. 하지만 이런 것들도 야망을 지닌 정복자 앞에서는 별로 대단치 않은 장애물에 불과했을 게 틀림없다.

로마는 기본적인 경제적 자산을 향유했지만 그 정도는 다른 많은 도시들에 비해 그리 많은 편이 아니었다. 온화한 기후와 약간 비옥한 토양은 양치기와 농부들로 구성된 조그만 공동체를 먹여 살렸다. 도시는 티베르 강을 쉽게 건널 수 있는 지점과 가까운 곳에 자리를 잡았는데, 그 덕에 초기의 로마는 주위를 둘러싼 민족들에게는, 특히 당시 가장 선진화된 문화의 소유자인 에트루리아인들에게는 천연의 교역로가 됐다. 소금 퇴적물은 로마인들이 교역에 내놓은 중요한 품목이었다.[6]

그 대신 로마의 위대함의 근원은 그들의 별난 신화와 신성한 사명감에 있다. 로마는 티베르 강에 버려져서 암컷 늑대 밑에서 자란 로물루스와 레무스 형제에 의해 BC 753년에 창건됐다고 한다. 그들은 처음부터 잔인해서 서로를 사납게 공격했다. 전쟁과 농경의 신인 마르스는 초기에 이 거친 시골 사람들 사이에서 강한 추종 세력을 만들어냈다.[7]

그러나 강인함과 억센 심성만으로는 에트루리아인들에게 저항하기에 충분치 않았다. 에트루리아인들은 BC 7세기와 6세기에 자그마한 정착지였던 로마의 통제권을 장악했고, 그곳에 왕정을 확립했다. 여러 면에서 로마인들은 이 패배에서 수혜를 입었다. 이 패배 덕에 그들은 더 세련된 문화를 접하게 됐고 그리스 세계와 페니키아 세계에 모두 연줄을 갖게 됐다.[8]

외래 세력의 지배에서 일단 자유로워진 로마인들은 BC 5세기에 인구가 겨우 4천 명밖에 되지 않는 이제 막 갓난 티를 벗은 도시국가를 신속하게 개혁했다. BC 450년 무렵 그들은 12표법Law of the Twelve Tables으로 정치 체제를 성문화했다. 이 법전은 장날에서부터 고객과 의뢰인 사이의 관계, 귀족의 권리, 평민의 보호에 이르기까지 모든 것을 다 다루었다.

로마법은 개인과 시민의 미덕이라는 관념에 깊이 뿌리를 내린 준거틀의 형태로 시민들의 행동을 발전시켜 나가겠다는 의도에서 고안됐다. 가장 바람직한 것은 시민들이 스스로 자신의 행동을 규제하면서 행동을 발전시켜 나가는 것이었다. 라틴어 '렐리기오religio'는 가정과 시민의 본분 그리고 신에 대한 시민의 책임을 뜻한다고 사학자 F. E. 애드콕은 밝혔다.[9]

로마인들은 자신들이 살고 있는 고장에 깊은 애착을 가졌고 과거가 계속 계승된다는 강한 관념을 지녔다. 가족은 만사의 중심이었다. 각 가정은 조상들과 신들을 모두 기리기 위해 제단을 관리했다.[10] 로마의 역사적 중요성은 "종교 덕분에 충만해졌다"고 리비는 밝혔다. "신들은 로마에 거주한다."[11]

전통을 일체화하는 성향은 로마의 긴 역사의 대부분의 기간 동안 강하게 유지됐다. 법률은 개정될 수도 있는 것이었던 반면 과거를 향한 유대감은 이루 헤아릴 수 없는 믿음을 주었다. 그들이 보기에 뭔가 위대한 것은 뭔가 오래된 것을 뜻하는 것이었다.[12] "이곳이 내 종교이고, 이곳이 내 인종이며, 이곳이 조상들이 남긴 흔적이다"라고 페트로니우스보다 1세기 앞선 시대의 로마 정치가 키케로는 썼다. "나는 내가 여기서 느끼는 매력을, 내 마음과 감각으로 파고드는 매력을 이루 말로 표현할 수가 없다."[13]

공화국을 향한 로마인들의 헌신은 재앙이 거듭된 후에도 살아남았다. 로마군은 패배를 당할 수도 있었고 — 로마는 BC 390년에 골족의 침공에 잠시나마 점령되었다 — 도시는 수차례의 화재로 고초를 겪을 수도 있었다. 그러나 로마는 항상 재건됐다. 이런 애착은 그리스 문화가 이탈리아의 다른 많은 도시들을 지배하던 시절에도 로마인들이 독립적인 정체성을 키워내는 것을 도왔다.[14]

키케로가 '마음'과 '감각'으로 느꼈던 것 — 로마라는 관념과 입지에 대한 이런 독특한 일체화 — 은 도시를 급속한 팽창으로 내몰았다. BC 3세기와

2세기 동안 로마인들은 거듭된 전투 끝에 드디어 에트루리아와 그리스를 정복했다. 이론의 여지는 있지만 가장 중요한 승리는 BC 146년에 지중해 세계에서 로마의 헤게모니에 가장 강력한 위협 세력으로 등장한 도시국가 카르타고를 멸망시키면서 거둔 것이었다.

제국의 중심지의 발달 과정

BC 2세기경, 로마는 이미 중요한 도시 제국이라는 신분을 자랑하고 있었다. 새로운 아치들과 신전들이 세워졌고 그와 더불어 대형 항구 시설과 수로 그리고 한없이 넓어져만 가는 포럼Forum이 도시 한복판에 세워졌다. 인상적인 공공건물의 외관 둘레에 수천 채의 복작거리는 주택들과 소규모 시장, 상점들이 늘어 갔으며 이들은 갈수록 많아지는 인구의 욕구에 봉사했다.[15]

이후 1백년이 넘는 동안 제국이 거둔 성공은 옛 공화국 체제의 근본을 훼손했다. 노예들을 포함한 신규 전입자가 이제는 인구의 3분의 1이나 차지했다. 부유한 귀족과 곤궁한 평민들 사이의 장기간 동안 지속된 갈등은 더욱 격해졌다. 인기 좋은 지도자 티베리우스 그라쿠스는 전쟁에서 승리하고 고국으로 돌아온 노병들이 땅도 없고 "집도 없이… 아내와 아이들을 데리고" 살아야만 하는 신세가 됐다는 것을 알게 됐다. "조상을 위한 제단도, 묻힐 땅도 없는 그들은 다른 이들이 부와 사치를 누릴 수 있도록 싸우다 죽는다."[16]

정치적 불안 그리고 스파르타쿠스의 지휘 아래 일어난 유명한 노예 반란을 포함한 폭동들로 점철된 1백년은 절대 권력을 위한 준비기였다. BC

49년에 독재자라는 비난을 받은 카이사르는 점차 분열돼 가는 공화국에 통일된 통치 체제를 강요했다. 그는 도시의 혁신자이기도 했다. 그는 로마를 광범위하게 확장된 제국에 어울리는 수도로 만들겠다고 결심했다. 그는 도시의 어느 곳에서나 마주칠 수 있는 삐걱거리기 일쑤인 주택들의 고도를 제한하는 법을 제정했고, 화재 예방을 위해 타일을 사용하고 건물들 사이에 빈 공간을 두게끔 했으며, 포럼의 야심찬 확충을 시작했다.

그러나 그가 BC 44년에 암살되면서 이러한 웅장한 계획은 실행에 옮겨지지 못했다. 이 계획은 그의 승계자인 아우구스투스에게 넘겨졌다.[17] 아우구스투스의 치세 동안 로마는 웅장한 궁전과 신전, 공공건물들을 보유한 도시로 부상했다. 아우구스투스 자신이 밝힌 얘기 그대로였다. "벽돌로 만들어진 도시를 발견한 나는 그것을 대리석의 도시로 만들었다."[18]

로마: 메거시티의 원형

BC 31년에 벌어진 악티움 해전에서 아우구스투스가 프톨레마이오스 왕조 최후의 왕 클레오파트라 7세와 그녀의 동맹 세력인 안토니우스의 군대를 상대로 거둔 승리는 헬레니즘 시대에 종지부를 찍었다. 로마인들은 그리스 도시국가들의 거의 전부와 옛 셀레우코스 제국의 상당 부분 그리고 그 너머에 있는 많은 땅을 이미 정복한 상태였다. 이후로 4세기 동안 서구 어버니즘의 역사는 많은 부분이 로마인들과 그들의 의지를 따르는 이들에 의해 쓰여지게 된다.

어떤 사람들은 그리스인들이 철학자와 도시 건설자 또는 건축가로 보여줬던 천부적인 독창성이 로마인들에게는 없었다고 주장한다. 하지만 이는

로마는 메거시티의 원형으로 손꼽힌다.

부당한 주장이다. 물론 로마인들은 그리스화한 세상에서 발견한 것들을 취해 그 위에다 자신의 문화를 건설했다. 그러나 그들도 카르타고 같은 도시들을 탈바꿈시키거나 재건했고, 고색창연한 아테네를 포함한 다른 도시들의 복구를 도왔다.[19]

로마는 도회 생활의 경계를 새로운 수준으로 밀어붙였다. 그 어느 곳에서보다도 로마 자체 내에서 그랬다. 로마는 늘어만 가는 인구를 부양할 수 있는 유례 없는 규모의 공공 토목공사 프로그램 —도로, 수로, 하수도— 에 착수했다. 어느 로마 작가는 이렇게 물었다. "그리스인들은 그들의 쓸모 없는 예술을 자랑했고, 이집트의 유산은 가치 없는 피라미드들에 있다. 그런데 로마로 물을 끌어오는 수로 14곳과 비교할 만한 것은 그들에게 무엇이 있나?"[20]

그러나 이런 업적의 밑바닥에는 비참한 현실이 감춰져 있었다. 새로 지은 아우구스투스 포럼과 마르스 신전 같은 거대한 건물들을 고상한 대리석

조각상이 뒤덮고 있었을지는 모르지만 대부분의 로마인들은 빈민굴과 비슷한 거처에서 살았다. 부자들의 개인저택인 도무스domus 1채당 아파트형 주택인 인슐라이insulae가 26블록 있었다. 카이사르가 입법을 했음에도 많은 아파트 빌딩들은 여전히 삐걱거렸고 때때로 무너졌다. 그리고 너무나 자주 불길에 휩싸였다.[21]

일상적인 생활은 자주 혼란에 빠져들었다. 거리가 직선으로 쭉 뻗은 경우는 드물었다. 꾸불꾸불한 거리는 사람들과 쓰레기더미로 북적거렸으며 낮 시간에는 사람들의 달음박질 소리가 거리를 장악했다. 카이사르는 밤에만 짐수레를 운행하라고 명령을 내렸다. 그래서 해가 떨어지면 소음과 소요는 사실상 더 악화됐다. 풍자가 주브날이 물었던 그대로다.

"침실에서 이룰 수 있는 잠은 어떤 것인가? 짐마차들이 비좁고 꾸불꾸불한 거리를 통과하고, 가축 상인들의 욕설이 잦아들 때까지는 바다표범이나 클라우디우스 황제도 잠을 이루지 못할 것이다."[22]

그러나 이런 부정적 현실이 있었음에도 로마는 도시의 역사에서 뭔가 새로운 것을 대표한다. 메거시티(megacity: 인구 100만 이상의 도시 —역주)의 인구를 먹이고 입히고 물을 공급할 필요성은 경제 조직 면에서 많은 혁신을 하게끔 만들었다. 제국의 목적은 도시의 늘어나는 세대들을 부양하기 위한 자원을 얼마나 많은 인명을 대가로 치르건 확보하는 것이라고 세상 물정 밝은 페트로니우스는 썼다. "운명의 세 여신(로마 신화에서 인간의 탄생과 수명, 죽음을 관장하는 여신들 —역주)은 전쟁에 열중해 있다"고 페트로니우스는 말했다. "부를 향한 탐구는 계속된다."[23]

이 자원들을 빨아들이는 과업은 엄청난 난점으로 떠올랐다. 로마는 인구를 먹여 살릴 곡물과 부자들이 필요로 하는 사치품 그리고 부자들을 시중드는 노예들을 데려올 때 항구 세 곳의 도움을 받았다. 야채와 돼지에서부터 와인과 소, 생선까지 모든 제품을 위한 대규모 창고들과 고도로 전문화된 시장들이 있었다. 로마의 통상은 너무나 활발해서 페트로니우스가 쓴 『사티리콘』에 나오는 트리말키오 같은, 노예에서 해방된 자유민조차도 엄청난 부를 축적해서 상당한 사회적 신분을 습득할 수 있었다.

로마에서 현대적인 규모로 이뤄진 소매 활동은 이후로 오랫동안 지속된 최초의 도시적 외양을 만들어냈다. 서적과 귀금속, 가구, 의복 판매상들이 특화된 구역에 집중돼 있었다. 슈퍼마켓 구실을 하는 호리아horrea가 있었고 대체로 인술라이 1층에 위치한 소규모 상점들도 굉장히 많았다. 가장 복잡하고 정교한 상태였을 때 로마에는 요즘의 쇼핑센터를 예언하는 듯한 건물도 있었다. 메르카투스 트라이아니Mercatus Traiani는 5개 층에 걸쳐 입주해 있는 가게들에 광범위한 제품들을 진열했다.[24]

로마의 경제는 피정복 국가들의 부를 먹어치우는 기생적인 경제로 묘사돼 왔다. 스페인산 건어물, 페르시아산 호두, 골산 와인 그리고 물론 많은 나라에서 온 노예들이 도시로 쏟아져 들어왔다. 그런데 그 대가로 세계가 로마로부터 받은 것은 상대적으로 적었다.[25] 그러나 로마가 통상을 위해 세계의 진을 빨아먹었다고 해도 로마의 천재적인 통치와 행정은 사상 유례가 없는 수준의 안전을 제공했다. 그 덕에 인간이 정착해서 살고 있는 세계의 모든 지역 곳곳에 도시 건설의 새로운 황금기가 열렸다.

코스모폴리탄 세계 제국

요크와 런던, 트리어, 파리, 빈, 부다페스트 그리고 훗날의 유럽에 있는 주요 도시들은 티베르 강기슭에서 태어난 도시의 천재성에 많은 것을 빚지고 있다.[26] 로마화는 많은 점에서 선진적인 도시화와 같은 뜻으로 받아들여진다.

이런 발달은 사상 유례가 없는 치안과 안전 때문에 가능했다. "로마인들은 끊임없이 전쟁을 준비하는 방법을 통해 평화를 수호했다"고 에드워드 기번은 말했다.[27] 국경 지역과 성벽, 도로 가까운 곳에 배치된 군단들은 사하라의 황무지에서부터 몹시도 추운 스코틀랜드의 변방에까지 이르는 지역에서 도시들을 보호했다. 성벽과 다른 방어 시설들은 그런 오지에 있는 도시들의 생존에 중요했다. 그러나 독일의 트리어와 베룰라미움(세인트 알반스)과 같은 고장들은 단순히 군사적 전초기지에만 머물지 않았다. AD 1세기와 2세기경, 심지어는 영국의 소읍들조차도 바둑판 모양의 거리와 정교한 배수 시스템, 욕탕과 수도관을 자랑했다.

가장 인상적인 것은 이러한 도시 문명의 번창이 단순히 제국이 내린 칙령에 의한 결과물이 아니었다는 것이다. 여기에는 민초들의 에너지도 한몫을 했다. 여러 도시들 사이의 격렬한 경쟁은 무절제한 신축 건설 프로젝트들과 극장들, 스타디움들을 만들어냈다. 로마는 개별 도시들에 상당한 수준의 자치를 허용했다. 제국 그 자체가 '도시 세포들의 연합'으로 기능했다고 사학자 로버트 로페즈는 밝혔다.[28]

이토록 많은 인구가 거주하는 안전한 도시들이 확산되는 것을 유럽은 19세기가 되기 전까지는 다시는 보지 못할 터였다. 인구, 상품 그리고 사상이 안전한 바닷길을 통해 퍼져 나갔고, 예루살렘부터 볼로뉴까지 81,600km에 걸쳐 뻗은 포장도로 곳곳에 자리한 도시 세포들의 광대한 군도를 통해 빠르게 이동해 다녔다.[29] 부유하고 이동성이 대단히 좋은 젊은 로마인들은 교육을 받기 위해 아테네, 알렉산드리아, 마실리아(마르세유), 로도스 같은 외국으로 유학을 가는 것을 대수롭지 않게 여겼다.[30]

통상과 기술도 변방으로 확산됐다. 지중해 출신의 기능공들이 유리 세품과 도자기, 농기구를 만드는 기술을 갖고 이동했다. AD 3세기경, 라인 지방이 처음으로 주요 산업 지대로 부상했다. 해로와 육로 양쪽을 통한 교역의 변방은 인도 심지어는 중국이라는 이전까지는 미개척지였던 시장으로까지 확장됐다.³¹

절정에 달했을 때 로마는 일찍이 키루스와 알렉산드로스가 품었던 코스모폴리탄 세계 제국이라는 이상을 실재하는 현실로 탈바꿈시켰다. 타키투스는 "클라우디우스 황제는 시민권자의 지속적인 증대가 아테네를 앞서는 로마의 가장 위대한 장점 중 하나라고 말했다"라고 썼다. 카이사르와 맞서 싸운 "골족의 손자들"이 이제는 "군단을 지휘하고, 주를 다스렸으며 원로원에 입성했다"고 기번은 논평했다.³² AD 3세기 무렵 로마의 시민권은 세계 전역의 자유인들이 얻을 수 있었으며 원로원의 원로들 중 이탈리아 출신은 절반이 채 안 됐다.³³

에스파냐 출신의 트라야누스가 AD 98년에 황제에 등극한 것을 시작으로 이제는 이국인들이 최고 지위인 황제의 옥좌에 올랐다. 이어지는 몇 세기 동안 골과 시리아, 북아프리카와 트라키아 등의 다양한 고장 출신들이 로마의 수반 자리에 등극했다. 이렇게 다양한 인물들이 모든 도시들의 신성한 수도인 로마에 머물면서 제국을 통치했다. 2세기의 그리스 작가 아리스테이데스는 단언했다. "로마는 지상의 모든 사람들을 거주민으로 데리고 있는 요새다."³⁴

이러한 보편주의적인 관념을 가장 잘 표현한 것은 아마도 안토니우스 피우스가 숨을 거둔 AD 161년에 옥좌에 오른 황제이자 철학자인 마르쿠스 아우렐리우스였을 것이다. 아우렐리우스는 고대의 로마인들처럼 그의 도시와 조국을 로마로 간주했다. 그러나 황제로서 그는 로마의 사명은 넓은

의미에서 당시에 알려져 있는 세상의 전역에 걸쳐 "인간이 해야 할 일을 하는 것"으로 봤다.[35]

6. 고대 도시의 그늘

마르쿠스 아우렐리우스가 살던 무렵 로마의 지배권은 이미 공격을 당하고 있었다. 주된 이유 중 하나는 노예에 대한 로마의 의존도가 점차로 커졌다는 것이다. 노예는 항상 고대 세계의 중요한 일부분이었지만 이제는 노예들이 로마 사회의 중산층을 형성하는 중요한 계층인 장인들과 소매 상인들을 점점 대체하기에 이르렀다. 그렇게 되자 중산층의 상당수가 채무자가 되면서 국가에 의지하게 됐고 결국에는 수도 거주자의 셋 중 한 명이 실업수당을 받는 처지가 됐다.[1]

과거에 정복 활동은 유민이 된 로마인들에게 기회를 제공했다. 그러나 새로운 영토를 더 이상 습득할 수 없게 된 지금의 제국은 광대한 도시들의 네트워크를 보호하기 위해 엄청난 대가를 치르면서 벅찬 투쟁을 벌이고 있었다. 안전하고 수월한 커뮤니케이션이 와해되면서 장거리 교역은 쇠퇴했다. 이어지는 몇 세기 동안 로마의 은화인 데나리온의 가치는 계속 하락했다.

아마도 더 나빴던 것은, 출신 계급을 막론하고 모든 로마인들이 도덕 관념을 상실해가고 있다는 것이었다. 냉소주의와 현실 도피 사상이 문화를 타락시켰다. 엘리트 계층의 상당수가 로마의 도시 생활을 노골적으로 혐오하면서 전원풍의 시골이나 나폴리 만에 있는 별장으로 도피하는 쪽을 택했다. AD 300년대 말에 제국의 동부에서 찾아온 어느 관찰자는 이렇게 적었다. "도시에는 부자들로 구성된 원로원이 있다 … 그들 한 사람 한 사람은 높은 관직을 차지하기에 적합한 사람들이다. 그러나 그들은 세상사를 초연해하면서 재산을 레저 활동에 쓰고 있었다."[2]

로마의 중산층과 노동 계급은 국가가 상연하는 무절제해져만 가는 오락물에 점점 더 넋을 잃었다. 많은 로마인들이 이국적인 동물들과 잔인한 검투사들의 격투, 무대 공연 같은 장관을 구경하면서 한가한 시간을 보냈다. 도덕주의자인 살비안은 이렇게 불만을 터뜨렸다. "로마인들은 죽어가면서 웃어대고 있다."[3]

메소포타미아에서 귀환한 군대로부터 퍼져나간 일련의 전염병은 우울한 분위기를 더욱 증폭시켰다. AD 3세기에 발발한 특히도 극심한 전염병은 여러 달 동안 날마다 5천 명의 로마인들을 앗아갔다는 기록이 있다.[4]

인간의 도시 대 하나님의 도시

이런 재앙의 한가운데에서 일부 사람들은 종교에서 위안을 찾았다. 많은 이들이 이집트와 메소포타미아 그 외의 다른 고대 세계의 중심지에서 창시된 이국적인 종교에 빠져들었다. 동방에서 온 새로운 수입 사상 중 하나인 기독교는 다른 종교들보다 강력하다는 것을 입증했다. 시간이 흐르면서 기독교는 제국 자체를 넘겨받았다.

당시 남아 있던 로마의 다신교도들이 보기에 그리고 훗날 기번이 보기에 이들 새로운 믿음 체계의 날로 커져가는 영향력은 고대의 도시 문명에 심각한 상처를 주었다. 기번이 신랄하게 썼듯이 제국의 멸망은 "야만과 종교의 승리"를 의미한다.[5] 이 점에 있어서는 기번의 견해가 옳지만 그의 견해는 전체의 일부에 불과하다. 새로운 관념들 — 가장 중요한 것은 기독교 — 이 직접 로마를 파괴한 것은 아니다. 낡은 가치관의 붕괴가 우선되지 않고는 새로운 가치관의 패권은 상상할 수도 없는 것이다.

아이러니컬하게도 기독교의 급격한 성장은 제국의 광대한 도시 인프라스트럭처 없이는 발생할 수 없었을 것이다. 기독교 신앙의 주요 설계자인 바울 자신이 로마 도시 세계가 낳은 전형적인 산물이다. 중요한 교역의 중심지인 다소Tarsus 출신의 그리스화된 유대인이자 로마시민인 바울은 제국의 다양한 도시들 — 안티오크, 에페수스, 코린트, 다마스쿠스, 아테네 그리고 로마 — 을 잇는 해로와 육로를 여행했다.[6]

기독교는 로마의 자산을 복음 전도에 활용했지만 기독교 신앙 자체는 도시 제국의 핵심 가치관의 상당 부분을 거부했다. 유대인들로부터 신학 체계의 상당 부분을 차용한 기독교인들은 유일한 초월 신에 대한 믿음을 위해 향토 기반의 오래된 관념인 '렐리기오religio'를 거부했다. 그리스도는 마태에게 이런 말을 했다고 알려져 있다. "이 동네에서 너희를 박해하거든 저 동네로 피하라… 이스라엘의 모든 동네를 다 다니지 못하여서 사람의 아들이 오리라."[7]

이러한 관념은 전통적인 다신주의 문화와 직접 충돌했다. 키케로가 열정적으로 표명한 애시심愛市心이라는 개념은 지상에 계시는 동안에는 집 없이 떠돌면서 평범한 범죄자처럼 죽어간 하나님을 모시는 기독교인들에게는 별 의미가 없었다.[8] "우리에게 국가보다 더 이질적인 것은 없다"고 기독교인 작가 터툴리안은 주장했다.[9]

기독교인들은 로마의 장기간에 걸친 박해에 의해 더욱 소원한 존재가 됐다. 어느 기독교인 작가가 썼듯이 로마는 "인간 종족을 부패시키기 위해, 전세계를 그들의 통치에 복종할 만한 가치가 없게끔 만들기 위해 창조된 도시"였다. AD 3세기에 카르타고의 주교이던 시프리아냐는 로마와 제국의 다른 주요 도시들을 찾아온 역병을 그 도시들이 저지른 범죄와 불의에 대한 징벌이라며 찬양했다.[10]

반反도시적 관점에 대한 가장 유명한 표현은 성 아우구스티누스의 『신국론The City of God』에 담겨 있다. 시프리아냐처럼 카르타고 출신인 아우구스티누스는 로마를 도시 자체의 영광과 도시에 깃든 사악함에 대해 마땅히 징벌할 가치가 있는 속세의 도시로 묘사했다. 아우구스티누스는 죽어가는 메트로폴리스를 개혁하려는 프로그램을 제시하는 대신 또 다른 종류의 메트로폴리스, 즉 "인간의 지혜는 없고 오로지 믿음만이 있는" 곳인 하나님의 도시로 들어갈 길을 찾으라고 로마인들에게 강권했다.[11]

"모든 게 방치됐다"

아우구스티누스가 위대한 논문을 쓰던 AD 5세기 무렵, 기독교인들도 그리고 이제는 로마에 본거지를 둔 교회도 제국의 붕괴를 막을 수 없었다. 출산율은 떨어지고 있었고 도시는 공동화하고 있었다. 변경에 가까이 있는 도시들의 경우는 특히 더했다.[12] 로마는 제국의 권력의 주요 중심지들로부터 점점 고립됐다.[13] 이탈리아에서조차 상업적 중심과 정치적 중심은 다른 도시들, 특히 라벤나와 메디올라눔(밀라노) 같은 곳으로 옮겨갔다.

제국의 역할을 빼앗긴 로마의 인구는 급격히 줄어들었다. 건물의 신축은 중단되었고 낡은 건물들은 무너졌다. 급기야 410년에 서고트족이 로마를 약탈했다. 도시는 초라한 독립을 짧은 기간 동안 유지하다가 476년에 게르만의 왕 오도아케르에게 함락됐다.

더 심한 모욕이 뒤따랐다. 경기장들은 농지로 바뀌었고 수로는 방치됐다. 욕탕은 영원히 폐쇄됐다. 7세기 무렵 로마는 인구 3천 명의 도시로 전락했다. 그레고리 교황은 황폐하게 유린된 참상을 둘러보고는 말했다. "한때 세계는 높이 오르기 위해 이곳으로 모였으나 이제는 고독과 처량함, 비탄이 이곳을 다스리는구나."[14]

로마의 멸망에 뒤이어 서유럽의 도시 생활도 서서히 쇠락하기 시작했다. 이후 몇 세기 동안 서유럽에서는 어느 사학자가 "내향적인 문화의 단순화"라고 부른 황폐함이 지배했다. "지평선들이 좁아지는 시대, 향토의 뿌리들이 강해지는 시대, 케케묵은 충성심이 굳건해지는 시대"였다.[15]

탈도시화가 모든 곳에서 동시에 일어난 것은 아니었다. 몇몇 지역에서는 로마의 도시 생활을 유지하는 소규모 고립 지대들이 여러 세기 동안 명맥을 유지했다. 제국을 복원하려는 시도들도 간헐적으로 있었다. 그러나 AD 7세기 무렵, 옛 제국의 도시들을 이어주던 낡은 교역로는 단절됐다. 제국이 붕괴된 후에도 몇 백 년 동안 번성하던 거대한 항구 마르세유는 황폐해졌다.

이제 서유럽과 북아프리카 인근 지역은 호전적이고 미개한 봉건 영주들에게 귀속됐다. 카르타고부터 로마와 밀라노에 이르는 서구의 거의 모든 거대 도시들은 심각한 인구 감소를 겪었다.[16] 인구 감소는 제국의 변두리에서는 더욱 파멸적이고 지속적이었다. AD 4세기 초입에 인구가 대략 6만 명이었던 게르만의 북적거리는 지역 중심지 트리어는 성당을 중심으로 밀집한 농촌 마을 무리로 전락했다. 성벽을 보수하고 경제가 발전된 이후인 1300년에도 이 도시의 인구는 겨우 8천 명에 불과했다.[17]

대부분의 고장에서 옛날의 도시 문명은 사라져버렸다. AD 7세기와 8세기 동안 가톨릭이 지배하는 유럽에 거주하는 전 인구의 5% 미만이 웬만큼 규모가 되는 읍들에 거주했다. 자신의 감독관 구에 속한 점차로 황량해져가는 마을들을 돌아본 어느 프랑스 주교는 "우리는 어디를 가나 지붕이 무너진 교회들과 부서지고 망가진 문짝들을 보았다"고 기록했다. 짐승들이 제단으로 이어지는 복도를 어슬렁거렸다. 주교는 계속해서 적었다. "모든 게 방치됐다."[18]

콘스탄티노플: 살아남은 도시

예전의 그리스 비잔티움인 콘스탄티노플은 이제 고대 어버니즘의 마지막 남은 거대한 보루였다. AD 326년에 콘스탄티누스에 의해 제국의 수도로 선포된 이 도시는 유럽을 아시아로부터 갈라놓는 보스포러스 해협에 걸쳐 있었다. 성벽 뒤에서 안전을 영위하는 웅장한 항구를 낀 콘스탄티노플은 야만인들의 맹공에도 살아남았다. 1세기 내에 이 도시의 인구는 대략 5만 명에서 30만 명 이상으로 늘어나면서 쇠락해가는 로마나 안티오크, 알렉산드리아를 쉽게 추월했다.[19] AD 6세기의 절정기에 콘스탄티노플은 유럽의 지배적인 도시의 지위에 오르면서 인구가 50만 명에 육박했고 아드리아해에서 메소포타미아까지, 흑해에서 아프리카의 뿔에까지 걸치는 거대한 제국을 통치했다.

오래된 도시들을 개발하고 새로운 도시들을 창건했던 로마와 달리 콘스탄티노플은 유럽과 근동의 다른 도시들이 쇠락하고 있던 시절에 번성했다. "아아, 도시에 있고 싶어라!"라는 탄식은 사업상 또는 공무 때문에 오지에 있는 보잘것없고 사람도 얼마 살지 않는 시골로 억지로 출장을 가야만 하는 동로마제국 사람들의 입에 붙어 있었다.[20]

콘스탄티노플은 자신들이 새로운 로마라고 공포했지만 앞선 시대 로마의 규모나 제국의 범위에는 결코 이르지 못했다. 11세기 사학자 미카엘 프셀루스는 저작 『크로노그라피카Chronographica』에서 콘스탄티노플을 "과거가 뿜어내는 황금 증기"에 의존하는 "저열한 금속"에 비유했다.[21] 앙리 피렌느의 표현에 따르면 서구와 단절된 도시는 "점진적인 동양화orientalization"를 겪었다. 실제로 서구에서 온 방문자들은 그 모든 조짐들을 기록에 남겼다. 권세 좋은 궁중의 환관, 복잡한 궁중 의식, 권력의 전제적 집중화 등.[22]

아마도 더 나빴던 것은 콘스탄티노플이 고대 세계의 코스모폴리탄 관념으로부터 멀어졌다는 것, 종교 문제에 관해서는 특히 더 멀어졌다는 것이다. 제국은 유대인과 기독교 이단자, 다신교도들을 점점 더 박해했다. 사학자 프로코피우스는 유스티니아누스 황제에 대해 이렇게 적었다. "그는 자신의 종교적 견해를 공유하지 않는 사람들을 죽일 때에는 그것을 살인이라 생각하지 않았다."[23]

예전의 포용적인 제국이었다면 그 아래로 결집했을지도 모르는 많은 잠재적인 동맹국들이 이제는 포용적이지 않은 제국에 등을 돌렸다. 유대인 심지어는 일부 기독교 분파들을 포함한 일부 집단은 제국을 난도질해서 갈라놓으려고 덤벼드는 페르시아를 편들었고, 그 다음에는 무슬림들을 적극적으로 거들었다.

다른 요인들도 콘스탄티노플과 세력이 위축되어가는 제국을 훼손시켰다. 지진과 같은 자연재해들이 AD 6세기 말에 퍼진 대역병의 뒤를 이으면서 콘스탄티노플 인구의 2분의 1에서 3분의 1 사이를, 그리고 다른 많은 소규모 도시들을 완전히 쓸어버렸다.[24] 질병과 내분으로 허약해진 콘스탄티노플의 인구는 감소했고 제국은 7세기와 8세기에 발흥한 이슬람에 맞설 준비가 되어 있지 않았다.

제국은 많은 문제점이 있었음에도 버텨냈지만 ― 제국의 가장 큰 장점은 '끈기'였다고 사학자 야콥 부르크하르트는 밝혔다 ― 점차 상대적으로 규모가 작은 그러나 끈질기게 위력적인 무장 요새들의 군도로 변해갔다. 비잔틴의 훌륭한 방어력과 외교력, 노골적인 뇌물 제공 그리고 이슬람권의 내분은 콘스탄티노플이 AD 1453년에 대포를 앞세운 터키군의 맹공에 함락되기 전까지 최후의 정복에서 안전할 수 있게끔 해 준 요인들이었다.[25]

제3부

동양의 시대

7. 이슬람의 군도

1325년, 아부 압둘라 무함마드 이븐 바투타는 고향인 탕헤르를 떠나 동쪽 메카를 향한 성스러운 하지(hajj, 순례)를 시작했다. 훗날 아라비아에서 종교적 의무를 마친 그는 이후 거의 4반세기 동안 여행을 다니면서 동아프리카 해안을 따라 마련된 교역소들에 머물렀고, 중앙아시아 스텝 지대의 캐러밴 마을들과 인도, 실크로드에 있는 화려한 도시들을 가로질렀다.

수천 킬로미터 길이에 20여 문화를 경험한 여행 기간의 대부분 동안 이븐 바투타는 거의 모든 곳에서 자기 집 같은 편안함을 느꼈다. 그는 다양한 인종과 언어, 문화와 마주쳤지만 대부분의 도시는 유일신과 그 신의 계시를 전하는 단 한 사람뿐인 예언자 무함마드가 다스리는 세계인 다르 알-이슬람(Dar al-Islam, 이슬람의 집)이라는 친숙한 경계선 안에 자리 잡고 있었다.

로마 이후 1천년 가까이 지난 이 시기에 로마의 광대한 도시 네트워크는 마지막 퇴락의 고통에 시달리고 있었다. '영원한 도시'의 계승자인 콘스탄티노플은 성벽 뒤에서 여전히 명맥을 유지하고 있었지만 도시를 포위한 적들 때문에 목숨이 위태로울 정도로 허약해져 있었다. 이제 콘스탄티노플은 세계 20대 도시 중 단 하나뿐인 유럽의 도시였다. 나머지 대부

분의 도시는 동양에, 중국 아니면 다르 알-이슬람 내에 있었다.[1]

무슬림의 패권은 유럽 어버니즘이 약해지는 데 상당한 영향력을 행사했다. 이슬람 교도들은 지중해와 동양으로 가는 교역로 모두를 지배하면서 유럽인들이 부와 지식을 받아들이는 중요한 원천을 차단했다.[2] 아랍역사가 이븐 할둔은 이렇게 밝혔다. "기독교인들은 더 이상 바다에 널빤지를 흘려보낼 수 없었다."[3]

파피루스 같은 상품은 유럽의 수도원에서 자취를 감췄고 오래 전부터 지중해에서 구입해오던 와인은 이제는 각 지역에서 포도를 재배해 빚어야만 했다. 대부분 시리아인과 유대 상인들이 판매하는 얼마 안 되는 사치품들만 유럽의 장터와 귀족들의 궁정에 등장했다.[4]

이와는 대조적으로 그런 상품들은 스페인의 톨레도와 코르도바부터 저먼 인도의 델리에까지 이르는 휘황찬란한 이슬람 도시들의 바자에 넘쳐났다. 이제 이슬람 상인과 선교사들의 영향력은 동남아시아의 섬들에까지 미쳤고, 그들은 중국 본토의 번성하는 해안 도시에 거류지를 건설하기까지 했다.

무함마드의 도시에 대한 비전

이슬람 문명은 인간에게 쓸모가 있는 유용한 것들을 존중한다는 강력한 비전에 의지했다. 이슬람 문명에게 자리를 빼앗긴 고대 문명과 비슷하게 이슬람 문명의 중심에는 도시에 대한 믿음이 깊이 자리 잡고 있었다. 이슬람은 신자들을 공동체로 묶어낼 필요성을 중요시했다. 무함마드는 추종자들이 사막과 씨족 지향적 가치관으로 복귀하는 것을 원치 않았다.

이슬람은 도시가 "인간들이 한데 모여 기도하는 곳"으로 이바지할 것을 요구했다.[5]

초기 이슬람의 역사는 도시 거주자들의 역사다. 무함마드는 척박한 아라비아 반도에 오래 전에 설립된 교역과 종교의 중심지 메카의 성공한 상인이었다. 처음에는 그리스 통치자들이 다음에는 로마 통치자들이 오래 전부터 이 도시에 영향력을 행사해 왔다. 다신교도, 유대인 그리고 2세기 이후로는 기독교인들이 도시의 다양한 인구에 포함돼 있었다.[6]

메카와 반도의 북서쪽 모퉁이에 있는 헤자즈 같은 교역 도시들에는 다른 초기 도시들에 공통적인 강력한 농업적 기반이 없었다. 가혹할 정도로 건조한 기후 ― 10세기의 어느 아랍 지리학자는 도시를 "숨막히는 열기와 치명적인 바람, 구름 같은 파리떼"[7]에 시달리는 곳으로 묘사했다 ― 아래에서는 통상만이 유일한 경제적 기반이었다.

대부분의 메카 사람들은 양떼를 먹일 목초지와 물을 찾아 광대한 헤자즈 지역을 떠도는 베두인의 자손이었다. 씨족들로 조직된 베두인 사람들은 캐러밴을 보호해 주거나 습격하는 것으로 부족한 수입을 보충했다. 이 씨족들은 원시적인 가문 기반의 충성심만을 존중하면서 자주 분쟁을 벌였다. 이븐 할둔은 베두인 생활의 혹독한 환경을 감안하면 그런 강한 유대감은 당연한 결과라고 적었다. 그는 이렇게 밝혔다. "집단 감정에 의해 하나가 된 종족들만이 사막에서 살아갈 수 있다."[8]

새 밀레니엄의 처음 몇 십 년이 흘렀을 때 이들 씨족의 일부가 메카 같은 도시에 정착해 직접 캐러밴을 운영하면서 레반트와 예멘 사이의 교역 증대로부터 이익을 거두었다. 메카는 인구 5천 명의 정착지로 서서히 성장했다.

사막 문화에서 태어난 옛날의 씨족에 대한 충성심은 새로이 발생한 이들 도시 공동체에는 명백한 위협 요소였다. 메소포타미아 시대 이후로 도시에 거주해온 서로 관련이 없는 사람들에게 포괄적으로 적용할 수 있는 공통의 도덕적 특질과 법규가 메카에는 없었다.

메카의 강력한 씨족 중 하나인 쿠라이시족이던 무함마드는 그런 체계가 필요하다는 것을, 낡은 씨족사회에 존재하는 유혈 분쟁의 혼돈을 대체할 고상한 체계가 필요하다는 것을 이해했다. 그의 신념 체계인 이슬람은 종교적 프로그램인 동시에 사회적 정의와 질서에 대한 요청이기도 했다.

코란에 밝혀진 무함마드의 사상은 전통적인 사회적 약자들을 염려한다. 그는 오래도록 온갖 종류의 학대의 대상이던 여자들을 가혹한 대우로부터 보호해 줄 것을 요구했다. 남자들이 둘 수 있는 아내의 수는 가족을 부양할 부의 수준만이 유일한 제한 요인이던 과거와는 달리 네 명으로 제한됐다. 남자들은 적절한 존경심으로 아내들을 대우하라는 명령을 받았다.

빈자들 역시 보호의 대상이었다. 자선은 신앙심의 필수적인 표현이 됐다. 부자들에게는 "걸인들과 불우한 이들을 위해야 할 의무가 있다"고 코란은 가르친다.[9]

무함마드의 메시지 중 가장 원대한 측면은 단일 신앙으로 묶인 더 큰 움마(ummah, 이슬람 공동체)에 대한 관념일 것이다. 이 관념은 전통적인 이교 숭배와 유서 깊은 씨족 관계의 우선성을 모두 뒤집어엎었다. 씨족의 전통적인 리더들은 이 점을 잘 이해한 듯하다. 622년에 그들은 예언자와 소수의 추종자들이 북쪽으로 320km 떨어진 곳에 있는 라이벌 도시 메디나로 헤지라(hijira, 도주)를 떠나게끔 만들었다. 커다란 유대인 거류지였던 메디나는 예언자의 일신교 메시지를 더 잘 받아들였다.[10]

그러나 새 개종자들 덕분에 강성해진 무함마드 세력은 630년에 메카를 점령했다. 그리고 얼마 지나지 않아 움마는 아라비아로 신속하게 퍼졌다. 한때는 반목하는 씨족 집단이던 아랍인들은 이제는 고도의 동기를 부여 받은 단일 민족이 됐다. 코란은 말한다. "그들에게 지상의 부를 모두 주었다한들 너는 그들을 하나로 단결시키지 못했을 것이다. 그러나 신께서는 그들을 단결시키셨다."[11]

이슬람 도시의 본성

무함마드가 632년에 사망한 후, 그의 계승자인 칼리프들은 예언자의 비전을 실행에 옮기기로 결심했다. 무슬림 시대는 도시 역사의 새 출발을 의미한다. 7세기부터 9세기 사이에 강력한 열정으로 근동과 북아프리카 그리고 스페인 내부로 퍼져간 이슬람은 — 소크라테스가 본 것처럼 "도시에 거주하는 사람들"을 주된 지식의 원천으로 바라보던 — 오랫동안 유지된 고대 어버니즘의 전통과 극적으로 갈라섰다.[12] 이슬람은 세련된 도시 문화를 키워냈지만 도시 그 자체를 숭배하지는 않았다. 인간의 일상 생활을 초월적인 신과 통합한다는 종교적 관심사가 도시에서 행해지는 일들에 그늘을 드리웠다.

무엇보다도 신앙이 우선이라는 관념은 이슬람 도시의 건물 배치에 명확하게 반영됐다. 공공건물과 공간을 강조한 고대와 달리 이제는 모스크들이 도시 생활의 중심으로 솟아올랐다.[13] 이러한 종교적 지향성과 일상을 지배하는 부수적인 법규들은 고대 문명의 쇠퇴를 불러온 다른 유목 민족 침략자들의 정복과 다른 요인들이었다. 게르만족과 훈족 그리고 다른 종족들이 로마와 페르시아, 비잔티움 같은 거대 도시들을 함락했을 때 일반적으로 그들이 남겨놓은 것은 폐허와 잿더미 외에는 거의 없었다. 그와는 대조적으로 무슬림들은 새로 손에 넣은 도시들 ― 다마스쿠스, 예루살렘, 카르타고 ― 을 그들이 영적으로 우수하다고 믿는 도시 문명에 통합하려고 노력했다.

다마스쿠스: 지상 낙원

661년에 칼리프는 정치적 수도인 메디나를 버리고 팽창하는 제국의 행정과 커뮤니케이션, 상업적 요구에 더 적합한 도시인 다마스쿠스로 옮겨갔다. 다마스쿠스는 메카나 메디나와는 대조적으로 레바논의 산악에서 흘러오는 바라다 강이 키워낸 기름진 지역에 자리하고 있었다. 아랍 시인 이븐 주바이르가 읊은 그대로였다.

> "지상에 낙원이 있다면 다마스쿠스가 바로 그곳이리라. 낙원이 천국에 있다면 다마스쿠스만이 어깨를 나란히 하며 견줄 수 있으리라."[14]

다마스쿠스는 아랍 문명이 다른 문명에 노출되는 폭을 넓혀 줬다. 다마스쿠스는 거대한 코스모폴리탄 도시였고 다양한 기독교 분파들과 유대인들의 고향이었다. 이슬람 치하에서 이 "성경의 백성들"은 자신들의 신념을 그대로 지녀도 좋다는 허락을 받았다. 그들은 예전의 비잔틴 통치자들 치하에서보다 훨씬 자유로웠다. 코란은 딤미들(dhimmis, 보호받는 자들)이 새로운 정권에 공물을 바쳐야 하며 따라서 "겸손해야만 한다"고 밝히지만 그런 점만 제외하면 그들의 권리는 보장되었다. 이런 상대적인 관용은 유대인과 일부 기독교도들이 무슬림이 그들의 도시를 탈취하는 것을 환영하는, 심지어는 지원하기까지 하는 결과로 이어졌다.[15]

이슬람 도시 생활의 코스모폴리탄적인 특징은 교역의 증대를 비롯해 예술, 과학의 발달도 이끌었다.[16] 새로 정복한 도시들에서 아랍의 정기시定期市는 종종 그리스-로마의 아고라를 발전시켰다. 통치자들은 공들여 상업 지역을 개발했다. 그곳에는 뜨거운 사막의 태양을 피할 그늘을 드리우는 커다란 건물들과 교역을 위해 방문하는 상인들을 위한 창고와 숙박시설들이 있었다. 새 통치자들은 로마 시대 이후로는 본 적이 없는 속도로 도서관과 대학, 병원을 지었다.[17]

새로운 도시 정신은 다마스쿠스의 성벽 너머로 확장돼갔다. 이라크의 바스라, 북아프리카의 페스와 마라케시, 이란의 쉬라즈, 스페인의 코르도바는 모두 새 체제의 도시에 대한 상상력을 입증하는 증거다.[18] 어느 게르만 수녀는 "코르도바는 젊고 더없이 아름다우며 자신의 힘을 자랑스레 여기는 세상의 보석"이라고 적었다. 9세기의 어느 기독교인 학자는 코르도바의 문화적 흡입력이 너무나 크기 때문에 그의 형제들 중 라틴어를 적절히 쓸 줄 아는 사람은 드물지만 많은 이들이 "아랍어로 우아하게 생각을 표명할 줄 알며 그 언어로 아랍인들보다 더 나은 시를 쓸 줄 안다"고 투덜거렸다.[19]

바그다드: 세계의 교차로

압바스 칼리프가 8세기 말에 창건한 새 수도 바그다드는 초기 이슬람 도시 중에서 가장 거대한 도시로 부상했다. 티그리스 강과 유프라테스 강 사이에 자리한, 사산 왕조 페르시아 제국의 옛 수도인 크테시폰과 바빌론 양쪽에서 가까운 곳에 있는 바그다드를 당대의 관찰자 아부 유세프 이븐 이스하크는 "세계의 교차로"라고 기술했다.

위대한 수도로 설계된 바그다드는 환상環狀 계획에 따라 건설됐다. 성벽, 해자 그리고 궁전을 에워싼 내벽.[20] 최소한 25만에 달하는 바그다드의 인구는 동시대 유럽의 주도적인 도시인 베니스와 파리, 밀라노를 압도했고 그리스-로마 문명 최후의 위대한 보루인 콘스탄티노플과 맞먹었다. 900년경 바그다드는 아마 세상에서 가장 큰 도시였을 것이다.[21]

물론 몇 백 년 후에 칼리프의 영토는 조각나고 바그다드는 정치적 권력의 지배력을 상실한다. 그러나 바그다드는 여전히 두드러진 지적 생산성을 유지하고 있었다. 번성한 도서관과 아카데미들은 종이의 도입과 서양과 페르시아 고전들의 번역본을 포함한 서적의 발행과 유통에서 도움을 받았다. 시간이 흐르면서 아랍 학자들은 더 얇은 종이를 개발해서 서적을 들고 다니기 쉽게 그리고 필기도 더 쉽게 만들었다.[22]

카이로의 황금기

이슬람이 중심지를 여러 개 건설한 것은 스페인과 페르시아, 특히 이집트에 새 중심지를 만들어내는 데 도움이 됐다. 10세기에 창건된 카이로는 이어지는 3세기 동안 칼리프의 통치가 이뤄지는 고상한 정치적 중심지에서 완전히 성장한 코스모폴리탄 도시로 팽창했다. 사학자 재닛 아부-루그호드가 적었듯이 카이로는 "지배자들과 서민들이 동등하게 살고 있는 메트로폴리스"가 됐다.[23]

이븐 바투타가 도착할 무렵 카이로는 1세기 앞서 카이로를 장악한 터키의 전사-노예 집단인 맘루크 왕조의 통치 아래 있었다. 원래의 성벽이 둘러싼 지역보다 거의 5배 이상 성장한 카이로는 대학들과 160만 권 이상의 장서를 자랑하는 도서관, 일류 병원들을 갖춘 비길 데 없는 배움의 중심지가 됐다. 카이로의 유명한 요새는 이제 사방으로 뻗어나가는 거대한 도시를 굽어봤다.[24]

카이로는 대륙 저편의 시장들을 지배했으며 이는 로마 시대 이후로 그 어떤 도시도 하지 못했던 일일 것이다. 이집트의 메트로폴리스가 행한 기능에 대해 이븐 바투타는 이렇게 적었다.

> "거느리는 인구의 크기에는 한이 없고 아름다움과 광채에 있어서는 유례를 찾아볼 수 없는 드넓은 지역과 비옥한 토지들을 거느린 여왕. 카이로는 여행자들의 교차로이고 약자와 강자가 함께 체류하는 곳이다."[25]

위층에 약 360세대의 아파트를 이고 있는 상점 수백 곳과 대략 4천 명의 인구가 머무르던 카이로의 카사바는 이 바자들 중에서도 가장 큰 바자를 형성했다. 당대의 어느 이집트 작가는 놀라운 "상품의 양과 다양성" 그리고 "강에 떠 있는 바지선으로 상품을 운반하는 짐꾼들이 내는 큰소리" 때문에 귀청이 터질 것 같은 소음을 기록했다.[26]

카사바는 아프리카와 중국, 인도를 지중해 세계와 이어주는 거대한 교역 루트를 장악한 아랍 상인들을 위한 중요한 터미널 역할을 했다. 도자기와 직물, 향신료와 노예가 알렉산드리아 같은 항구들을 통해 흘러 들어와 카이로에 다다랐다. 이탈리아와 유럽의 나머지 지역이 몹시도 탐을 내던 사치품의 대부분이 나일 강변에 있는 도시의 외곽에서 활동하는 ─ 이슬람교도, 유대교도, 기독교도—상인의 손을 거쳤다.

고대 메소포타미아의 사르곤 치하에서 그랬던 것처럼 그리고 나중에 로마에서 볼 수 있던 방식과 마찬가지로 이러한 상업적 활력은 정권이 보장하는 강력한 치안력에 의지했다. 유럽 여행이 대단히 어렵고 위험하던 시절에 14세기 이집트를 찾은 이브 바투타 같은 방문자들은 철저히 도시화된, 서로 연결된 세계를 통해 안전하게 여행할 수 있었다.

　"나일의 여행자들은 필수품을 지참할 필요가 조금도 없다. 원할 때마다 목욕이나 기도, 생필품 구입이나 다른 목적을 위해 강변에 내릴 수 있기 때문이다. 알렉산드리아에서 카이로로 가는 길에는 바자들이 줄지어 늘어서 있다."[27]

북아프리카로부터 중국의 국경선까지

이슬람의 발흥은 무슬림 상인들이 상당 부분을 장악한 주요 교역 중심지들의 군도를 확장할 수 있게 했다.[28] 한 가지 신앙이 또는 도시 시스템이 이토록 광범위한 지배력을 행사한 적은 결코 없었다. 다르 알-이슬람은 무수히 많은 도시에 적용되는 공통의 법규와 행동 방식, 문화적 규범을 제공했다. 예를 들어, 이슬람 정권은 법적 대리인과 외국인 상인들이 숙박할 곳을 제공하기 위해 와킬 알-투자르wakil al-tujjar로 알려진 특별 관리를 임명했다.[29]

이런 기관들은 이슬람의 전통적인 핵심 지역 너머로까지 퍼져나갔다. 13세기 무렵 몸바사와 모가디슈를 포함한 30곳이 넘는 이슬람의 독립 교역 국가들이 동아프리카 해안을 따라 세워졌다. 이슬람은 카노와 통북투 같은 서아프리카의 통상 중심지에서도 번성했는데 이곳들은 노예와 황금을 내세워 다른 알-이슬람 전역의 상인들을 끌어들였다. 남쪽의 교역 루트를 통해 카이로와 연결된 통북투는 14세기 무렵 인구 5만의 도시로 성장해 있었다.[30]

페르시아인들은 인도와 중국으로 이어지는 훨씬 부유한 교역 루트를 지배했다.[31] 이스파한과 타브리즈, 쉬라즈 같은 도시에서 싹튼 대륙간 교역은 지역 산업의 보조를 받아가면서 새로워진 이란 어버니즘의 중심 지점들로 기능한 모스크를 따라 확장해 가는 바자들을 만들어냈다.[32]

14세기 무렵 페르시아와 이슬람 양쪽의 문화적 영향력은 투르크족과 몽골족 같은 유목민 집단에도 영향을 끼치기 시작했다. 이 유목 민족들은 정복을 통해 중앙아시아와 인도에 있는 도시들에 대한 통제력을 얻었다. 이 중심지들은 대부분 이슬람이 정복하기 이전에 세워졌지만 새로운 도시풍 종교는 새롭고 다양하며 눈부신 도시 생활을 이끌었다.

이슬람을 통한 인도의 재탄생

인도는 이런 현상을 설명하기에 적절한 주요 사례라 할 수 있다. BC 4세기에서 2세기 사이 마우리아 제국 치하에서 도시 문명의 주요 중심지였던[33] 인도는 결국에는 쇠락의 길을 걸었다. 도시들은 대체로 위축됐고, 호전적이며 경쟁적인 국가들이 서로서로를 파괴한 탓에 장거리 교역은 큰 고초를 겪었다.[34]

또 다른 커다란 이유는 힌두교가 장려하는 카스트 제도가 교역을 비난하고 외부 세계에 대한 호기심을 억눌렀기 때문이다. 그 결과 인도의 도시 발전은 매우 허약했다. 11세기 아랍 사학자 알베루니는 이렇게 적었다.

"인도 사람들은 자기들 나라 외에 다른 나라는 없다고, 자기들 나라 같은 나라는 없다고, 자기들 왕 같은 왕은 없다고, 자기들 종교 같은 종교는 없다고…믿는다. 그들은 그들이 아는 것을 주고받는 데 인색하게끔 타고났고, 자기네 나라 사람 중에서도 다른 카스트 출신의 사람들이 그걸 얻지 못하게끔 하는 데 최선의 노력을 기울인다. 물론 외국인들에게는 더더욱 그렇다."**35**

의기양양한 무슬림 술탄들은 그들의 선조들이 근동과 북아프리카에서 그랬던 것처럼 인도의 도시들을 신속하게 되살려냈다. 그들은 행정을 전문화하고 도로를 개선했으며 여행자를 위한 여관을 지었고 외부 세계와 이어지는 교역의 연결고리를 찾으라고 부추겼다. 이런 정책은 구지라트의 캄베이 같은 교역 도시들을 북적거리게 만들었을 뿐 아니라 12세기 말에 정복된 도시인 델리를 신흥 행정 중심지로 끌어올렸다.

이븐 바투타가 이슬람을 믿는 투글루크 왕조의 델리를 방문했을 때 그는 "광대하고 웅장한 도시… 인도 최대의 도시, 아니 동쪽에 있는 이슬람 도시 중 최대의 도시"와 마주쳤다. 수도인 델리에는 커다란 시장이 발달돼 있었고 이슬람 세계 전역에서 학자와 과학자, 예술가와 시인이 몰려오고 있었다.**36**

나라 안에 있는 대부분의 인도인들이 힌두교도로 남기는 했지만 이슬람 교도들은 인도아대륙의 도처에 있는 도시들을 지배했다. 이슬람 상인들은 일부 힌두교 상인들과 더불어 페르시아 만과 동남아시아 사이를 오가는 수익성 좋은 해안 교역 루트를 관리했다.**37**

인도의 약물과 향신료, 사치품과 노예의 상당 부분도 이슬람 상인들과 선교사들이 주둔할 곳을 확립해놓은 중국의 해안 도시들로 가는 길을 찾아냈다. 그러나 중국은 이슬람 세계의 일부가 될 운명이 아니었다. 대신 중국은 자신만의 독특함으로 웅장함과 세력 면에서 다르 알-이슬람에 필적할 도시 문명을 창출했다.

8. 중화의 도시들

이븐 바투타보다 1세기 앞서 베니스의 상인 집단이 광대한 중앙아시아를 가로질러 동쪽으로 여행했다. 북아프리카를 여행한 이븐 바투타와 비슷하게 폴로 일가도 이 광범위한 지역 곳곳에 있는 대부분의 도시가 무함마드의 신앙을 추종한다는 것을 알게 됐다. 중국의 선명한 영향력 앞에서 이슬람의 영향력이 희미해지기 시작한 곳은 오늘날의 신장위구르 자치구가 있는 곳인 로프Lop에서였다.[1]

처음에, 이슬람의 발흥은 중국의 도시들 입장에서는 퇴행을 의미했다. 중국 상인들은 서로마 제국 시대에 번성했던 한나라 치하에서 그리고 7세기의 당나라 치하에서 아프가니스탄의 변두리에까지 이르는 돈벌이가 되는 대륙간 교역 루트를 모두 관리했다. 그러나 이슬람 세력과 맞닥뜨린 751년에 중국은 결정적으로 패퇴했다.[2]

폴로 일가가 중국에 도착했을 무렵 중국이 머나먼 변경 지대를 상실했다는 사실을 기억하는 이는 거의 없었고 그것을 한탄하는 이는 더 드물었다. 세계 정복과 개종을 추구하는 이슬람과 달리 중국은 자신의 사상을 전파하려는 강한 열정이 없었다고 사학자 버나드 루이스는 말했다. 중국은 변경 지대에서 당한 패배를 훌훌 털어버릴 수 있었다. 중국은 위대한

'중화'로서 경제적으로 자급자족이 가능하고 문화적으로 모든 것을 완비한 나라로 남아 있었기 때문이다.[3]

중국의 영향력은 귀감이 되는 것을 통해서나 아니면 정복을 통해서나 한국과 일본, 동남아시아로 확장됐다. 그러나 중국의 문화에는 비 중국인이 받아들일 수 있는 초월적인 가치관이 없었다. 다른 문화권에 속한 개인은 이슬람 교도로 개종하는 게 가능했다. 그러나 어떤 개인이 중화의 패권을 내면에 받아들인다고 할지라도 그 개인이 진정한 중국인이 되는 것은 쉽지 않은 일이었다.

농경 사회의 도시 전통

도시 중심의 이슬람 문화와 심하게 대조적으로 중국의 도시들은 현저하게 농업에 기초한 문명의 틀 안에서 생겨났다. 16세기에 이르러서도 명나라의 황제들은 황궁 마당에서 빈틈없이 짜여진 의례에 따라 풍년을 기원하는 제사를 계속 올렸다.[4]

이러한 영속적인 농업적 현실은 심지어 도시 내부에도 반영됐다. 항저우杭州와 광저우廣州, 장저우漳州, 베이징北京은 이론의 여지는 있지만 세계 최대의 그리고 가장 훌륭한 계획 도시들이다. 그렇지만 이 도시들은 북적거리는 시골 지역에 둘러싸여 있다는 점에서는 다른 도시들과 그리 큰 차이를 보이지 않는다.[5] 중국의 도시들은 그렇게 큰 규모를 이뤄냈음에도 그저 거대한 농업 지역일 따름이었다.

고대 유럽이나 이슬람 세계에서는 공통된 현상인, 배후지에 영향력을 행사하는 일을 중국의 도시들은 하지 않았다. 아무리 규모가 큰 도시일지라도 대부분의 상품은 주로 지역 내 소비를 위해 생산됐다. 대부분의 농촌 필수품은 마을 수준에서 충족됐다. 당시까지 세계에서 인구가 가장 많았음에도 중국은 대도시에 거주하는 인구의 비율로 측정하는 도시화를 다른 나라와 비슷한 정도로 달성할 수 없었다. 중국의 도시화 정도는 서유럽이나 지중해 또는 그 문제에 있어서는 1천년부터 현재에 이르기 전까지의 일본에 비해 절반 미만을 계속 유지했다.[6]

"우주 질서의 북극성"

중국의 중요한 도시들은 주로 제국의 행정 중심지 역할을 수행했다. BC 1000년의 주나라 통치기에 개발된 중심지들은 관료제와 제사 기능 그리고 주도적 역할을 수행하는 군대를 갖추는 일반적인 패턴을 형성했다. 제조 활동과 상업은 지배 엘리트들에게 봉사할 목적으로 발달했지만 일반적으로는 부차적인 역할만 수행했다.[7]

중국의 도시들을 발전시킨 원동력은 통상이 아니라 정치였다.[8] 장안과 낙양, 카이펑, 난징南京, 베이징은 해당 도시에 대한 왕조의 선호도에 따라 흥하고 쇠하는 경향이 있었다. 국방을 위한 전진 배치의 필요성이나 식량 수급을 위한 접근성 같은 이슈들이 어떤 도시 또는 도시들이 수도로 이바지할 수 있느냐의 여부를 상당 부분 결정했다.[9]

수도를 옮기는 일과 정부 기구가 갖는 엄청난 비중은 그 자체만으로도 급성장하는 시장경제를 자극하기에 충분했다. 당이 통치하던 AD 1000년대 말의 장안의 동시東市는 2백여 개의 대로와 골목을 자랑했다. "각각의 거리는 나라 전역에서 온 희귀하고 진기한 물건들로 가득 찬 창고들이 네면을 둘러싸고 있었다." 그리스의 아고라나 로마의 포럼처럼 이곳들은 인쇄업자와 연희 종사자, 푸주한, 피륙 상인을 포함한 각종 서비스를 제공하는 자연스러운 환경이 됐다.

제국의 관료제는 도시 생활을 고도로 규제했다. 장이 서는 시간과 통행금지령은 북소리를 통해 공표됐다.[10] 새 수도를 세우거나 옛 수도를 복원할 때가 되면 생활 양식과 개인의 행동거지, 사물들 사이의 관계를 결정하는 중국의 유서 깊은 의례인 『주례』에 실려 있는 권고를 최우선적으로 고려했다. 위대한 수도는 일정한 공식에 따라 배치됐다고 사학자 키앙 행치에는 밝혔다. 이 공식이란, 수도는 성벽으로 에워싸야 하고, 구조는 엄격한 바둑판 구조이며, 시장 구역이 따로 존재하고, 황제와 중신들 그리고 황실의 운영과 관련된 사람들이 사실상 전적으로 자급자족할 수 있는 배타적인 구역을 배치한다는 것이다.[11]

황실을 외부 세계와 분리시켜야 할 필요성이 도시 계획의 모든 과정을 지배했다. 황궁은 높다란 성벽에 의해 주위와 단절됐다. 황궁은 유럽이나 근동에서처럼 주변 지역을 굽어보는 것이 아니라 그 지역들과 분리돼 있다. 황실을 보호할 필요가 있는 군대는 종종 도시 인구의 상당 부분을 차지했다. 어느 중국인 학자는 AD 1000년 이후 송나라의 수도 카이펑에 거주하는 주민 5명 중 1명은 군대나 기타 방어 기관과 관련이 있다고 추산했다.[12]

몇몇 왕조는 영토를 다스리기 위해 그런 수도를 하나 이상 건설했다. 수나라는 수도 세 곳을 세우고는 도로와 운하로 그 도시들을 이었으며, 황제의 휴식을 위한 행궁들도 지었다. AD 581년에 수를 세운 문제는 고풍스러운 수도인 장안의 식량 수급을 보장하기 위해 대운하를 건설하기 시작했다. 장안은 조만간 콘스탄티노플을 포함한 동시대의 어느 도시와도

겨룰 수 있는 규모로 성장했다.[13]

수도 너머에는 소규모 중심지들을 잇는 광범위한 네트워크가 놓였다. BC 3세기에 중국을 통일한 최초의 황제인 시황제는 예전에 독립국이었던 나라들을 각각의 행정 중심지를 갖춘 주州들로 분할했다. 그 아래에는 더 규모가 작은 행정구역인 현縣들로 이뤄진 드넓은 군郡이 발달했다. 이 중심지들은 제국을 수호했고, 기근이 들었을 때에는 식량을 배분하고 노약자를 부양했다.[14]

그러나 중국의 어버니즘은 대체로 거대한 수도들을 중심으로 이뤄졌다. 이 도시들은 유교 전통 아래에서 세속적인 권력을 가진 도시에 불과한 것이 아니었다. 이 도시들은 "우주 질서의 북극성"으로도, 중화의 중심지로도 봉사했다.[15] 이 도시들은 숭배의 중심지라는 면에서는 메카나 메디나, 예루살렘 같은 이슬람의 성지를 닮았지만 이 도시들이 강조하는 바는 사뭇 달랐다. 이슬람 성지들은 성스러웠지만 이슬람 역사의 첫 세기가 지난 후에는 더 이상 정치적 권력의 권좌가 아니었다. 중국에서 권력과 신성은 하나로 묶여 이동했다. 황제가 거주하는 곳이 바로 성스러운 곳이었다.

"하늘에 뜬 거대한 구름"

AD 1000년 말엽과 이후의 몇 세기 동안 중국에서 또 다른 종류의 메트로폴리스가 생겨났다. 정치적 권력에 주된 기반을 두지 않고 상업적 가치에 기반을 둔 메트로폴리스였다. 상업적 도시들이 처음으로 꽃을 피운 것은 AD 618년부터 907년까지 중국을 통치한 당 치하에서였다. 교역에 대한 —가장 중요하게는 토지에 대한— 전통적인 규제를 해제한 당은 어마어마한 잠재력을 가진 도시경영자라는 새로운 계급의 창출을 이끌었다. 960년에 패권을 잡고 교역을 장려한 송 치하에서 상업을 중시하는 정책의 속도는 더욱 빨라졌다.

중국에서는 처음으로 대륙간 교역 세력이 등장했다. 영해에서 왜구를 비롯한 해적들을 소탕한 후 중국의 상인들은 인도로 이어지는 모든 교역 루트에서 지배적인 역할을 확립했다. 나침반 사용법을 배우면서 세계에서 가장 항해 솜씨가 뛰어난 뱃사람이 된 중국의 항해자들은 저 멀리 희망봉에까지 이르는 해도를 작성했다.

12세기 무렵 중국의 해군력은 20개 소함대와 5만2천 명이 넘는 병력으로 성장했다. 이제 중국의 경제적, 문화적, 정치적 영향력은 한국과 일본 그리고 동남아시아의 상당 부분을 포함한 드넓은 영역으로 퍼져나갔다.[16] 중국 선박 중 일부는 5백 명 가량을 태우고 1년치 식량을 저장할 수 있었다. 배에서 돼지들이 사육됐고 술이 빚어졌다. 여행가 초우 추-페이는 이렇게 적었다. "남쪽 바다를 항해하는 배들은 말과 비슷하다. 또 돛을 펼치면 배들은 하늘에 뜬 거대한 구름과 비슷하다."[17]

대양 횡단 교역의 성장은 상업 지향적인 코스모폴리탄 도시들의 발전을 자극했다. BC 100년경에도 번성했던 도시 광저우는 AD 8세기 무렵에는 막강한 이슬람 교역 공동체의 본거지가 되어 있었다. 송은 971년에 광저우에 첫 세관 사무소를 개설했고 이 항구도시는 다음 세기 동안 외국과의 교역을 실질적으로 독점하는 혜택을 누렸다. 1200년 무렵 광저우의 인구는 20만 명 이상으로 늘어나 세계 최대의 도시를 꼽는 랭킹에서 4위나 5위를 차지했다.[18]

마르코 폴로는 급격히 성장하는 도시 경제의 어마어마한 수량과 다양성에 감탄했다. 알렉산드리아나 이탈리아의 항구에 배 1척이 향신료를 싣고 도착할 때마다 남아시아와 이뤄지는 교역 면에서 중국 내 으뜸가는 항구로 부상한 장저우에는 100척의 배가 도착한다고 베니스에서 온 여행객은 추산했다. 근동과 인도, 동남아시아에서 온 향신료와 약품, 보석, 공예품이 항구를 통해 중국 도시들의 창고로 쏟아져 들어왔다. 이에 대한 대가로 중국의 공예품과 기술, 비단이 수출됐다.[19]

이런 현상은 중국의 도시 역사가 상서로운 가능성을 보이며 새 출발을 할 수 있다는 것을 보여 줬다. AD 1000년대의 초기 몇 세기 동안 광저우와 푸저우福州, 장저우처럼 떠오르는 도시들은 동시대에 알렉산드리아나 카이로, 안티오크, 베니스에서 목격됐던 복합적인 코스모폴리탄 성향을 보여 줬다. 외국인 거류지인 번방番坊에서 제국의 보호 아래 살아가던 아랍인과 유대 무역상들은 특히 활발한 활동을 보였다. 사상의 폭넓은 다양성은 창의력 풍부한 예술적, 과학적, 창조적 분위기를 조성했다.[20]

이 해안 도시들은 촘촘한 국내 상거래 네트워크도 형성했는데 그중에서도 가장 두드러진 것은 송의 수도 카이펑開封과 맺은 네트워크였다. 황궁 너머의 거리에는 떠들썩한 상점들과 술집, 기방들이 줄지어 서 있었으며 "물고기 비늘처럼 조밀했다." 이슬람 교도들과 유대인들의 상당히 큰 거류지가 수도에도 세워졌다. 시장의 철시 같은 상업에 대한 전통적으로 엄격한 규제의 완화는 2층이나 3층짜리 상업용 건물과 밝고 명랑한 대중문학 그리고 다양한 종류의 대중적 엔터테인먼트를 갖춘 진정한 도시문화의 발달을 고무했다.[21]

13세기 초엽의 몽골의 중국 점령은 한족 민족주의자들의 심한 개탄의 대상이기는 했지만 이런 경향들을 가속화했다. 방대한 제국에 대한 지배력을 획득한 몽골인들은 중국의 영향력을 아시아 너머 유럽의 변두리로까지 확장시켰다. 이제 몽골이 통치하는 모스크바와 노브고로트, 타브리즈 같은 외국의 도시들에는 사상 처음으로 상당한 규모의 중국인 거류지가 등장했다.

몽골인들은 적들을 철저하게 위협했지만 아시아 대륙 전역에 걸쳐 사상 유례가 없는 치안력을 제공함으로써 교역을 활성화시켰다. 그들의 치하에서 "사람들은 머리에다 황금 접시를 이고서도 어느 누구로부터 공격 당하는 일 없이 해가 뜨는 나라로부터 해가 지는 나라로까지 여행할 수 있었다"고 어느 이슬람 논평자는 기록했다.[22]

몽골인들의 종교적 관용 정신도 상업적, 지적 접촉의 확대를 장려했다. 불교, 도교, 기독교, 이슬람 그리고 다른 신앙들이 상대적인 화합 속에서 번성했다. 이슬람 카디(qadi, 재판관)가 관리하는 모스크와 병원, 바자들이 광저우와 장저우에서 이슬람 상법과 민법의 적용을 받으며 운영됐다. 많은 이슬람교도들 심지어는 폴로 일가 같은 유럽인들도 몽골 제국의 통치 속에서 출세했다.[23]

서로 다른 문화간의 교역과 접촉의 성장은 위대한 칸의 황실이 상당한 부를 축적할 수 있게 만들었다. 거대한 수도와 내륙의 다른 주요 도시들은 해안의 교역 도시들과는 멀리 떨어져 있었지만 인도와 근동 심지어는 아프리카에서 온 엄청난 양의 사치품을 소비했다. 마르코 폴로는 쿠빌라이 칸의 수도에 대해 이렇게 기록했다. "세계 각지에서 온 희귀하고 귀중한 온갖 물건들이 이 도시에 다다른다."[24]

9. 잃어버린 기회

폴로 일가의 시대에 그리고 나중에는 이븐 바투타의 시대에 도시의 미래는 동양에 있다고 가정하는 것은 합리적인 일이었다. 그러나 중국과 다르 알-이슬람의 도시가—장저우의 부두와 창고들로부터 카이로의 카사바에 이르기까지 너무나 두드러지게— 보여 줬던 역동성은 1600년 무렵 힘을 잃기 시작했다.

번영이 지닌 문제

다르 알-이슬람과 중국의 도시들은 어째서 그런 기회를 놓친 걸까? 문제의 일부는 동양을 찾아온 유럽 방문객들에게 너무나 인상적이었던 바로 그 번영에 있었다. 16세기의 베이징이나 델리, 이스탄불, 카이로의 통치자들이 보기에 유럽의 도시들은 규모도 변변찮은데다 후진적이었다. 중국과 이슬람의 기술과 약품, 온갖 도구들은 대부분의 경우 유럽에서 생산된 해당 물품들보다 훨씬 정교했다. 고도로 발달된 관개시설과 수로 체계를 갖춘 동양의 농경 시스템, 특히 중국의 시스템은 서양의 농경 시스템보다 생산성이 높았다.

중국과 다르 알-이슬람의 주도적인 도시들은 인구와 건물의 웅장함 면에서 모두 유럽의 주도적 도시들을 능가하는 듯 보였다. 1526년에 인도의 통치권을 장악한 몽골족의 후예인 무굴 제국은 이슬람 사학자가 "인간이 거주하는 에덴동산"이라고 묘사했던 수도 델리에서 인도를 통치했다. 정복당한 콘스탄티노플의 유적에 자리 잡고 있던 이슬람 도시 이스탄불은 유럽의 그 어떤 도시보다도 더 많은 부를 소유했고 인구도 더 많았다.[1]

동양의 주요 도시들의 웅장함은 오랫동안 지속돼온 우월적인 입장을 더욱 확실하게 입증했다. 중국 황실의 태도는 전형적이었다. 어떤 사람이 수도에서 멀리 떨어진 곳으로 가는 동안 그 사람은 황실의 영토를 지나 제후들의 영토로, 그 다음에는 '강화 지대'로 그리고 그 뒤로 이어지는 "절반 정도 문명화된 미개인들"의 땅으로 들어갔다가 마지막으로는 "문화라고는 모르는 미개인들"의 땅에 닿게 된다고 그들은 믿었다. 변두리의 저 끝에 있는 유럽은 고려할 가치조차 없는 듯 보였다.[2]

다르 알-이슬람에 사는 엘리트들도 외국인들, 특히 유럽인들에 대해 비슷한 정도의 경멸적인 태도를 갖는 경우가 잦았다. 9세기에 바그다드에서 기록된 교역 통람은 비잔티움과 중앙아시아, 인도, 중국을 매매할만한 가치가 있는 상품들을 가진 곳으로 언급한다. 그와 대조적으로 북유럽과 서유럽에 있는 도시들은 일부 선택된 광물들의 산지나 노예의 산지로만 유용할 뿐이었다. 두드러진 것은, 이런 태도가 유럽의 군사적, 기술적 우월성이 이미 뚜렷해지고 있던 18세기가 될 때까지도 그리 많이 바뀌지 않았다는 것이다.[3]

절대 권력의 한계

절대 권력의 지배는 아시아와 이슬람 도시들의 발달 속도를 상당히 늦췄다. 스페인의 코르도바나 중국의 장안 같은 웅장한 도시들조차도 지배 왕조가 전복되자 거의 무너지고 말았다.[4] 절대 권력 구조는 동양의 도시들이 이븐 할둔이 "정권의 자연스러운 수명"이라고 묘사한 것에 특히 취약하게 만들었다. 이슬람 세계에 있는 대부분의 왕조들은 부를 강탈하기 위해 도시들을 장악했던 씩씩한 유목 민족들로부터 생겨났다고 그는 주장했다. 왕조의 첫 세대에 이 유목민들 — 초기의 아랍인들, 마그레브의 종족들, 투르크들 — 은 거대한 제국과 도시들을 건설하는 데 필수적인 높은 에너지와 상상력을 발산했다.

오랜 정착지에서 호사스러운 생활에 맛을 들인 시기가 길어질수록 이 통치자들이 상무 정신과 도덕적 결단력 모두를 잃는 시점이 빨라진다고 아랍의 학자는 기록했다. 말의 등 위에서 생활한 경험 없이 응석받이로 자란 후손들이 거친 삶을 산 조상들의 장점을 지니기를 기대할 수는 없는 노릇이라고 그는 주장했다.

새로운 유목 민족 침략자들이 당도했을 때 그 결과는 가장 화려한 도시들에게조차도 재앙인 것으로 판명됐다. 1258년에 몽골 침략자들이 허약해진 압바스 왕조의 군대를 제압했을 때 바그다드가 맞은 운명이 그랬다. 침략자들은 최후의 칼리프를 그의 가족들 상당수와 더불어 처형하는 데서 그치지 않고 주민의 상당수를 학살했다. 도시의 대부분은 폐허가 되어버렸다. 바그다드는 다시는 "세계의 교차로"가 되지 못했다.[5]

이슬람 세계의 사례에서 많은 부분을 끌어낸 이븐 할둔의 사상은 중국의 왕조들에도 적용할 수 있었다. 송, 원元, 명, 청清은 각각 건국 초기에 상당한 정도의 군사적 장점과 효과적인 통치력을 지니고 있었다. 그러나 시간이 흐르면서 왕조는 점차로 허약해지고 부패해졌다. 특권 관료들과 귀족들, 쓸데없는 군인들로 구성된 엄청난 규모의 무리가 제국의 부를 빨아먹었다. 결국 왕조의 수도들은 새로운 유목민 침략자들 앞에 취약한 상태로 남을 수밖에 없었다.[6]

대 상인들에 대한 탄압

제
3
부
·
동
양
의
시
대

이러한 연쇄적인 허약화 과정은 아시아나 이슬람 사회에만 존재했던 과정이 아니었다. 유럽의 귀족 계급도 권력을 쥐고 몇 세대가 지난 후에는 허약해지는 경우가 잦았다. 그러나 동양과는 대조적으로 유럽 신흥도시의 상인과 장인 계급은 도시 경제를 활성화하고 종종은 정권의 교체를 강요할 수 있는 대안적인 활력을 제공했다.

중산층이 그처럼 폭발적인 힘을 발휘한 경우는 일본과 한국, 중국, 인도, 이집트 등에서는 생기지 않았다.[7] 모든 곳에서 절대 권력은 제멋대로인 과세, 사유재산 몰수, 왕실의 총애를 받은 이들을 위한 정실 정치를 통해 상인들의 의욕을 꺾어버렸다.[8] "백성들의 재산을 향한 공격은 재산을 획득하고 소유하려는 백성들의 의욕을 없애버린다"고 이븐 할둔은 기록했다.[9]

중국의 주요 도시들은 상업적으로뿐 아니라 정치적으로도 세계로부터 멀어지고 있었다. 성리학자들이 행사하는 영향력 아래 중국은 외국을 향한 용감한 탐험을 줄였고 그 결과로 해안 도시들은 타격을 받았다.[10] 그런 결정들 탓에 중국은 결국 해양 교역을 수천 킬로미터 떨어진 도시들에 기반을 둔 유럽 상인들의 손에 넘겨 주었다.[11]

유럽의 재등장

동양의 이런 허약화 경향은 처음에는 이탈리아에서, 나중에는 영국과 네덜란드에서 급부상한 유럽 도시들의 새로운 자본주의 정신의 발달과 같은 시기에 일어났다.[12] 16세기 말경, 이 도시들의 일부는 동양의 도시들만큼이나 부유해졌다. 게다가 그들의 발전 속도는 아주 빨랐다.

중국과 인도, 이슬람의 통치자들은 이런 발달에 대해 거의 알지 못했고 그다지 관심도 없었다. 자신들의 체제 속에서 안전하게 부와 권력을 누린 북아프리카와 근동, 인도와 중국의 거대 도시들의 지배층은 서양 모험가들이 그들의 해안 마을에 모습을 나타냈을 때 그다지 큰 위기감을 느끼지 않았다. 그들이 보기에 서양인들은 자신들의 바자나 왕궁에서는 거의 가치가 없는 물건들을 가져온, 상대적으로 미개한 지역에서 온 상인들에 불과했다.

돛대를 높이 단 유럽의 자그마한 선박들은 그다지 인상적으로 보이지 않았다. 그러나 얼마 되지 않아 이 작은 배들은 심상치 않게 모습을 나타냈고 속도도 급격히 빨라졌으며, 그 어느 때보다도 긴 항해에 나설 수 있게 됐다. 17세기 말, 포르투갈과 스페인, 네덜란드의 상인들은 향신료가 풍부한 동남아시아 지역과의 교역권을 점차로 장악해 나갔다. 그와 동시에 아프리카의 노예와 상아, 황금을 사고파는 사업도 장악했다. 물론 이 사업은 커다란 돈벌이가 되었다.

더 이상은 화물 집산지로 중요하지 않던 카이로나 이스탄불 같은 도시들은 상업적으로 허약해지기 시작했다.[13] 원래는 근동이 서양으로 수출했던 품목인 커피조차도 네덜란드인들이 자바의 식민지에서 재배한 원두를 실은 네덜란드 선박을 통해 터키의 바자로 수송되고 있었다.[14]

서양인들은 동양에 강력한 군대를 주둔시키기까지 했다. 중국과 인도, 아프리카의 변두리에 있던 조그마한 상업적 거주지들은 경제적으로 활력이 넘치는 대도시들로 서서히 발전해 갔다. 아직도 웅장한 면모를 잃지 않은 이슬람과 중국 내륙에 자리한 거대한 중심지들은 국내 교역에서조차도 통제력을 상실하기 시작했다. 정치적 권력 그리고 결국에는 문화적 영향력도 그들의 손아귀에서 빠져 나갔다. 도시 문명의 한 시대가 막을 내리고 있었고 유럽인들과 그들의 후손들이 지배하는 새로운 도시 문명이 막 시작되고 있었다.

제4부

빛나는 르네상스의
서양 도시들

10. 유럽의 도시 르네상스

로마 제국의 멸망 이후 오랫동안 유럽은 막강한 응집력을 가진 구심점을 하나 보유하고 있었다. 바로 가톨릭 교회였다. 발육이 멎은 로마에 의해 부양된 기독교 성직자들이 유서 깊은 고대의 도시사회를 향해 보인 태도는 기껏해야 이 도시들을 용납하지 못하겠다는 것이었다. 그러나 제국이 멸망하는 와중에 유럽의 도시 르네상스의 희미한 빛을 처음으로 뿜어낸 곳은 바로 교회였다.

르네상스의 성스러운 뿌리들

교회는 문화적 영역과 정치적 영역 모두에 기여했다. 기독교 수도사들은 유럽 도시의 부활에 중요한 역할을 한 문자와 고대의 텍스트 그리고 지적 엄격함의 전통을 보존했다.[1] 비슷한 정도로 중요한, 살아남은 많은 소읍들에 있던 감독관구의 건물들은 도시의 경계를 구분 짓는 기준으로 그리고 특권층이 누리는 특권의 기반으로 이바지했다. 주교들은 그들이 파리에 있건 로마에 있건 아니면 이탈리아의 다른 고장에 있건 주민들의 인정을 받

는 유일한 권위자인 경우가 잦았다.[2]

도시 생활의 완전한 부활에는 교회 조직이 내리는 은총 이상의 것이 필요했다. 항상 그렇듯이 도시는 안전이 보장되는 영역과 활발한 경제를 모두 필요로 했다. 그러나 교회는 바이킹이건 이교도이건 이슬람이건 침략자들과 맞서 싸울 힘이 없었다. 또 교회가 내세우는 신학은 도시경제가 의존하는 상업적 가치관을 향해 노골적으로 적대적이지는 않더라도 소극적인 태도를 보이기 일쑤였다.

도시국가의 귀환

교회에 전적으로 의존하지 못하고 또 안전을 보장해 주는 강한 제국이 없기 때문에 외적의 침입에 시달리던 유럽의 도시 공동체들은 생존을 유지하기 위해서는 자신들이 가진 것에만 의지할 수밖에 없었다. 약탈을 일삼는 기사들과 산적들이 시골을 배회하는 상황에서 방어선의 구축은 무엇보다도 시급한 일이었다. 이탈리아 베로나에 대한 8세기의 묘사는 이 도시가 "두툼한 성벽의 보호를 받으며 횃불이 빛을 발하는 누대 48개에 둘러싸여 있다"고 전한다. 대포가 도입되기 이전 시대에 도시의 강력한 방어 시설은 가장 포악한 침략자들이라 해도 충분히 방어할 수 있는 수준이었다.

유럽의 독립적인 도시국가들의 새로운 황금기는 이렇게 시작됐다. 이탈리아 북부의 상인과 장인들은 방어를 위한 무장 군대를 보유하는 데 필요한 자금을 조달했다.[3] 제국의 경계가 모호하고 종종은 그런 경계의 의미가 없기까지 한 세계에서 도시들은 상대적으로 명확하게 규정된 공간을 만들어냈다.[4]

성벽 안에서 안전하게 생활하는 도시의 상인과 장인들은 동양의 도시에서는 상상할 수 없는 정도의 독립성을 향유했다. 사유재산권이나 상업 계급의 특권을 억누르려는 황제도, 칼리프도, 술탄도 없었다.[5] 서양에서 자치권이 있는 도시와 태동기에 있던 자본주의는 동반 성장했다. 앙리 피렌느는 이렇게 썼다. "돈벌이에 대한 사랑은 애향심과 결연을 맺었다."[6]

이탈리아는 어버니즘의 부활을 위한 구심점으로 떠올랐다. 로마인들이 남겨놓은 도시 인프라스트럭처의 축복을 받은 이탈리아는 1000년대 초엽에 '도시들의 땅terra di citta'이 됐다.[7] 이 이탈리아 도시들은 1095년의 1차 십자군 원정을 통해 그들보다 더 발달한 이슬람권 도시들을 모델로 삼았다. 결국에는 이슬람교도들을 무력으로 지배할 수 없게 되면서 베니스와 제노바, 피사 같은 도시 출신의 무역상들은 그들의 옛날 적들로부터 향신료와 실크, 세련된 공산품을 조달했다.[8] 플로렌스와 파도바 같은 내륙 도시들은 직물 제조를 통해서도 그랬지만 무역 자금 제공을 통해서도 이러한 경제적 팽창에 참여했다. 이 모든 것은 고리대금이 이슬람교도들과 기독교인들 모두에게 용납할 수 없는 일로 남아 있던 시절에 이루어졌다.[9]

콘스탄티노플의 느리지만 꾸준한 쇠락은 이탈리아 도시국가들에게 새로운 기회를 열어줬다. 콘스탄티노플은 이후로 여러 세기 동안 기독교계 최대의 도시로 남았지만 이제 주변 지역을 보호할 수 있는 힘이 없었다.[10] 11세기와 12세기 무렵 콘스탄티노플은 지중해 동부에 대한 통제력을 잃고 있었고 그 덕분에 이탈리아 도시들은 동양으로 가는 중요한 교역 루트들에 대한 통제력을 더 키우게 됐다.

이 도시들이 위대했던 것은 도시의 규모 때문이 아니었다. 14세기가 됐을 때에도 플로렌스나 베니스, 제노바, 밀라노, 볼로냐의 인구는 10만 명을 넘지 않았다. 대신 르네상스 도시들의 위대한 자산은 강건한 상인 정신, 고대 도시의 전통을 포용하려는 의지 그리고 정말로 중요한 요인인 그 전통을 발전시키려는 창의력이었다.

이탈리아 도시들은 도시 민족주의라는 오랫동안 버림받은 고대의 관념을 열심히 받아들였다. 그들은 15세기 초입에 작품 세계가 재발견된 아우구스투스 시대의 로마 건축가 마르쿠스 비트루비우스 폴리오 같은 이들을 영감의 출처로 삼았다. 르네상스 도시 건설자들은 도시를 에워싼 성벽을 향해 확장해 나가는 뚜렷한 도심이나 포럼과 거주 지역을 갖춘 방사형 동심원 도시라는 폴리오의 사상에 열정적으로 몰입했다.[11]

레온 바티스타 알베르티와 안토니오 아베를리노, 레오나르도 다 빈치처럼 옛 전통을 단순히 모방만 하는 것에는 만족하지 못한 르네상스 시대의 도시 기획자들은 옛 로마의 도시 인프라스트럭처 기술을 발전시키면서 방어용 성채와 운하를 구축하기 위한 새 기법들을 개발했다. 자신들의 성취에 대한 자부심으로 충만한 이탈리아 도시들은 — 고대를 살았던 그들의 선조들처럼 — 가장 인상적인 도시의 풍경을 만들어내는 것으로 우열을 다퉜다.

베니스: 세상의 보석 상자

도시들 사이의 경쟁에서 그 어느 도시도 베니스를 능가하지 못했다. 웅장한 대운하와 로지아(한쪽이 트인 주랑柱廊 —역주), 리알토 다리를 갖춘 이 도시는 사학자 야콥 부르크하르트가 쓴 것처럼 "세상의 보석 상자"가 됐다.[12]

비슷한 정도로 중요한 것은, 자신들이 보유한 경제적 권력을 통해 자신들의 위대함을 세상에 과시했다는 점에서 베니스가 현대 도시의 궁극적 형태의 전조를 보여줬다는 것이다. 베니스의 부는 제국적인 정복이나 신성한 중심지로서의 지위를 통해서 얻은 게 아니었다. 대신 베니스의 부는—페니키아의 그것처럼—거의 전적으로 걸출한 상업적 능력에서 생겨났다.

베니스의 기원은 서민적이었다. 베니스가 위대한 도시의 반열에 오르는 길을 열어 준 것은 지배적인 종교도 아니었고 제왕 같은 인물도 아니었다. 베니스의 창건 신화는 성인이나 영웅과는 전혀 관련이 없다. 최초의 베니스인은 야만인의 공격이 자행되던 와중인 421년에 이 지역 습지의 섬들에 몸을 숨긴 로마인 피난민들인 것으로 전해진다.

이 소규모 유랑자 무리로부터 출발한 베니스인들은 각각의 섬 교구가 서로의 이웃으로 봉사하는 그들 나름의 도시 문화를 발전시켰다. 앞으로는 바다를 바라보고 뒤로는 포Po 강의 어귀를 등진 베니스인들은 숙달된 어부와 상인, 뱃사람의 직능을 발전시켰다.

베니스의 외향적인 추진력은 처음에는 비잔티움과 맺은 끈끈한 유대 관계에 의존했다. 베니스는 거대 도시와 맺은 유대 관계 덕에 유럽인 대부분이 거의 고립돼 있던 시절에 레반트(이탈리아 동쪽의 지중해 연안 여러 나라—역주)의 부에 독특한 방식으로 접근할 수 있었다. 결국 베니스인들은 이익에 간섭하는 식으로 제국이 그들의 활동에 가했던 규제에서 벗어났다. 독자적인 길을 가기로 결심한 그들은 1000년경에 독립적인 공화국을 세웠다.

본질적으로 선출을 통한 과두제였던 공화국은 대체로 사업적 관심에 따라 운영됐고 이익을 남길 수 있는 곳이라면 어느 곳이건 재빠르게 교역 상대로 활용했다.[13] 베니스인들은 사업과 정치 양 분야 모두에서 이기적인 존재라는 명성을 쌓아나갔다. 그들은 기독교 세계 대부분이 이슬람교도들과 냉혹한 전투를 벌이고 있던 시기에도 이슬람교도들과 교역했다. 1204년, 그들은 십자군이 비잔티움을 장악한 사건을 지중해 동부에 대한 그들의 지배권을 군건하게 다지는 계기로 한껏 활용했다.[14] 결국 베니스의 선박들은 유럽과 아랍인들 사이의 교역뿐 아니라 그들이 이슬람교도와 유대인 중개인들을 통해 빈번하게 벌인 인도와 남아시아, 중국과의 교역도 지배했다.

중개인이나 금융업자 신분에 만족하지 못한 베니스인들은 제조업도 공들여서 발전시켰으며 그에 힘입어 도시의 경제는 훨씬 강해졌다. 전문화된 산업 지구라는 개념이 서양의 다른 곳으로 확산되기 훨씬 전에 베니스인들은 주변 지역을 특유의 기능적 계열에 따라 구획으로 나눴다. 선박 건조와 군수품 제조, 유리 제조에 종사하는 특별한 거주 공동체와 산업 공동체들을 갖춘 것이다. 14세기 무렵, 1만6천 명 이상의 인력이 이들 다양한 산업에 종사하면서 베니스를 서양의 상인이자 은행가뿐 아니라 서양의 작업장으로도 만들었다.[15]

16세기 초입에 상업과 제조업의 이런 조합은 베니스를 유럽에서 가장 부유한 도시로 탈바꿈시켰다.[16] 한편으로 더욱 주목할만한 것은 이 도시가 보여준 확연한 코스모폴리탄 성격이었다. 유럽 대부분의 지역이 이방인을 향한 불관용과 폭력 때문에 암흑기를 겪던 시기에 베니스는 외국인들에게 상대적으로 안전한 피난처를 제공했다.[17] 독일에서 온 상인들, 레반트에서 온 유대인과 그리스 기독교인들 그리고 다른 외지인들이 베니스의 길거리를 가득 메웠다. 이들은 상품과 사상, 기술들을 베니스로 가져왔다.[18]

플로렌스와 근대적인 도시 정치의 출현

곧이어 다른 이탈리아 도시들이 자금과 인재, 산업적 패권을 놓고 베니스와 경합했다. 플로렌스(피렌체)는 은행업부터 직물 교역에 이르기까지 모든 부문에서 베니스의 패권에 도전했다. 제노바는 지중해 교역의 지배권을 획득하기 위해 투쟁했다. 프라토 같은 소규모 도시들은 특정한 틈새산업을 장악하는 데 전력을 기울였다.[19]

도시국가들의 통치 방법에는 여러 가지가 있었으며 대개는 전제적인 통치가 이뤄졌다. 도시의 지배권을 놓고 경쟁하는 길드들, 상인들, 귀족들, 성직자들 사이에서 라이벌 파벌이 상대 파벌을 타도하는 일이 뻔질나게 벌어졌다. 이런 정치적 상황이 제국적인 전통 그리고 교회 조직의 전통과 단절돼서 전개됐다는 것만큼은 분명했다. 다시 한번 도시는 모든 정치적 의사결정의 토대로 남았다. 규제, 특히 통상과 관련한 규제는 그 규제들이 전통적인 교회법의 신념을 침해한다 할지라도 도시의 경제적 이득이나 가장 권세 좋은 시민들을 위해 기획되고 도입됐다.[20]

말썽의 여지가 있는 이런 환경에서 이제 의심할 나위 없는 근대적인 도시 정치가 피어났다. 플로렌스의 메디치 가문은 근대적인 도시 정치 보스의 선구자로 볼 수 있다. 그들의 권력은 그들이 이끄는 파벌에게 그리고 나아가서는 전체 주민에게 아낌없이 금품을 베풀 수 있는 능력에 크게 의지했다. 그들은 대단히 기회주의적이었다. 메디치 가문의 주된 목표는 믿음의 전파나 거대한 제국의 건설이 아니라 그들 자신과 그들의 도시를 위해 물질적인 부의 최고 수준을 달성하는 것이었다.

이제 북부 이탈리아 전역의 도시 거주자들은, 일부 현대의 추정치에 의하면, 고대 로마의 풍요를 넘어서는 풍요를 체험하기 시작했다.[21] 14세기에 볼로냐에서 법학을 공부하던 귀족 니콜로 데 로시는 그 시대의 노골적인 물질주의 정신을 이렇게 포착했다.

돈이 사람을 만들고,

돈이 멍청한 이를 총명한 이로 통하게 하며,

돈이 죄로 된 보물창고를 사고,

돈이 자랑을 하는구나.[22]

도시국가를 압도하는 제국의 도시들

이러한 냉소주의는 이탈리아 도시국가들의 중요한 약점이 무엇인가를 보여 준다. 이탈리아 도시들은 풍요해질수록 그들의 흥성을 뒷받침했던 내적 응집력과 강렬한 시민 정신을 서서히 상실해 갔다. 그들은 과거 중세 시대의 교회 지향적인 분위기와 스스로 단절하면서 고대의 도덕관과 윤리적 응집력도 잃기 시작했다. 맹목적인 탐욕이 그들을 파멸시킬 것이라고 단테는 14세기 초에 경고했다.

새로운 사람들과 갑작스런 이익은,

플로렌스여, 그대 안에 오만과 무절제를 잉태시켰고,

그래서 그대는 그것 때문에 울게 되었구려![23]

단테가 살던 시기에 많은 플로렌스인, 베니스인, 제노바인들이 누리던 부는 앞선 세대들로부터 물려받은 것이었다. 높은 수익을 추구하면서도 노동은 경멸했던 그들은 전원에 있는 사유지나 도시 외곽에 있는 투기 지역에 돈을 썼다.[24] 자본이 다른 지역으로 유출됨에 따라 예전에는 안락한 삶을 살았던 기능공들은 규모가 커져가는 무산 프롤레타리아로 전락했다. 남아 있는 제조업자들이 조직에 속하지 않은 시골 지역의 영세농이나 다른 나라에 하청을 주면서 왕년의 길드 구조는 한층 더 심하게 붕괴됐다.[25]

이런 내적인 문제점들은 강력한 민족주의 정서 때문에 점점 더 거세게 일어나고 있던 옛 제국의 중심지들의 부활 움직임에 직면한 도시국가들을 허약하게 만들었다. 1600년대 무렵 이 도시들 — 런던, 리스본, 마드리드, 파리, 빈 — 은 도시국가들의 패권에 점점 더 강하게 도전했다. 베를린이나 코펜하겐, 바르샤바 같은 규모가 별로 크지 않은 수도들[26]도 상당한 규모를 이뤄내기 시작했다.[27]

앞선 시대의 수메르와 페니키아, 그리스의 도시국가들처럼 이탈리아의 독립적인 도시들을 다스리는 통치 당국은 폭넓은 인적, 물질적 자원을 끌어들이는 도시들과 혼자서는 대적할 수 없었다. 윤리적 구심점을 잃었을 때에는 특히 더 그랬다. 이런 난점은 그들의 파멸을 통해 입증됐다. 이탈리아인들은 그 모든 예술적, 상업적 천재성을 지녔음에도 새로운 도전자들을 물리칠 수 있게 해줬을지도 모르는 집단적인 의지가 모자랐다.

후기 르네상스 시대의 이탈리아는 단일체로 볼 경우 인구가 1,300만 명에 달했다. 프랑스 다음으로 많은 인구였고 스페인의 인구보다 50%나 더 많았다. 그러나 이탈리아의 통치자들은 외국의 적들에 맞서 단결하기 위해 필요한 계몽된 이기심이 부족했다. 대신 마키아벨리가 16세기에 들어서며 기록한 것처럼 그들은 "자신들을 방어하는 대신 줄행랑을 칠 생각만 했다."[28]

시간이 흐르면서 도시국가들에는 교역의 생명선과 해외의 재산 그리고 최종적으로는 그들 자신의 독립을 보호해 줄 인력이 부족했다. 13세기 초에 베니스는 선단을 운영하는 인력의 상당 부분을 그리스인들과 카탈로니아인들에게 의지해야만 했다.[29] 르네상스 시대에 유럽 곳곳을 황폐하게 만든 전염병은 인구가 조밀하고 교역에 의존하는 이탈리아 도시들을 특히 심하게 강타했다. 14세기 중엽부터 17세기 중엽 사이에 밀라노와 베니스, 플로렌스, 제노바의 인구는 거의 절반으로 줄어들었다.[30]

이 도시들이 역병에서 회복되는 속도는 대규모의 농경 지대를 거느리고 있는 다른 도시들보다 느렸다. 병력이 고갈된, 그나마도 상당 부분이 외국에서 데려온 용병들로 구성된 군대는 스페인과 프랑스 같은 강력한 제국이 보유한 우월한 군사력에는 상대가 되지 않았다. 이 강국들은 도시국가들을 서서히 집어삼켰다. 베니스는 그럭저럭 독립을 유지할 수 있었지만 지중해 동부의 광범위한 군도에 소유하고 있던 재산의 일부를 강제로 양도해야만 했다.[31]

이베리아 반도의 욱일승천

도시국가들이 처한 상황은 세계 교역의 패턴이 극적으로 변화하면서 더욱 손상됐다. 기독교적인 열정에 불타는 신흥 국가 포르투갈과 스페인은 무어인들을 성공적으로 격퇴한 후 15세기를 기점으로 거의 구세주적인 광란의 분위기에 젖어 대양으로 진출했다. 그들은 이탈리아인들과 그들의 파트너들이 오랫동안 지배해온 교역 루트들을 결국에는 훼손시킬 매혹적인 신흥 시장들을 개척했다.

인구가 겨우 1백만 명밖에 되지 않는 후진적이고 가난한 소국 포르투갈이 최초의 결정타를 날렸다. 1440년대에 아조레스 제도의 서부에 다다르기 시작한 포르투갈 항해자들은 얼마 되지 않아 서아프리카의 해안선을 따라 식민지들을 건설하기 시작했다. 1498년에 바스코 다 가마가 캘리컷에 도착하면서 이 조그마한 나라는 아프리카를 둘러 아시아로 향하는 루트들을 열었고 이 사건은 수익이 짭짤한 향신료 교역에서 이탈리아인들이 오랫동안 유지해온 독점 체제를 위협했다.

또 다른 중대한 사건이 테노치티틀란 정복보다 10년 앞선 1509년에 일어났다. 소규모의 포르투갈 함대가 인도의 구지라트 외곽에 있는 디우에서 대규모의 이슬람 함대를 격파한 것이다. 그 이후로 세계 무역의 통제권 그리고 도시의 미래는 아랍인과 중국인 그리고 다른 민족들의 통제권에서 벗어나 포르투갈인과 스페인인의 손아귀로 굴러 떨어졌다.[32]

15세기 말과 16세기 초에 자행된 스페인과 포르투갈의 잔혹한 신세계 정복은 이탈리아의 상업적 탁월함을 더욱 손상시켰다. 시간이 흐를수록 부자가 되겠다는 야심에 찬 이탈리아인들은 이베리아 반도의 군주를 위해 일하기 시작했다. 크리스토퍼 콜럼버스, 존 캐벗, 지오반니 다 베라자노 같은 이탈리아인들은 광대한 새 영토를 탐험한 초기 탐험가들이었다. 결국 신대륙의 이름은 한때 플로렌스에서 메디치 가문의 금전적 이익을 위해 봉사하던 에이전트였던 탐험가 아메리고 베스푸치의 이름을 따서 지어졌다.

17세기 무렵 2백년 전만 해도 보잘것없던 리스본은 중요한 도시로, 포르투갈의 드넓은 제국을 위한 주도적인 항구이자 행정의 중심지로 부상했다. 인구가 10만 명이 넘는 리스본은 이제 세계적인 규모의 사건들에 영향력을 행사하는 위대한 제국의 수도의 분위기를 풍겼다.[33]

스페인에서 새로 얻은 부는 세비야 항구의 성장뿐 아니라 수도였던 바야돌리드와 훗날의 마드리드 같은 도시의 성장도 부채질했다. 이탈리아 내부와 네덜란드에서 이뤄진 유럽 내 정복은 스페인 왕궁의 부를 더욱 키웠다. 이제 민간 주택들과 공공 건물들은 제국의 엄청난 부를 반영했다. 1563년에 건축이 시작된 마드리드 외곽의 에스코리알 수도원 단지는 신대륙에서 가져온 귀중한 목재와 밀라노의 철제 제품, 플랑드르의 태피스트리 같은 제국의 정복 활동에 대한 보상품으로 호사스럽게 장식됐다.[34]

파리: 궁극적인 유럽의 수도

이 새로운 중심지들 중에서 가장 영속적인 도시는 반도에서 발달하지 않았다. 가장 크고 부유하며 응집력 있는 유럽의 대륙 국가인 프랑스에서 발달했다. 파리의 뿌리는 옛날에 로마인들이 센 강 가운데 있는 섬에 세운 정착지에 닿아 있다. 로마 이후 몇 세기 동안은 대체로 인적이 끊긴 곳이던 파리는 교회 조직의 중심지로 살아남았다. 10세기가 끝날 무렵, 카페 왕조는 파리를 통치의 중심지로 지목했다.

보유한 부와 확대되는 영토에서 이득을 보던 카페 왕조의 왕들은 위대한 수도의 초석을 놓았다. 12세기에 필리프 2세는 파리의 거리를 처음으로 포장했고, 레 알Les Halles에 새로운 중앙시장을 개발했으며, 도시 주위에 더 튼튼한 성벽을 쌓았다. 그리고 노트르담 성당의 공사가 시작됐다. 완공은 13세기 무렵이 돼서야 이루어졌다. 그 무렵 파리의 인구는 거의 15만 명으로 팽창해 있었다. 유럽의 가톨릭 권에서는 가장 큰 도시였다.[35]

그러나 파리에는 경쟁하는 이탈리아의 도시들이 지닌 활력이 부족했다. 심지어는 같은 나라 안에서 경쟁하는 규모가 더 작은 리옹보다 경제적 활력이 더 부족했다. 파리의 큰 장점은 다른 곳에 있었다. 확장되어 가는 군주제의 힘과 대학의 번성 그리고 영적 사상의 중심지로서 가진 중요성이 그것이었다.[36] 동시대 중국의 중심지들처럼 파리는 관료와 성직자, 학생과 학자들의 도시로 번성했다. 파리의 상인 계급은 상품 수출이 아니라 파리에

밀집해 거주하는 최상류층의 편리를 만족시켜 주면서 성장했다.[37]

왕족 내부의 오랜 권력 투쟁과 그에 뒤이은 격렬한 종교전쟁들 때문에 파리는 16세기 말이 되기 전까지는 발달이 늦었다. 1594년에 부르봉 왕조의 앙리 4세가 프로테스탄트에서 가톨릭으로 개종한 첫 군주가 되면서 왕국의 통일과 도시의 제국적 운명이 모두 확실해졌다. "Paris vaut bien une Messe." 그가 남긴 이 말은 이런 뜻이다. "파리는 미사를 열만한 가치가 있는 곳이다."

앙리 4세는 파리를 거대한 제국의 수도가 될만한 가치가 있는 곳으로 만들기로 결심했다. 그는 불결한 거리를 청소했고 루브르를 확장했으며 이탈리아 모델을 따라 광장 몇 곳을 건설했다. 이제 귀족들은 도시로 모여들었다. 관료제는 확장됐고 다음 세기까지 인구가 두 배가 늘어나 대략 50만 명이나 되었다. 곧 이 인구의 욕구에 이바지하려는 장인들이 이주해 왔다.[38]

1670년대에 파리는 오래 전에 쌓은 성벽 너머의 지역으로 확장되고 있었다. 성장은 걷잡기 힘들었고 파리의 통치자들은 도시의 외관을 아름답게 꾸미려고 노력했다. 루이 14세가 거처를 베르사유 교외로 옮기는 동안 그의 재상 콜베르는 가로수가 줄지어 서 있는 대로로 도시를 에워쌌고, 앵발리드 군인병원과 수많은 개선문, 24캐럿 황금 나뭇잎으로 덮인 루이의 조각상이 굽어보는 원형 빅투아르 광장의 공사를 시작했다.

파리는 이제 세계의 위대한 수도, 새로운 로마가 되는 것을 목표로 삼았다. 콜베르는 이렇게 주장했다. "백성들이 경외감을 품고 바라보게 만들 건물들보다 군주의 위대함을 더 잘 보여 주는 것은 아무것도 없다." 불행히도 그런 웅장함은 국가 재정의 파탄과 서민들의 궁핍을 불러 일으켰다. 수도의 굶주림과 폭동을 방지하기 위해 주변 시골 지역에서 곡물들이 징발됐다. 국내의 나머지 지역들이 파리를 자신들을 희생시켜 가면서 성장하는

파리는 17세기 무렵 유럽의 으뜸가는 예술적 도시로 떠올랐다.

"피를 빨아먹는 향락과 악덕의 대도시"로 간주한 것은 놀랄 일도 아니다.³⁹

그러나 파리는 자신의 나라에서 그 모든 질서와 증오를 불러 일으켰음에
도 17세기 경에는 유럽 대륙의 으뜸가는 예술적, 문화적 수도로 떠올랐
다.⁴⁰ 이후로 이어진 3세기 내내 파리는 도시 집중화와 웅장함의 전형으로
간주되었다. 군주제 시대에서부터 현대에 이르기까지 고도로 중앙집권화
된 통치의 전통 덕에 프랑스의 관리들은 국가 자원의 엄청난 부분을 파리
에 투입할 수 있었다.⁴¹

근대 프랑스의 위대한 건축가인 나폴레옹 1세는 파리를 "뭔가 멋지고 거
대하며 유례를 찾아볼 수 없는" 곳으로 탈바꿈시키겠다는 결심을 명확히
했다. 그러나 그가 1815년에 연합군에게 패배하면서 그의 웅대한 계획들

은 관심에서 밀려났다. 그 대신 수도의 진정한 변신은 그의 조카 루이 나폴레옹 치하에서 이루어졌다. 루이 나폴레옹은 1851년에 권력을 잡은 직후 파리를 프랑스의 심장이라 선언했다. "이 위대한 도시를 장식하는 데 우리의 총력을 쏟아 부을지어다."

　나폴레옹의 야심과 냉혹한 모습을 자주 보인 파리 지사 조르쥬-외젠 오스망의 지휘 아래 웅장한 대역사에 착수한 파리는 잘 설계된 공원들로 장식된 넓은 대로를 따라 조직됐다. 뚜렷한 프랑스식 도시 배치와 설계, 건축 아이디어는 이후로 빈부터 워싱턴 D.C.와 부에노스아이레스, 하노이에 이르는 도시의 건축가들에게 영향력을 발휘했다.[42]

11. 맘몬의 도시들

파리를 비롯한 유럽 전역에서 떠오르는 다른 나라의 수도들은 웅장했지만 도시의 미래를 여는 열쇠들은 다른 곳에 놓여 있었다. 성스러운 장소와 정치적인 권력을 안전하게 방비하는 것은 도시의 성장에 중요한 요인으로 남았지만 이제 가장 큰 성공 가능성은 하나님이나 국가의 권력에 의지해서 위대함을 구현하는 도시들의 것이 아니라 집요하고 성공적으로 맘몬 (mammon, 부와 물욕의 신 ― 역주)을 좇는 일에 의지해서 위대함을 구현하는 도시들의 것이 됐다.

유럽의 확장돼 가는 도시 질서

아시아와 미국 대륙으로 가는 새 경로들은 도시들이 드넓게 확장시켜 나가는 경제적 노력의 일부분에 불과했다. 유럽의 새 시장들이 로마 시대에는 오지였던 시골 지역의 배후지에서도 열리고 있었다. 대륙에 나타난 도시의 흔적은 이제 1천 년만에 처음으로 크기가 커졌다. 마을은 읍이 됐고, 일부 읍은 성당과 중앙시장을 갖춘 도시가 됐다. 라인 지방 북부에서부터

리가와 그단스크, 러시아의 스텝 지대에까지 도시들이 생겨났다.[1]

유럽의 도시화 수준은 고대 이후 처음으로 아시아와 근동의 수준을 능가했다.[2] 1500년에서 1650년 사이, 인구가 1만 명 이상인 읍들의 수는 두 배로 늘어나면서 거의 200곳이 됐다. 도시 거주자의 총 비율은 7.4%에서 10%로 늘어났다. 인구 10만 명 이상의 신도시들의 숫자는 극적으로 늘어났다. 오랫동안 고초를 겪던 로마조차도 1370년대에 1만7천 명이던 인구가 1650년에는 대략 12만4천 명으로 늘어나면서 도시의 르네상스를 즐겼다.[3]

이제 핵심적인 이슈는 성장해 가는 도시 네트워크에서 어느 도시가 최적의 위치를 차지할 것인가였다. 파리와 다른 활기 넘치는 중심지들은 선진화된 도시 형태와 웅장함의 귀감이기는 했지만 도시 생활의 상당 부분을 각 도시의 배후지에 의존하는 본질적으로 기생적인 도시로 남아 있었다. 역사는 더 넓어지는 세상으로 난 주요 통로에 대한 통제권을 장악한 도시들의 편을 들었다.

이베리아 반도 제국들의 실패

유럽 경제의 확장에서 가장 큰 수혜를 받은 도시들은 광범위한 해외 제국에 대한 통제권을 쥔 도시들인 것처럼 보인다. 그러나 리스본과 세비야 그리고 훗날의 마드리드는 그들이 충동적으로 뿌렸던 씨앗이 완전히 자라 수확이 가능해지게끔 만들 정도의 상업적 감각을 발전시키는 데 실패했다.[4]

이 실패의 핵심 요인은 문화적 가치관이었다. 베르날 디아스의 상관이자 테노치티틀란의 정복자인 에르난 코르테스 같은 사람들은 도시와 경제의 건설자라기보다는 중세 시대의 기사에 더 가까웠다. 다른 신대륙 정복자들처럼 코르테스는 주로 영광과 하나님 그리고 귀금속을 좇았다.[5]

뽐내기 좋아하는 이런 이베리아인의 감수성에는 결국 도시를 쇠약하게 만든 격렬한 종교적 불관용도 수반됐다. 여러 세기 동안 유대인들과 마라노(중세에 스페인과 포르투갈에서 기독교로 개종당한 유대인 — 역주)로 알려진 최근의 개종자들은 유럽의 다른 지역보다도 스페인에 단연 많았던 급성장한 도시들의 상업적, 직업적 생활에서 중추적인 역할을 수행했다.[6]

도시 경제에서 유대인이 차지하는 중요성을 인식한 세비야와 바르셀로나, 발렌시아 같은 일부 도시는 종교 재판에 이의를 제기했다. 그러나 마지막 남은 도시 권력의 자취를 일소하면서 점점 더 절대 권력화한 스페인은 도시들이 펼치는 저항을 모두 제압했다. 1492년의 국외 퇴거 명령에 따라 18만 명이 넘는 유대인과 마라노들이 나라를 떠났다. 그 숙명적인 해에 대해 사학자 바넷 리트비노프는 이렇게 주장했다. "콜럼버스의 항해 덕에 스페인은 대륙을 얻었다. 유대인들의 추방 탓에 그들은 두 팔과 두 다리를 잃었다."[7]

교회와 귀족들이 자본의 대부분을 좌지우지하는 나라에서 활동하는 스페인의 상업 중산층의 잔여 세력은 그들 앞에 놓인 새로운 기회를 한껏 활용할 수 있는 사업 수완이 크게 부족했다.[8] 부는 주로 세비야를 통해 스페인에 밀려들어 왔지만 결국 그 부는 이탈리아 중간상과 상인들의 손아귀에 들어갔다. 스페인의 식민지로 향하는 수출품조차도 대부분이 다른 곳에서 만든 제품들이었다. 끊임없이 벌이는 전쟁을 위한 자금을 조달하고 귀족들을 위한 사치품을 구매하기 위해 외국인들에게 저당 잡힌 제국의 황금은 곧 재앙이 되어버렸다.[9]

만성적인 식량 부족, 외국의 전쟁터로 보내져 죽음을 맞은 젊은이들 때문에 빚어진 젊은 인구의 대규모 손실, 엄청난 규모의 국가 채무, 타국으로의 이주 그리고 최종적으로는 17세기 말에 창궐한 전염병은 스페인 도시들의 규모를 철저하게 줄였다. 16세기에 인구 1만 명 이상인 스페인 도시에 거주하는 인구의 총수는 두 배로 늘어나면서 90만 명을 상회했지만 이 수치는 1650년경에는 3분의 1로 급감했다. 17세기 무렵 스페인이 이탈리아에 보유한 최대의 재산이자 거대한 항구 도시인 나폴리는 산업과 인구의 양 측면에서 스페인에 있는 도시들을 가볍게 능가했다.[10]

북부의 출현

이와는 대조적으로 북부에 있는 도시들 — 앤트워프, 암스테르담 그리고 최종적으로 런던 — 은 세계 무역의 급격한 팽창에서 대단히 큰 수혜를 입었다. 스페인과 포르투갈의 도시들이 17세기와 18세기를 통과하며 쇠락한 반면 네덜란드의 도시들은 4배, 런던에 있는 도시들은 6배 이상이나 성장했다.[11]

이런 발전을 가능케 한 결정적인 무기는 용감무쌍한 탐험가들이나 전사들이 들고 있던 무기가 아니었다. 그보다는 은행가, 상인, 숙련된 기능공들이 수행한 세속적인 기능들이 이 도시들의 주무기였다.[12] 제국이 뿌리고 가꾼 상업적 열매를 획득한 것은 용감한 병사들과 겁없는 선교사들을 거느린 스페인이 아니었다. 네덜란드의 통상을 지향하는 앤트워프와 다른 도시들이었다.[13]

합스부르크 왕가의 카를로스 5세가 관용의 원칙을 받아들였더라면 스페인은 이 도시들의 통치를 통해 발흥하는 유럽의 도시 경제를 장악할 수 있었을지도 모른다. 대신 가톨릭 신앙을 강요하겠다는 왕조의 욕심은 생산성 높고 프로테스탄트의 비중이 높은 북부 도시들을 어느 스페인 장성이 밝혔듯이 "유럽의 묘지"로 탈바꿈시켰다.

네덜란드의 많은 마을들이 스페인에 항거하며 봉기한 1572년의 대반란은 중대한 전환점이었다. 스페인 사령관 알바 공작은 프로테스탄트들을 상대로 무자비한 작전을 벌였다. 네덜란드의 북부는 성공적으로 저항했지만 남부는 가톨릭의 통제권 아래 남았다. 알바의 전쟁은 스페인의 상업적 전망에 재앙 같은 결과를 가져왔다. 지배적이었던 프로테스탄트 상인 계급은 스페인 치하에 있는 지역에서 피신했다. 1567년에 스페인 군대가 약탈한 앤트워프는 쇠락한 반면 앤트워프의 인재와 자금, 통찰력 중 상당 부분은 북쪽에 있는 신흥 독립 도시들로 옮겨갔다.[14]

암스테르담: 최초의 거대한 현대적 상업도시

스페인과의 전쟁이 끝날 무렵 암스테르담은 신생 독립 프로테스탄트 도시 중에서 가장 중요한 곳으로 떠올랐다. 동시대 대부분의 유럽 도시들과는 대조적으로 암스테르담을 지배한 것은 귀족이나 성직자가 아니라 이윤을 추구하는 무역상과 소매상들이었다. 17세기 영국 작가 존 애버더너트는 네덜란드인의 본질을 '닉 프로그(Nick Frog: 바다보다 낮은 지역에 사는 네덜란드인을 개구리로 비하하면서 만들어낸 우화적 인물의 이름 —역주)'로, "맘몬을 숭배하는 진흙창이 낳은 아들"로 묘사했다.[15]

암스테르담은 13세기에만 해도 어촌 수준을 벗어나지 못했다. 그러던 그곳의 주민들은 운하 시스템의 확장을 통해 교역 능력을 체계적으로 증대시키기 시작했다. 도시는 성장하면서 서서히 방어선을 강화했고 벽돌 건축 법제화를 통해 화재의 위험을 막았으며 위생 설비의 개선을 위한 조치를 취했다.[16]

레이덴과 로테르담 같은 네덜란드의 다른 상업 중심지들도 세계와 교역하는 능력을 향상시키기 위한 절차를 밟았다. 원양을 항해하는 선박 1,800척이라는 엄청난 규모의 선단을 갖춘 위대한 네덜란드 도시들의 사업가들은 얼마 지나지 않아 세계 각지에 얼굴을 나타냈다. 지중해와 아프리카, 아시아 그리고 새로 발견된 미국 대륙에서 그들은 싸게 사서 비싸게 파는 결정적인 게임에서 라이벌들을 능가했다.

17세기 초엽에 인구의 절반이 읍과 도시에 거주하던 네덜란드는 유럽에서 가장 도시화된 사회가 됐다.[17] 네덜란드의 으뜸가는 도시인 암스테르담은 뭔가 새로우면서도 두드러질 정도로 친숙한 도시였다. 영웅들의 조각상과 거대한 대로와 교회, 궁전이 아니라 사람들이 우글거리는 골목길과 소란한 부두, 인구가 조밀하게 거주하면서도 청결하고 안락한 주거 시설이 두드러지는 현대적인 도시였다. 막대한 비용을 치른 끝에 독립을 성취한 암스테르담 주민들은 새로운 로마가 되려고 군사적 모험을 하려들지는 않았다. 대신 그들은 그저 최소한의 간섭만 받으면서 교역을 해나갈 수 있기만을 바랐다.[18]

암스테르담 주민들의 칼뱅주의 신앙도 교역과 통상을 중심으로 한 도시 문화를 유지시켰다. 칼뱅주의 목사들은 고리대금을 반대하는 옛 가톨릭의 법률들을 삭제했고, 자본주의 기업을 부정적인 시각으로 보는 뿌리 깊은 편견들을 없앴다. 네덜란드인들은 자신들의 물질적인 성공을 하나님이 자신들을 재가했음을 보여주는 확실한 증거로 보았다. 민간에 전승된 17세기 네덜란드 역사는 이렇게 기록했다. "암스테르담은 하나님의 손길을 통해 번영과 위대함의 봉우리에 우뚝 섰다."[19]

고대의 알렉산드리아와 절정기의 카이로, 15세기의 베니스처럼 암스테르담의 상업적 성공은 인구의 다양성에 많은 힘을 입었다. 이 도시에서는 지배적인 네덜란드 개혁 교회와 더불어 가톨릭과 위그노, 유대교, 루터교, 메노파의 종교 기관들이 제대로 운영되고 있었다. 공식적으로 인가를 받은 종교가 아닌 종교를 믿는 인구는 대략 시민 4명 중 1명 꼴이었다. 프랑스 사학자 페르낭 브로델은 이렇게 적었다. "신앙의 자유라는 기적은 교역에 집중하는 공동체 어디에서건 볼 수 있다."[20]

상업적 활력과 다양한 인구의 결합은 예술과 기술, 철학 분야에서 과감한 혁신을 일으키기에 이상적인 분위기를 창출했다. 스페인은 이와는 대조적이었다. 종교재판소장의 아들인 로드리고 만리케는 "문화를 소유하려는 사람들은 반드시 이교도나 죄인, 유대교도라는 의심을 받게 된다"고 투덜거렸다.[21] 네덜란드의 도시들은 개방적인 연구와 혁신을 허용했을 뿐 아니라 대학과 과학협회, 출판사를 통해 그런 것들을 키워내기까지 했다.

이런 진취적인 정신은 도시의 성공에 중요한 역할을 한 것으로 판명됐다. 처음에 네덜란드의 교역은 와인과 목재, 설탕, 화학 제품 같은 상품들에 의존했다. 그러나 17세기 무렵 네덜란드인들은 "값진 교역"—염료, 유약, 도자기, 리넨, 고급 가구, 태피스트리—에 더 수월하게 진입할 수 있게 해주는 혁신적인 기법들을 사용했다. 네덜란드 기업가들은 엔지니어링 서비스와 산업적 전문 지식, 기술을 유럽 곳곳의 나라들로 그리고 심지어는 저 먼 멕시코에까지 수출했다.[22]

네덜란드의 팽창하는 중산층은 주요한 문화적 중심 세력이 되면서 도시의 발전에 중요한 역할을 한 것으로 판명됐다. 16세기와 17세기의 네덜란드 미술가들은 숙련된 장인 — 태피스트리 디자이너, 모피 재단사, 금 세공인 등 — 의 아들인 경우가 잦았다. 이 미술가들은 지역의 상류층 상인과 제조업자들에게서 후원을 받았다. 미술은 명성을 얻는 방법일 뿐 아니라 돈을 버는 방법이기도 했다. 일급 초상화 화가인 렘브란트는 대학 교수보다도 훨씬 더 많은 돈을 벌었다.[23]

런던: 세상 만물의 찬란한 전시장

문화의 민주화는 다른 유럽 도시들에서도 뚜렷하게 나타났다. 기술의 발전 덕에 대중은 서적을 점점 더 쉽게 접하게 됐다. 1530년대 프랑스에서 신약성서 1권의 가격은 노동자도 구입할 수 있는 수준이 됐다. 낡은 장애물들은 무너져 내리고 있었다. 스피노자 같은 유대인들 그리고 여자들은 이제 지적이고 문화적인 대화에 참여할 수 있게 됐다. 프랑스 작가 루이즈 라베는 여자들에게 훈계했다. "지식이 우리에게 줄 명예는 전적으로 우리들의 것으로, 솜씨 좋은 도둑들도… 또는 시간의 흐름도 우리에게서 그걸 앗아가지 못할 것이오."[24]

이러한 새로운 정신이 런던보다 뚜렷한 곳은 없었다. 16세기 말의 엘리자베스 여왕 치세에 런던은 드라마부터 격렬한 과학적, 신학적 논쟁에 이르기까지 세상 만물이 진열되는 찬란한 전시장으로 발전했다. 오랫동안 금지의 대상이거나 두려움의 대상이었던 지식은 이제는 최고의 가치를 지닌 것으로 간주됐다.[25]

얼마 되지 않아 런던은 지적인 성취와 상업적 활력의 양 분야에서 암스테르담을 능가하기 시작했다. 17세기 말에 네덜란드는 한때 타의 추종을 불허하던 대담함과 끈기를 상실하고 있는 게 분명했다. 네덜란드의 자본가들은—그들보다 앞선 시대의 베니스 자본가들처럼—이제는 새로운 벤처 사업을 벌이기보다는 토지나 주식에 돈을 투자하는 불로소득 생활자가 되는 쪽을 선택하는 경우가 잦았다.

네덜란드의 지배 계급은 1636~37년에 일었던 유명한 '튤립 광풍'으로 대표되는 단기적 금융 소득에는 관심을 쏟았지만 해외에서 점유한 몇몇 지역을 방어하겠다는 도덕적 결단력은 부족했다. 그중에서도 가장 중요한 곳은 이제 막 생겨난 식민지인 뉴 네덜란드였다. 어느 초기의 탐험가는 뉴 암스테르담에 세운 식민 정착지를 "세계의 상품을 모두 받아들일 준비가 되어 있는 천혜의 부두"라고 제대로 인식했다. 강들과 바다로 열려 있는 만들로 둘러싸인, 인구가 겨우 1천 명밖에 되지 않는 조그만 식민지는 네덜란드의 사업을 확장시킬 더할 나위 없는 기회를 상징했다.

그러나 주위를 둘러싼 영국 식민지들의 침입을 막아야 할 필요성에 직면한 네덜란드 사업가들은 조그만 식민지를 방어하는 데 필요한 자금을 쓰는 것을 망설였다. 그들에게 더 중요한 것은 외진 곳에 떨어져 있는 데다 방어하기도 쉽고 설탕 같은 상품들이 풍부한 수리남을 계속 지배하는 것이었다. 1664년에 싸움 같지도 않은 싸움을 한 차례 치른 끝에 네덜란드인들은 영국인들에게 뉴 네덜란드를 넘겨줬고 영국인들은 이 중요한 도시의 이름을 뉴욕으로 재빨리 바꿔 달았다.[26]

세계 자본주의의 수도

뉴 암스테르담이 뉴욕이 되고 10년 정도 지난 후 런던은 세계 자본주의

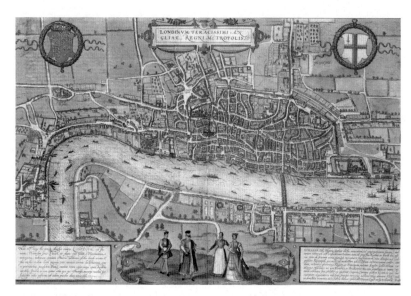

런던은 제국적이면서도 상업적인 도시의 기초를 닦았다.
1500년대에 제작된 런던의 지도.

의 수도 역할을 떠맡을 준비가 돼 있었다.[27] 장기적으로 이런 변신은 필수적인 것으로 판명됐다. 네덜란드의 도시들은 앞선 시대의 이탈리아 도시국가들과 비슷하게 자원과 인력의 부족으로 제약을 받았다. 그와는 대조적으로 런던은 영국의 훨씬 많은 인구를 식민지 이주자로, 병사로, 선원으로 끌어올 수 있었다. 영국은 석탄과 철, 주석 같은 중요한 자원도 보유했다. 네덜란드의 도시들은 가장 계몽적인 통치가 이뤄지던 시기라 할지라도 이런 요인들 때문에 런던보다 뒤진 보조적인 처지에 머무를 수밖에 없었다.[28]

런던의 부상은 거대한 수도의 이점을 네덜란드의 교역 중심지나 이탈리아 도시국가들의 상업적 능력과 결합시키는 능력에 의존했다. 런던은 14세기부터 나라 안 모든 계급 출신의 젊고 야심 찬 인재들을 엄청나게 끌어들였다. 윈체스터와 링컨 같은 유서 깊은 중심지들조차 퇴락하는 동안 런던의 인구와 경제는 급격히 팽창했다.

네덜란드에서 그랬던 것처럼 프로테스탄트주의의 승리는 런던의 상업적 성장을 촉진시켰다. 헨리 8세가 왕국의 대략 6분의 1에 해당하는 교회의 토지를 팔아버린 사건은 국가를, 그리고 상인과 장인들을 포함한 유산 계급 모두를 부유하게 해줬다. 중산층과 노동 계급 출신의 벼락부자들 — 일부는 귀족사회에 진입하겠다는 포부를 품었다 — 은 사학자 F.R.H. 뒤 불레이가 "야심의 시대"라고 명명했던 시대의 필수적인 요소였다.[29]

영국의 선원들은 지리적인 발견 덕에 배출됐다. 신분을 향상시키겠다는, 이제는 억누를 수 없는 욕망은 영국인들을 장거리 무역으로 내몰았다.[30] 대영제국의 성공적인 공세는 결국 중국의 해안에서부터 북아프리카의 황야에 이르는 지역의 소유지들을 통제할 수 있게 해 주었다. 이론의 여지는 있지만 가장 중요한 사건은 인도와 인도의 엄청난 교역을 서서히 탈취한 것이었다. 1601년에 영국의 세입은 인도 무굴 제국의 세입의 10분의 1도 안 됐다. 그러나 2백년 내에 이 관계는 완전히 뒤집혔다.[31]

모험을 좋아하는 이런 정신은 국가적인 야심과 결심의 엄청난 쇄도를 반영했다. 알렉산더 포프는 1712년에 "끝없는 템스 강은 전 인류를 위해 흐르리"라고 예언했다.[32] 16세기에 런던은 인구 6만의 도시에서 22만5천의 도시로 성장했다. 1666년의 대화재 이후 엄청난 규모로 재건된 런던은 얼마 후 유럽 최대의 도시로 성장했다.[33] 1790년 경, 런던의 인구는 암스테르담 인구의 네 배 이상인 거의 90만 명으로 부풀었다.[34]

방대한 기회의 땅을 목격한 이탈리아와 네덜란드, 독일의 상인과 은행가들이 영국의 수도로 점점 더 많이 몰려왔다.[35] 20세기에도 살아남은, 런던에 근거지를 둔 주도적인 머천트뱅크 17곳 중 15곳의 기원은 이 초기 시대의 다양한 이민자들로까지 거슬러 올라간다. 런던은 플랑드르와 독일, 프

랑스 같은 곳에서 종교의 자유를 찾아 이주해오는 사업가들과 숙련된 노동자들로부터도 수혜를 받았다.[36]

런던의 번영은 정도 면에서도 엄청났을 뿐 아니라 성격 면에서도 파리나 마드리드, 빈, 상트페테르부르크 같은 라이벌 제국의 수도들과도 확연히 달랐다. 이 거대한 수도들은 런던과 비슷하게 그들 나라의 위대성을 드러내는 웅장한 성당과 궁전, 공원들을 자랑했다. 그러나 성장일로에 있는 세계 경제를 통제하고 운영하는 데 필수적인 활력 넘치는 경제 기관들을 만들어낸 것은 런던뿐이었다. 런던은 역사의 초창기 이래로 거대 도시들을 지탱해 주던 도덕적 결단력에 대한 중요한 감각도 터득했다. 로마 제국이 절정기에 달했을 때처럼 런던은 세계를 주도할 준비와 세계를 발전시킬 준비가 모두 돼 있었다.[37]

제5부

산업 도시

12. 영국과 미국의 도시 혁명

런던의 상업적이고 제국적인 패권은 도시의 발전에 있어서 중요한 단계에 진입하는 데 필요한 기초를 닦았다. 이 단계의 발전은 제조업 기술의 혁명에서 추진력을 얻었다. 산업은 일찍이 메소포타미아 시대 때부터 도시 생활의 중요한 요소였지만 18세기 말의 영국은 새로운 종류의 도시, 주로 상품의 대량 생산과 연계한 도시의 창출에 있어 선구자가 되었다.

대서양과 가깝다는 지리적 이점, 동력원 겸 운송로 역할을 해 준 편리한 강물들 그리고 훗날의 풍부한 석탄 매장량 같은 많은 자연 요인들이 영국의 초기 산업의 출현을 이끌었다. 그런데 이보다 더 중요한 것은 영국이 제조업의 성장에 이상적인 사회적, 정치적 풍조를 누렸다는 것이다. 역사의 대부분의 기간 동안 통일된 상태였던 영국은 이탈리아를 미쳐 날뛰게 만들었던 권력의 분열에도, 프랑스가 겪은 사나운 격변에도 시달리지 않았다. 영국이 새로운 경제 패러다임으로 옮겨간 것은 가톨릭 권력 집단과 그들이 보유한 광대한 토지를 모두 없애버린 것에서도 혜택을 입었다. 그 조치를 통해 영국은 중세의 "층층이 쌓인 상류 계급의 협동조합"을 분쇄했다.[1]

그러면서 1768년에 '다축多軸 방적기'를 발명한 리처드 아크라이트 같은 예전의 장인 계급 출신이 초기 혁신자로 부상하는 데 이상적인 풍토가 조성됐다. 귀족제는 영국에서 계속 세력을 유지했지만 부자들은 자신의 조상이 무슨 일을 했건 상관없이 기업을 세울 수 있는 자유를 누렸다. 이는 제약이 훨씬 많은 동양에서보다 그리고 자유로이 활동할 여지가 적었던 다른 대부분의 유럽 나라들에서보다 더 폭넓은 자유를 향유했다.

결국 영국은 세계의 지배적인 제국으로 등장하면서 유럽 외부에 있는 광대한 자원의 원산지와 새로운 시장을 모두 개척할 수 있었다. 카를 마르크스가 쓴 문장인 "자본주의 생산기의 여명"은 제국의 통합과 동시에 찾아왔다. 제국주의적 벤처 사업—면화, 담배, 노예—에서 파생된 자본은 섬나라 영국이 산업의 최전방을 향해 앞뒤 가리지 않고 도약하는 데 필요한 자금의 대부분을 조달해 주었다.[2]

랭커셔: 혁명의 발상지

주식뿐 아니라 석탄과 양모 같은 상품의 세계적인 교역을 관리하는 사무원을 1만 명이나 고용한 전문기관들을 갖춘 런던은 위풍당당하게 영국 경제를 장악했다.[3] 그러나 가장 급진적인 변화—그리고 영국의 부의 가장 큰원천—는 거대 메트로폴리스에서 한참 떨어져 있는 도시들에서 일어났다.

이 새로운 도시 혁명의 진원지는 랭커셔였다. 오랫동안 영국의 빈곤 지역에 속했던[4] 랭커셔는 19세기 초입에 세계에서 가장 역동적인 경제 지역으로 떠올랐다. 이 지역의 주요 도시인 맨체스터의 인구는 19세기의 첫 30년 동안 9만4천 명에서 27만 명 이상으로 치솟았고, 세기말이 됐을 때는 다시 두 배 이상 늘어났다.

소도시 몇 곳은 훨씬 더 급격한 성장을 경험했다. 1810년에 소모사梳毛絲 제조의 중심지였던 브래드퍼드는 인구가 1만6천 명으로 세상에 알려지지 않은 작은 읍이었다. 그러나 시내에 있는 공장들의 생산 능력이 19세기의 전반부에 600% 이상 솟구치면서 인구는 10만3천 명 이상으로 폭발했고, 이곳은 동시대 유럽의 그 어떤 도시도 경험하지 못한 급성장을 기록했다.[5]

전통적인 상업의 중심지이자 제국의 수도로 남아 있던 런던과 달리 이 도시들은 뭔가 완전히 새로운 것을 대표했다. 공산품의 대량 생산에 의지해서 탁월한 도시로 도약한 것이다. 이러한 발전은 세계 전역의 도시들을 변모시키게 될 도시 혁명의 출발점이 됐다.

이러한 산업 도시들의 급성장은 사상 유례가 없는 영국의 도시화 비율을 엄청나게 가속화했다. 1750년에서 1800년 사이에 유럽 인구의 8%밖에 안 되는 영국은 모든 도시에서 대략 70%의 성장이 이뤄지는 나라였다. 19세기 중반 무렵 영국은 인구의 태반이 대도시에 거주하는 최초의 국가가 됐다. 1881년경 도시 거주자들은 전체 인구의 3분의 2를 차지했다.[6]

"포학한 톱니"

산업혁명은 종종은 무시무시한 방식으로 도시 환경을 근본적으로 변모시켰다. 도시를 방문한 이들은 무두질 공장과 양조장, 염색 공장, 가스 공장에서 나는 도무지 없어지지 않는 냄새에 관한 의견을 내놓았다. 생활 환경, 특히 빈민들의 생활 환경은 혐오스러울 정도였다.[7] 프리드리히 엥겔스는 맨체스터의 노동 계급 기숙사에 대해 이렇게 썼다.

"어디를 가나 폐품과 음식물 쓰레기, 오물이 보인다… 강둑에 나 있는 아주 울퉁불퉁한 좁은 길을 걸으면 양옆에 빨랫줄이 걸린 기둥들이 있고, 그 빨랫줄 사이에 자그마한 방 1개짜리 단층 오두막들이 엉망진창으로 모여 있는 곳에 다다른다. 그 집들의 대부분은 맨땅바닥을 그냥 마루로 쓰고, 일과 생활, 수면이 모두 같은 방에서 이루어진다."[8]

이런 불결함은 치명적인 위생 문제들을 낳았다. 19세기 초입에 맨체스터의 사망률은 25명당 1명으로 이는 주변을 둘러싼 농촌 마을들의 거의 세 배에 달하는 수치였다. 질병과 영양실조, 과로 때문에 사망하는 경우가 너무나 많았기 때문에 공장들은 멀리 떨어진 시골이나 궁핍해진 아일랜드로부터 지속적으로 노동자를 조달받아야만 가동을 계속할 수 있었다.[9] 알렉시스 드 토크빌이 밝혔던 것처럼 이제는 세계 최대의 경제력을 보유한 나라가 분명한 이 나라에서 극단적인 가난은 스페인이나 포르투갈 같은 침체된 나라들에서보다 더 많이 퍼져 있었다.[10]

아동에 대한 대우는 특히 충격적이었다. 전통적으로 아동들은 집에서, 작은 작업장에서 또는 들판에서 부모와 함께 노동을 해왔다. 그러나 이제 그들은 산업화되고 비인간적으로 넓은 공장에서 기계에 예속되어 혼자서 일하는 경우가 잦았다. 브래드퍼드를 방문한 어느 서인도제도의 노예 소유자는 "9살밖에 안 된 아이더러 하루에 12시간 반을 일하라고 요구하는 잔인한 짓은 인간으로서는" 할 수 없는 일이라고 생각했다.

이 잔인한 처우는 부분적으로는 공장 소유자와 노동자 사이에 친밀한 접촉이 없었기 때문에 기인했을 것이다. 소규모 공장을 운영하는 자본가는 무의식중에 노동자들과 그들의 아이들과 친밀해질 가능성이 높다. 엄청나게 규모가 큰 공장들을 운영하는 거대 자본가들은 이와는 대조적으로 공장

산업혁명은 도시 환경을 근본적으로 변모시켰다.

에서 멀리 떨어진 런던이나 전원 별장에 거주하는 경우가 많았다.[11]

　고대 도시나 르네상스 도시의 창조자들과는 대조적으로 새 체제의 이런 수혜자들은 처음부터 자신이 만들어낸 도시를 경멸했다. 도시는 돈을 버는 곳이지 여가 시간을 보내는 곳이 아니었다. 브래드퍼드의 저명한 의사는 이렇게 투덜거렸다. "기분 좋게 말을 탈 수도 없고 유쾌하게 산책을 하지도 못한다. 모든 일이 요란법석이고 분주하며 정신 사납다."[12]

　이 새로운 산업사회가 유례가 없는 부를 창출했을 지는 모르지만 그 부는 근본적으로 인간적인 가치관을 모조리 희생한 대가였다. 공장에는 동정심이나 하나님을 위한 자리가 거의 없는 듯 보였다. 산업화된 도시에는 마르크스가 "금전에 의한 인간 관계의 결합"이라고 부른 것만 있었지, 성스러운 공간이나 주목할만한 사회적 윤리는 대체로 없었다. 1850년대 무렵 한때는 보편적인 일이었던 예배에 참가하는 사람의 수는 50% 이하로 줄어들었고 맨체스터 같은 도시에서는 3분의 1에도 못 미쳤다.[13] 윌리엄 블레이크는 이 기계화된 시기의 충격에 대해 느끼는 공포를 이렇게 표현했다.

> 그리고 거기서 로크의 베틀을 보라. 그것의 씨줄은 암울하게 울부짖는구나,
> 뉴턴의 물레방아에 추동되어. 검은 천이
> 암울한 화환으로 온 나라를 덮고 있다. 많은 바퀴의 잔인한 작업을
> 나는 본다. 바퀴 없는 바퀴. 포학한 톱니가
> 서로를 억지로 밀어내는, 에덴의 바퀴와는 다른 그런 바퀴.[14]

기계화의 혜택

1850년대 무렵, 불안해 보이는 철도교와 넓은 터널 시스템, 사방으로 퍼져나가는 공장 지대 등 새 체제의 징조들이 영국의 도시 전역에서 확연히 나타났다. 몇몇 사람들은 뭔가 엄청난 일이 진행 중이라는 것을 서서히 감지하기 시작했다. 침착성을 거의 잃지 않는 토크빌도 영국에는 "걸음을 옮길 때마다… 여행객의 심장을 쿵쾅거리게 만드는 무엇인가"가 있다고 기록했다.[15]

블레이크가 영혼이 없는 "포학한 톱니"만을 본 곳인 공장을 이제 어떤 사람들은 영광스럽고 번영하는 미래의 선구자로 바라봤다. 조지 헤드 경은 리즈를 여행하던 1835년에 기계화된 피륙 공장을 "공장 내부에서 작동하는 엄청난 힘을 고맙게 여기는 인간이 우주를 건설한 그 분께 헌납한 사원"으로 묘사했다. 시대의 영웅은 기사나 귀족이 아니라 "매연 때문에 시커매

졌지만 그럼에도 지성의 빛을 뿜어내며 열심히 일하는 기계"라고 그는 기록했다.[16]

세기의 중반 무렵 이런 낙관주의가 확산되면서 영국의 서민들조차도 이제는 기계화의 혜택을 누리기 시작했다. 먼저 노조의 성장 덕분에 임금이 올랐다. 이제 노동 계급 소비자들은 이전에는 구입하고 싶다는 희망조차 품을 수 없었던 스타킹이나 요리 기구들을 구입할 수 있었다. 어떤 이들, 특히 숙련된 직업에 종사하던 이들은 중산층에 진입했다. 기업가 계급 출신의 아이들은 이제 상류층이 다니는 대학에 입학했다. 적절한 칭호가 없는 고귀한 귀족이 된 사람들 중 일부는 결혼이나 영향력 행사를 통해 귀족 신분을 습득했다.[17]

산업 시스템의 가장 두드러진 결점들에 대한 적극적인 주장을 펴기 위해 ─ 보통은 성직자들과 성공한 전문가 계급이 이끄는 ─ 사회개혁 운동들이 조직됐다. 의회가 제정한 1835년의 지방자치제법과 1848년의 첫 공중보건법 같은 개혁 입법은 불규칙하게 뻗어나가는 혼란스러운 도시들을 더 효과적으로 운영할 수 있게 해 주었다. 개혁가들은 빈민을 위한 공원과 욕탕, 세탁소를 설립했다. 새로운 위생 대책들과 의학의 발달에 힘입어 도시의 사망률은 현저하게 낮아졌다. 한때 판을 치던 범죄는 극적으로 줄어들었다.[18]

세기가 바뀔 무렵, 맨체스터와 리버풀, 리즈, 브래드퍼드 같은 도시들을 ─ 의심할 여지없이 하늘은 오염됐으며, 추잡하고 끔찍한 빈민굴들이 존재하기는 하지만 ─ 공산품을 분출해내는 칙칙한 고장들로만 치부할 수는 없을 것이라고 리버풀 출신의 토머스 베인스는 적었다. 과거의 티레나 플로렌스처럼 이 도시들은 이제 인류의 운명을 개선하고 있는 발명품들이 만들어지는 "지성의 온상"이었다.[19] 한때는 황량했던 이 도시들은 부 덕분에, 어느 브래드퍼드 출신 작가의 표현에 따르면 "유명한 베니스의 궁전들과…"

자웅을 겨루는 웅장한 공공건물들 — 시청, 도서관, 병원 — 을 신축할 수 있었다.[20]

미국 도시들의 성장

19세기 전반에 영국의 산업화된 국력에 근접할 수 있는 유럽 국가는 하나도 없었다. 대륙에서 가장 큰 도시인 파리는 주로 중소기업들의 도시로 남았다. 1850년이 지난 후 프롤레타리아가 불온해지는 것을 두려워한 나폴레옹 3세와 조르쥬-외젠 오스망 남작이 펼친 의도적인 정책은 산업화를 통한 파리의 대규모 성장을 사실상 방해했다.[21]

대신 산업화 성장의 새 초점은 여전히 대부분의 지역이 충분히 개발되지 않은 북미 — 일부 유럽인들이 "세계의 정원"이라며 낭만적으로 바라보던 곳 — 에 맞춰졌다. 이곳에서 공장도시는 단순히 뿌리를 내리는 데에만 그치지 않았다. 그 도시들은 영국의 도시들을 능가하는 규모로 뿌리를 내렸다.[22]

산업주의는 미국에 많은 변화를 초래했고 결국에는 농촌의 풍경을 간직하고 있던 곳을 대도시의 풍경으로 탈바꿈시켰다. 1850년에 미국에는 인구가 10만 명을 넘는 '대'도시가 6곳밖에 없었다. 이곳들의 인구를 다 합쳐봐야 총인구의 5% 정도였다. 이런 현실은 그 다음 50년 동안 극적으로 바뀌게 된다. 1900년경에는 그런 도시들이 38곳 있었고 대략 미국인 5명 중 1명이 그런 도시에 거주했다.[23]

미국 도시들의 눈부신 성장에는 몇 가지 요인들 — 이민, 유럽의 투자, 소비자의 전반적인 성장 그리고 무엇보다도 제조업, 특히 대량 생산의 급격한 발달 — 이 작용했다. 미국은 자본주의 기업의 급격한 발달에 적합한 곳이라는 사실이 판명됐다. 아담 스미스의 "목소리는 60년 동안 세계의 귓전에 울려댔지만 그의 목소리에 귀를 기울이고 존경하며 추종하는 곳은 미국뿐이다"라고 1838년에 어느 관찰자는 기록했다.[24]

뉴욕의 19세기 산업화 시대의 출현

영국과 유럽의 다른 지역에서 온 대규모 이민자들이 호황을 맞은 이 자본주의 경제의 나라에서 새로운 삶을 추구했다. 뉴욕이라는 거대한 항구 도시에서는 특히 더 그랬다.[25] 1860년경 고담(Gotham, 뉴욕의 별칭 — 역주)의 인구는 1백만 명을 넘어섰으며 이중 42%는 외국에서 태어난 사람들이었다.[26]

이 이민자 중 일부는 영국의 거주지에서나 비교 대상을 찾을 수 있을 만큼 지저분한 환경에서 살았다. 맨해튼의 북적거리는 노동 계급 거주 지역의 도처에는 질병이 만연했다. 1810년에서 1870년 사이에 뉴욕의 유아사망률은 두 배가 됐다.[27] 혈통보다는 재산에 의해 규정되는 계급 차별은 새 나라에서도 지속됐다. "루이 14세 스타일로 화려하게 장식된 살롱에서 몇 걸음만 걸으면" "몸을 부르르 떠는 소년들"이 거주하는 "황량하고 적막한 아파트"가 있다고 작가 리디아 차일드는 적었다.[28]

그렇기는 해도 많은 관찰자들이 뉴욕에서 받은 가장 강한 인상은 뉴욕의 놀랄만한 사회적 유동성이었다. 미국 공장에서 일하는 육체 노동자들은 다른 곳에서보다 훨씬 좋은 기회를 누렸고 그의 자손들은 그보다도 더 좋은 기회를 누리며 유럽에 있는 육체 노동자들보다 더 출세해서 중산층에 심지어는 상류 계급에 진입했다.[29] 대다수가 이민자였던 지위가 낮은 기능공과 기계공들은, 당시 세계에서 가장 빠르게 산업화되는 곳이었다 해도 무리가 없을 맨해튼 섬에 있는 4천 곳 이상의 제조 시설의 주인들 가운데에서 두드러진 존재였다.[30]

내륙의 도시들

마찬가지로 극적인 변화가 미국인들이 대규모로 이주하던 서부의 변경 너머에서 일어났다. 이전까지는 원주민이 소규모로 정착해 살던 고장에서 하룻밤 사이에 신도시들이 등장했다. 신시내티는 최초의 도시 중 하나였다. 오하이오 강이 굽이치는 곳에 자리한 신시내티는 1800년에 겨우 750명이 거주하던 자그마한 변경의 정착지에서 40년 후에는 10만 명이 넘는 인구가 북적대는 도시로 성장했다.

신시내티와 기타 중서부 도시들은 제조업의 성장에 이상적인 곳으로 판명됐다. 이 지역의 어마어마한 잉여 농산물은 이전까지는 상상조차 할 수 없던 규모로 육류 상품을 대량 생산해낼 기회를 만들어냈다. 곧 '포코폴리스(Porkopolis: 돼지고기의 도시 ─ 역주)'라는 별명을 얻은 신시내티는 피의 강물을 디어 크릭으로, 그리고 거기서 다시 오하이오 강으로 흘려보내는 광대한 도살장들을 자랑했다.

다른 도시들도 비슷한 정도의 급성장을 누렸다.[31] 19세기가 시작될 무렵에는 배짱 좋은 사람들 2~300명의 고향이던 세인트루이스는 세기가 끝날 무렵에는 인구 50만의 성숙한 메트로폴리스였다. 1850년에 인구가 2만이던 보잘것없는 변경의 거류지 디트로이트의 인구는 50년 후 20만 이상으로 솟구쳤다. 시카고의 폭발적인 성장은 이 도시들 모두를 능가했다. 1835

년에 겨우 350명이 살던 이곳의 인구는 1860년에 링컨이 당선됐을 때에는 10만 명 수준으로 팽창해 있었고 40년 후에는 1백만 명을 넘어섰다.

이런 중서부 도시들은 유서 깊은 해안의 허브들과는 많이 달랐다. 산업화된 소규모 공장 수천 곳과 번화한 상업 지역을 갖춘 뉴욕이나 보스턴과 달리 내륙의 메트로폴리스를 장악한 것은 거대한 공장들이었다. 때때로 노동자 수천 명이 일하는 이 공장들은 철강 제품과 농기구, 자동차 같은 내구성 소비재를 생산했다.[32] 미국은 중공업 분야에서 세계의 리더가 되고 있었다. 그리고 미국의 박동하는 심장은 중서부에 있는 도시들에 자리잡고 있었다.[33]

이 도시들은 다른 도시들보다 걸출하다는 소리를 듣기 위해 사납게, 종종은 무모하게 경쟁했다. 시카고에는 1837년의 공황에 뒤이어 "탐욕스러운 투기꾼들에게 전 재산을 위임했다가 파산한 남자들의 신음소리와 사기를 당한 여자들의 흐느끼는 소리가 울려 퍼졌다"고 어느 작가는 적었다. 도시의 상류층은 급성장하는 동부-서부 교역에서 지배적인 위치를 차지하게 해달라며 대담하게도 워싱턴과 월스트리트를 상대로 로비를 벌였다. 그들은 그런 방법으로 자신들이 야심을 실현시키기 위한 일에는 집요한 사람이라는 것을 입증했다. 1868년에 세인트루이스의 사업가들은 "교역이 그들에게 찾아오기를 앉아서 기다리고 있지만" 시카고의 사업가들은 "구두 밑창이 닳도록 교역의 뒤를 쫓아 달음박질을 하고 있다"고 「시카고 트리뷴」은 적었다.[34]

진보의 도전

영국에서처럼 미국의 급격한 초기 산업화는 딱할 정도로 보잘것없는 도시의 풍경을 흔적으로 남겼다. 영국 작가 프랜시스 트롤럽은 신시내티에서 2년을 보낸 후 "벌통 속의 모든 벌들이 꿀을 찾는 작업에 활발하게 헌신한다… 예술과 과학, 학습, 쾌락도 그들이 추구하는 노동에서 그들을 유혹해 낼 수 없다"고 적었다. 스웨덴의 방문객이 1850년에 한 코멘트에 따르면 시카고는 미국에서 "가장 초라하고 추잡한 도시 중 하나"였다.[35]

고통스러운 가난은 악화된 환경보다도 훨씬 더 사람들을 심란하게 만들었다. 1870년대 말에 저널리스트 두 명은 그들보다 한 세대 전에 엥겔스가 맨체스터를 그려낸 장면을 떠올리게 만드는 표현으로 세인트루이스의 빈민굴을 묘사했다.

> "가장 규모가 크고 그러면서도 가장 상태가 나쁜 주거용 빌딩 몇 채는… 후미진 구역에 지어졌다. 이 건물들은 거리를 향하는 대신 항상 구린내를 뿜어내는 더러운 골목길들을 바라본다. 그 황폐하고 지저분하며 악취 나는 정도는 우리의 표현력을 넘어선다."[36]

공공연히 평등주의를 제창하는 나라에서 드러난 이런 지독한 불평등은 격렬한 계급 갈등에 불을 지폈다. 1870년대에 세인트루이스 노동자들은 '라 마르세예즈'를 부르고 혁명을 주창하면서 거리를 행진했다. 영국 영사는 이 도시가 "사실상 폭도들의 손아귀에 들어갔다"고 경고했다. 시카고, 디트로이트, 클리블랜드 그리고 다른 소규모 중서부 도시들도 비슷한, 종종은 폭력적인 소란들을 경험했다.[37]

영국에서처럼 일부 지도층은 실용주의적 가치관이 산업화 시대와 조화를 잘 이룰 수 있을 것인지 의문을 표시했다. 오하이오 출신의 프로테스탄트 목사 조시아 스트롱 같은 일부 인사는 진보에 대한 미국적인 신념에 이의를 제기했다. 스트롱은 산업화의 확장은 나라를 "물질주의라는 최후의 파멸"로 몰아간다고 믿으면서 경제적 변화를 기꺼이 받아들이기보다는 공공연히 포기하는 쪽을 택했다.

시카고의 제인 애덤스 같은 이들은 정부가 대규모로 간섭을 해야만 마구 퍼지는 범죄와 깊어만 가는 계급 갈등 그리고 노동 빈민 사이에 퍼져 있는 알코올 중독부터 매춘에 이르는 많은 일탈 행위를 다룰 수 있을 것이라고 믿었다. 얼마 되지 않아 미국의 많은 도시들이 빈민 지역에 레크리에이션과 교육 기회를 제공하는 그녀의 선례를 따랐다.

개혁주의자들의 압박은 정치권에도 파고들어 밀워키와 클리블랜드, 톨레도, 디트로이트 같은 도시들에서 부패한 시 행정부를 교체했다.[38] 미국에 있는 모든 도시들은 행정 기관들을 현대화하기 시작했다. 예를 들어, 1853년에 뉴욕은 런던이 한 세대 전에 주도했던 정책을 따르면서 경찰에게 제복을 입히는 제도를 도입했다. 많은 도시에서 소방과 교통 같은 서비스들이 처음으로 체계화됐다.[39]

이제 사회적인 관심은 도시 환경의 개선으로도 향했다. 그런 관심이 가장 강했던 곳은 중서부의 거대 메트로폴리스인 시카고였다. 1871년의 파괴적인 화재 이후에 재건된 시카고는 야심 찬 도시 발전 프로그램에 착수했다. 시카고는 이후 3세대 동안 주요 도서관 시스템을 구축하고 시카고 예술대학과 필드 콜롬비안 박물관의 건물을 신축했으며 시카고 대학의 대규모 확장을 이뤄냈다.[40]

개혁가들은 도시에 갇혀서 점점 더 괴로워하는 시민들을 위해 일부 자연환경을 구하려는 노력도 경주하기 시작했다. 1870년대에 세인트루이스는 훗날 타워 그로브와 포레스트 파크가 될 부지를 취득했다. 시카고와 필라델피아, 보스턴, 뉴욕에서도 그와 비슷한 야심적인 운동들이 시작됐다.[41]

이 운동의 리더인 프레데릭 로 올름스테드는 뉴욕 센트럴 파크의 "위대한 용도 중 하나는 피곤에 지친 노동자 수십만 명에게… 하나님께서 만드신 작품의 견본을 제공하는 것"이라고 밝혔다.[42]

뉴욕: 최고의 수직적 도시

미국의 어마어마한 산업화 세력 덕분에 미국의 도시들은 이제 세계 도시 문명의 첨단으로 우뚝 섰다. 이런 경향이 거대 도시 뉴욕에서보다 더 확연했던 곳도 없었다. 1900년경 뉴욕은 미국 역사에서 유례를 찾을 수 없는 경제적, 문화적 탁월함을 향유했다. 2위 자리를 차지한 라이벌 시카고보다 인구가 두 배나 많은 고담은 전국 은행의 총 어음 교환액의 60% 이상을 통제했다. 뉴욕 항구는 미국을 들락거리는 모든 교역 물량의 40% 이상을 감당했다.[43]

천혜의 빼어난 항구 가운데에 있는 화강암 섬에 자리한 맨해튼은 '수직적 도시'를 건설하는 데 특히 적합했다. 빈틈이 없는 섬의 경계선은 공간의 효율적 활용을 부추겼다.[44] 도시 경제의 다양한 부문들 — 경공업, 무역, 금융 그리고 기타 서비스 — 의 공간에 대한 수요가 높아지면서 집중과 밀집에 대한 압박이 억누를 수 없을 정도로 커졌다.

제조업은 여전히 많은 뉴요커를 고용했지만 이제 노동력의 가장 극적인 증가는 화이트칼라 노동자들 사이에서뿐 아니라 팽창하는 핑크 칼라(여성 사무원) 군단에서도 일어났다. 1904년에 지하철이 개통되면서 점차로 많은 인구가 섬의 다른 주거 지역과 다운타운, 미드타운(midtown, 상업지구와 주택 지구의 중간 — 역주)에 있는 사무 구역 사이를 오갈 수 있게 됐다.

1898년에 뉴욕이 브루클린과 다른 인접 지역들을 합병하면서 맨해튼은 혼잡한 거리로 더 많은 노동자들을 쏟아낼 불규칙적으로 팽창하는 배후지를 얻었다. 이스트 강 밑을 파고든 뉴욕의 지하철은 더 많은 통근자를 실어 날랐고, 더 많은 사무실 건설을 유발했다. 작가 O. 헨리는 뉴욕은 "완성만 된다면 위대한 고장"이 될 것이라는 유명한 견해를 밝혔다.[45]

공간에 대한 급증하는 수요는 사무실 노동자 수백 명 심지어는 수천 명을 수용할 구조물들을 필요로 했다. 최초의 마천루는 1895년에 솟구쳐 올랐고 다른 건물들이 재빨리 뒤를 쫓았다.[46] 1902년에 플랫아이언 빌딩의 건설과 함께 중요한 도약이 이뤄졌다. 이 빌딩은 설계자인 시카고 건축가 다니엘 H. 번햄의 이름을 따서 "번햄의 바보짓"으로 널리 알려졌는데 건물에 그런 별명이 붙은 것은 빌딩이 제 무게를 견디지 못하고 무너지게 될 것이라고 생각하는 사람들이 있었기 때문이었다. 그러나 10년도 되지 못해 더 규모가 큰 건물인 60층짜리 울워스빌딩이 로워 맨해튼에 솟아올랐다.[47]

"나라의 관문에 마녀처럼"

아테네와 알렉산드리아, 카이로, 런던 같은 과거의 무역 도시들처럼 뉴욕의 상업적 성장은 문화 생활의 개화기도 낳았다.[48] 마케팅과 광고, 대규모 엔터테인먼트의 세계적 중심지로 변모하던 뉴욕은 문화적 취향의 모든 수준에 걸친 멜로디와 이미지, 아이디어를 세계 곳곳으로 퍼뜨렸다. 세기 전환기에 어느 영국 작가는 이렇게 투덜댔다. "우리가 주고받는 농담들은 뉴욕 출판업자의 사무실에서 기계로 제조되고 있다. 심지어 영국의 아기들은 미국 음식을 먹고 있고, 영국인들의 주검은 미제 관에 입관돼 묻힌다."[49]

뉴욕의 문화는 유럽적인 규범도 초월했다. 고담은 갈수록 다국적, 다인종 사회로 변해 가는 경향을 반영하면서 폭넓은 다양성을 보이는 민족적인 색채가 진하게 밴 다양한 유머와 재즈, 온갖 현대 미술의 양식장 구실을 했다. 할렘 르네상스(1920년대의 흑인 문예운동 — 역주) 시인인 제임스 웰든 존슨은 이렇게 밝혔다. "뉴욕은 미국에서 가장 치명적으로 매혹적인 곳이다. 그녀는 나라의 관문에 마녀처럼 앉아 있다."[50]

뉴요커 본인들은 자신들의 터전을 새로운 종류의 도시의 원조로 여겼다.[51] 도시의 유리 빌딩들과 어두침침한 길의 풍경은 현대적 메트로폴리스의 새롭고 과감한 표현을 반영하는 듯했다. 소설가 존 도스 파소스는 1920년대 중반에 그런 환경을 이렇게 묘사했다.

"반딧불이 열차들은 안개 속에서 불안하게 서 있는 거미줄 같은 다리들을 통해 땅거미 속을 왕복하고, 엘리베이터들은 기둥 속에서 솟구치고 추락한다. 부두의 불빛들은 윙크를 한다."[52]

미국이 고층으로 향하다

이런 이미지들은 세계의 대부분의 지역에서도 도회 생활 그 자체와 동의어가 됐다. 뮤지컬 작곡가 조지 M. 코핸은 "당신이 뉴욕을 떠난 후에 만나는 모든 도시는 브리지포트(코네티컷에 있는 뉴욕의 위성도시 — 역주)다"라고 밝혔지만, 시카고는 물론이고 다른 미국 도시들도 고담의 도시 풍경을 모방하려고 노력했다.[53] 울워스 빌딩이 완공된 지 1년이 채 되지 않아 시애틀은 24층짜리 스미스 타워를 건설하면서 건축 거인증을 태평양으로 옮겨갔다. 시카고와 디트로이트, 클리블랜드, 세인트루이스는 모두 자신들의 상업적 활력을 과시하기 위해 새로운 기념비를 세우는 작업에 몰두했다.[54]

규모가 작은 도시들조차도 자신들의 존재를 세상에 과시하려고 질주했다. 세계 최대의 도시인 런던과 베를린, 파리가 철제 골조로 된 고층 빌딩을 단 1채도 자랑하지 못하던 시절에 메인의 뱅거와 오클라호마의 털사, 텍사스의 갤버스턴처럼 세상에 알려지지 않은 도시에서는 그런 건물들이 세워지고 있었다. 전통에 더 집착하는 필라델피아, 보스턴, 워싱턴 D.C.는 고도를 제한했지만 대부분의 지역에서 적용된 유일한 제한 요소는 그 지역 다운타운의 부동산시장에 넘쳐흐르는 돈이었다. 『덴버 포스트』는 "진정한 메트로폴리스는 자신들의 지위를 강력히 주장하기 위해 그런 구조물들을 필요로 한다"고 주장했다.[55]

그렇기는 해도 새로운 도시 세계의 중심지는 여전히 뉴욕에 있었다. 국제적인 교역과 금융, 미디어에 대한 커져가는 지배력 덕에 뉴욕은 미국의, 나아가서는 세계의 비할 데 없는 경제적 중심지가 됐다. 저널리스트 A. H. 라스킨은 "어느 오후에 어느 맨해튼 마천루 1채에서" 내려진 결정들이 남아프리카에서 상영될 영화들을, 뉴멕시코의 광산 도시에 사는 아이들이 학교를 갖게 될 것인지 여부를, 브라질의 커피 재배자들이 원두 값으로 얼마를 받게 될 것인지를 결정한다고 밝혔다.[56]

미국의 거대 도시에서 솟구치는 고층 건물들은 공장 도시의 철제 콘크리트 외관을 하늘 높은 곳으로 끌어올렸다. 물질적인 관점에서 그리고 경외심을 불러일으킨다는 점에서 이 건물들은 드높은 첨탑을 가진 유럽의 성당들, 이슬람 세계의 우아한 모스크들 그리고 동아시아의 황궁들에 대한 상업 도시의 화답이었다.[57]

그러나 이 철제 콘크리트 빌딩들은 과거에 도시의 모양새를 규정했던 성스러운 장소라는 개념을 제공할 수 없었다. 본질적으로 사업을 위한 구조물이었던 이 빌딩들은 영속적인 도덕적 규범이나 사회 정의에 대해서는 할 말이 거의 없었다. 사리사욕을 좇는 이들이 대체로 영리 목적으로 건설한 이 빌딩들은 도시의 미래에 대해 급격하게 다른 비전들을 강요하려고 노력하는 이들의 공격으로부터 도시를 보호할 수 없었다.

13. 산업주의와 문화적 좌절

1922년 가을에 일본 고베에 도착한 G. C. 앨런은 배에서 내린 후 나고야로 향하는 기차에 올랐다. 처음 몇 시간 동안 22살 먹은 영국인 학자는 계단식 논과 차밭, 안개 자욱하고 숲이 우거진 산허리로 이루어진 이국적이고 너무나도 낯선 풍경 속을 여행했다.

열차가 칙칙폭폭 소리를 내며 목적지에 다가감에 따라 풍경은 점차 친숙하게 바뀌어갔다. 갑자기 앨런은 "넘실거리는 공장들, 높다란 사무용 블록들, 콘크리트로 높이 올린 도로들, 고속열차를 위해 새로 놓은 철길과 교량들의 물결 속에 가라앉은" 도시를 목격했다. 그는 산업화된 거대 메트로폴리스인 고향 버밍햄으로 돌아간 듯한 기분이었다.[1]

나고야에서도, 영국에서처럼 도시 풍경의 산업화는 이전에 존재해오던 도시를 탈바꿈시켰다. 같은 블록 내에서도 종종 "아름다움과 더러움이 어깨를 맞댔다"고 앨런은 적었다. 공장들과 삐걱거리는 전차들 가운데에서 "단조롭고 평범한 길거리의 복판을" 흐르는 실개천이나 제대로 관리된 정원이 감춰져 있는 것을 발견할 수 있었다.[2]

산업주의의 지구적 함의

산업의 성장은 지구 곳곳으로 퍼져가면서 예전에는 찾아볼 수 없는 급격한 도시화가 진행되는 새 시대를 예고했다. 19세기 말 모든 대륙에서, 즉 남미, 아프리카, 오스트레일리아 그리고 가장 놀라운 속도를 보인 아시아에서 거대한 도심들이 등장하고 있었다. 이제 세계 인구의 5% 이상이 인구 10만 이상의 도시들에 거주했는데 이 비율은 1세기 앞서의 비율의 세 배에 가까웠다.[3]

세계 대부분의 지역에서 이런 성장은 행정 서비스와 교역, 원재료의 수출에서 추진력을 받았다. 산업 팽창을 제한하는 요소는 여전히 식민지 세력의 중상주의 정책 그리고 운송 시스템을 비롯한 다른 현대적인 인프라스트럭처의 부족이었다. 아시아와 아프리카 대륙의 대부분의 지역에서 지나치게 낮은 임금과 대규모 소비자 층의 부재가 공존하는 상황은 분산되고 미개발된 농업의 이익을 위해 기계를 활용하는 작업을 하지 못하게 가로막았다.[4]

훨씬 더 극적인 발전은 다른 곳에서 일어났다. 20세기 초반에 주요 국가 세 곳—일본, 독일, 러시아—은 한창 팽창 중인 대규모 산업도시들을 자랑했다. 도쿄, 오사카, 베를린, 상트페테르부르크는 이제 뉴욕과 맨체스터, 런던과 국지적으로뿐 아니라 종종은 세계적인 규모로 직접 경쟁했다.

앨런이 나고야로 가는 길에 대해 적은 것처럼 이 도시들의 외관—교차하는 철길, 연기 자욱한 공장, 사무용 빌딩들—은 영국과 미국의 제조업 중심지와 비슷했다. 그렇지만 이 도시들이 산업주의에 대응하는 방식은 영국이나 미국의 방식과는 사뭇 달랐다. 이 도시들은 현대적인 도시를 만들어 낼 대안적인 경로를 밟으려고 노력하고 있었다.

다른 접근 방식을 향한 이런 탐색은 이 세 나라 모두가 미국이나 영국이 새로운 도시 환경의 충격에 적응하는 것을 도왔던 민주주의 전통이 없는 상태로 산업화됐다는 점에서 비롯됐다. 본질적으로 중세적인 정치 시스템 하에서 산업화된 도시로 급격하게 전환하고 있는 이 사회들에는 지그문트 프로이트가 『문명 속의 불만』에서 현대 메트로폴리스의 거대한 그리고 종종은 비인격적인 세상에서 살아가면서 느끼는 "문화적 좌절"이라 묘사했던 것에 대처하는 법적 구조와 사회적 태도가 모자랐다.[5]

일본의 갑작스런 산업화

프로이트는 빈이 나치즘의 손아귀에 떨어지기 4년 전에 그 책을 썼다. 그는 일본에서도 문화적 좌절과 유사한 징후를 파악할 수 있었을 것이다. 일본이 산업화 시대로 변환한 것은 그 돌연성 면에서나 엄청난 속도 면에서나 무척이나 놀라운 일이었다. 1868년에 도쿠가와 막부가 전복된 후 일본은 총력을 기울여 현대화에 착수했다. 메이지 유신의 기획자들은 인프라스트럭처 투자와 서구 기술의 수입에 우선권을 부여하면서 지배적인 산업 강대국들을 따라잡으려는 작업을 분주하게 벌였다.

메이지 유신 이전에 일본의 도시 발전은 외국인과 접촉하는 것을 금지한 도쿠가와 막부의 결정에 의해 늦춰졌다.[6] 그러나 1853년에 윌리엄 페리 제독의 포함들이 도쿄 만에서 그 고립 정책을 깨뜨렸을 때, 문자를 읽을 수 있는 인구가 대단히 많고, 내수시장이 발달돼 있으며, 재능 있는 기능공들과 강한 기업가 전통이 존재한다는 축복을 받은 일본의 도시들은 산업화 시대의 도전에 대처할 능력 면에서 유럽 외부의 도시 중에서 가장

좋은 위치를 점하고 있었다.[7]

영국과 미국에서처럼 제조업 경제의 발흥은 도시 인구의 급격한 증가를 초래했다. 메이지 유신 이후 첫 50년 동안 두 배로 늘어난 도시 거주자들은 1920년대 무렵에는 일본인 4명 중 1명을 차지했다. 굉장히 잡다한 분야의 소규모 공장들이 있던 오사카는 이제 "동양의 맨체스터"라는 별명을 얻었다. 오사카의 인구는 1875년에서 1920년대 사이에 5배 이상 늘었다. 나고야 역시 유서 깊은 성읍에서 주요한 산업 중심지로 변모했다. 나고야는 훗날 세계의 가장 지배적인 회사 중 하나가 될 도요타 모터스의 근거지이기도 했다. 가와사키, 후쿠오카, 삿포로 같은 시골의 공장 도시들은 훨씬 더 빨리 성장했다.[8]

도쿄는 일본의 도시 중에서 으뜸가는 도시로 부상했다. 교토를 대체하며 천황의 근거지가 된 도쿄는 일본의 정신적인 수도일 뿐 아니라 세속적인 수도로서 즉각적인 정통성을 획득했다.[9] 많은 주도적인 사업체들은 이제 본사 소재지로 도쿄를 택하는 것이 오사카 같은 전통적인 상업 중심지나 다른 많은 신흥 산업 도시들을 택하는 것보다 이점이 많다는 것을 알게 되었다.[10]

도쿄는 10만 명의 사망자를 낳고 수백만 명을 이재민으로 만든 1923년의 관동대지진으로 황폐해진 이후에도 우월적인 지위를 계속 군건히 지켰다. 1930년대에 도쿄는 높다란 빌딩과 백화점, 세련된 대량 교통 수단을 완비한 인상적인 다운타운 허브를 자랑했다.[11] 산업화 이후 처음으로 아시아는 뉴욕이나 런던과 비교할 수 있는 도시를 소유했다. 그리고 한동안은 그 도시들을 능가하리라는 꿈도 꿀 수 있었다.

"쇠로 된 괴물"

산업주의는 이러한 진보의 흔적들 가운데에서 광범위한 사회적, 도덕적, 환경적 파괴도 자행했다. 19세기 말까지만 해도 "붉은 볏을 단 두루미들이 도쿄의 하늘을 뚫고 솟아오르는 것을 볼 수 있었다"고 어느 작가는 기록했다. 여우와 오소리는 흔하게 많았고, 스미다 강의 강물은 차를 끓이는 데 쓸 수 있었다.[12] 그러나 1920년대 무렵 일본의 도시 거주자들은 광범위한 오염과 사람의 혼을 빼놓는 추잡함 그리고 그들의 전통적인 종교적 믿음과 유서 깊은 문화에 중요한 수려한 자연 환경이 황폐해져 가는 추세를 견뎌내야 했다. 한때 물의 도시로 알려진, 운하들로 장식된 오사카는 매연의 도시가 됐고, 이제 유해 화학물질로 가득한 운하들은 악취를 풍겼다.[13]

신기술은 경이로운 일들도 많이 만들어냈다. 왕년의 농부들은 열차와 전차를 타고 전기로 작동되는 공장으로 향했다. 비천하게 태어난 기능공이나 빈궁해진 사무라이들은 일본의 신흥 산업 경제의 새로운 지도자가 되기 위해 유서 깊은 계급간 장애물을 뛰어넘었다. 한때 학자와 정부 관료들에게만 국한돼 있던 정보는 이제는 대학 교육과 대량 인쇄된 서적, 신문 그리고 결국에는 라디오를 통해 일반인들의 폭넓은 이용이 가능해졌다.

그러나 전통적인 사상과 고상한 생활 방식이 비인격적이고 위험한 외세의 공격 아래 놓여 있다는 감정은 여전히 만연해 있었다. 1860년대에 발간된 지도들은 지리적 장소들에 대해 신화적이고 역사적인 관심을 표명하고 있다. 반면 새 시대의 철도 지도는 시적인 표현들을 피하면서 정확한 측정치를 알리는 데에만 집중하고 있다.

작가 나쓰메 소세키는 1916년에 쓴 글에서 "쇠로 된 괴물"이 시골을 찢어발기고 개인들의 인간적인 감각을 위협하는 "폭력적인 방식"에 항거했다.[14] 쇠로 된 괴물은 전통적인 일본 도시 생활의 화사하게 칠해진 유서 깊은 심벌들 —성벽, 신사, 거대한 시장들 —을 게걸스럽게 먹어치우면서 그것들을 매연을 내뿜는 공장들과 단조로운 회색 콘크리트 사무용 빌딩들로 대체해 나갔다.[15]

일본 도시들의 재건

1920년대 말과 1930년대 초의 혹독한 불황 탓에 많은 일본인들이 서양식 모델의 타당성에 의문을 제기하기에 이르렀다. 이제 일본의 지도자들은 산업화된 도시 사회와 외국의 문물을 혐오하는 공격적인 감수성을 그 어느 때보다도 자주 드러내는 뿌리깊은 국수주의자들 사이를 조화시키는 문제를 더 많이 고민하게 됐다. 일부 일본인들은 미국과 유럽의 산업화 도시들과 결부된 갈등과 아노미를 불가피한 것으로 납득하기보다는 대가족 네트워크 —사회학자 하니 세츠코가 "가정에 대한 관념이나 의식"이라고 부르는 것 —라는 더 친숙하면서도 덜 호전적인 개념을 위주로 도시 사회를 건설할 방법을 모색했다.[16]

가정의 위계에 대해 역설하면 부모와 기업주, 군사적 리더와 정치적 리더 그리고 궁극적으로는 천황의 권위를 강화하는 효과가 있었다. 이제 정부와 학계의 많은 지도자들은 의견 차이와 점진적인 민주주의적 변화에 대한 서구적 개념들은 일본에는 적합하지 않다고 생각했다. 대신 그들은 교육성 산하 정신문화연구소의 표현에 따르면 "국가를 한마음으로 완벽

하게 단결시킬" 방안들을 모색했다.[17]

점차로 복잡해지고 도시화된 사회에 그런 도덕적 통일을 강요하려면 고도의 결집과 억제가 필요했다. 노동계급의 조직들은 회유되거나 탄압받았다.[18] 정부 당국은 서양의 영향에 맞서는 문화적 개혁운동 — 서구의 패션과 재즈에서부터 할리우드 영화와 여성 해방에 이르는 만사를 공격하는 운동 — 도 개시했다. 서양의 영향이 가장 깊게 배어 있는 도쿄와 오사카, 일본의 다른 거대 도시들은 이제 뉴욕과 로스앤젤레스, 런던에서 퍼져 나온 문화적 규범들을 정화해낼 터였다.[19]

이러한 도덕적 개혁과 더불어 일본의 도시 계획자들은 전통적인 라이프스타일과 조화를 더 잘 이루게끔 도시 생활을 개조할 방법을 꿈꿨다. 성장하는 제국이 끌어들이는 부를 확보한 일부 사람들은 만주와 한반도 그리고 새롭게 떠오르는 일본 '공영권共榮圈'의 다른 지역에서 새로운 도시 중심지들을 개발하는 작업에 전념했다.

그들은 특히 도쿄와 나고야를 중심으로 한 계획을 세우면서 불규칙하게 뻗어나가는 아파트 블록들을 그린벨트와 깔끔한 위성 공동체들로 대체하려 했다. 가장 영향력 있는 계획자에 속하는 니시야마 우조는 도시에 대한 비전을 세우면서 전통적인 지역 단위인 마치(町, 동네 — 역주)를 기초로 삼았다. 그는 전통적인 마을 생활과 가까운 생활 방식을 장려하면서 직장과 가정을 최대한 통합하려고 했다. 전통주의적 감수성을 지닌 니시야마는 미국의 도시를 상징하는 고층 건물을 반대하기에 이르렀다. 대신 그는 자신이 "생활권"이라고 부른 분산된 자치 지역들의 개발을 지지했다.

나치의 실험

니시야마와 일본의 다른 계획자들은 나치 이론가 고트프리트 페더가 발전시킨 신전통주의 사상에서 일부 영감을 얻었다. 페더는 저서 『새로운 도시*Die neue Stadt*』에서 농경 지역으로 둘러싸인 분산화된 도시 지역의 창조를 강하게 주장했다.[20] 페더는 자신이 전통적인 가치관이라고 간주한 것에 코스모폴리탄적인 영미 사회가 가한 부정적인 충격에 대한 니시야마와 다른 일본인들이 느낀 불편함도 공유했다.[21]

산업 혁명은 일본에서처럼 독일에 늦게 도착했다. 그러나 일본과 마찬가지로 돌연하고 심란한 결과를 낳았다. 그런 결과가 새로 통일된 독일의 수도인 베를린보다 뚜렷한 곳도 없었다. 베를린은 진부하고 별다른 인상도 남기지 않는 프러시아의 병영 도시로 몇 세기를 보낸 후 19세기 말에 갑자기 인구 150만을 상회하는 드넓은 메트로폴리스로 발전했다. 산업화된 광대한 공장들이 베를린을 둥글게 에워싸고 있었다. 어느 관찰자가 기록한 것처럼 이 공장들의 "모든 굴뚝은 소나기 같은 불꽃들과 짙은 매연의 물결을 뿜어냈는데 마치 불카누스(로마 신화의 불과 대장간의 신 — 역주)의 불의 도시 같았다."

유럽에서 가장 현대적인 도시로 폭넓은 인정을 받은 신생 통일독일의 수도는 "축소판 미국"이나 "흥청거리는 시카고"로도 알려졌다.[22] 이런 급격한 발전은 산업화된 도시들에는 친숙한 문제점들 — 빈민가, 범죄 그리고 사생아의 놀라운 증가 — 을 야기했다. 1900년경 베를린은 유럽에서 가장 북적거리는 도시인 동시에 급진적인 사회주의 선동 세력의 중심지였다.[23]

베를린의 번성하는 산업은 독일의 시골에 거주하는 독일인뿐 아니라 궁핍해진 폴란드의 배후지에서 오는 이민자들도 끌어들였다. 이 새로 온 사람들 중 다수는 화폐 경제가 전통적인 가치들을 압도해버린 도시를 보며 벅찬 감정과 오싹한 감정을 동시에 느꼈다. 베를린 토박이인 사회학자 게오르크 지멜은 이렇게 기록했다.

> "엇갈리는 교차로를 갖춘 거리와 경제적, 직업적, 사회적 삶의 속도와 다양성을 지닌 도시는 삶의 감각적 토대와 관련이 있는 소읍과 농촌의 생활과는 판이하게 다른 분위기를 연출한다."[24]

일본에서처럼 심리적 삶에 대한 독일의 이런 공격은 외국 문물에 대한 공포증을 격하게 불러일으켰다. 유럽인들의 오랜 증오와 공포, 원한의 대상이던 유대인들은 이런 커져 가는 외국인 공격의 표적이 되었다.[25] 1895년에 독일어권의 세련된 문화적 수도인 빈의 유권자들은 공공연한 반유대주의자 칼 뤼거를 시장으로 선출했다.

반유대주의를 성공적으로 활용하는 뤼거의 모습은 그 지역 출신 어느 젊은이에게 깊은 인상을 심어 주었다. 그 젊은이는 당시 오스트리아 수도에서 살아남기 위해 발버둥을 치는 미술가였던 히틀러였다. 몇 십 년 후 나치 총통은 뤼거를 "역사를 통틀어 가장 강력한 시장"이라고 불렀다.[26] 뤼거처럼 히틀러와 그의 고문 고트프리트 페더를 포함한 나치주의자들은 유대인들을 ─ 유대인들이 보여준 자본주의적 수완과 주도적인 사회주의 선동자로서 나타낸 두각 모두 때문에 ─ 독일의 도시 중산층에 대한 주된 경제적, 도덕적 위협 요소로 간주했다.[27]

일본인들처럼 나치도 외국의 미술과 음악, 문화를 향한 광범위한 문화 전쟁을 수행했다. 그들은 당시 독일의 도시에서 폭넓은 인기를 모으던 영

미식 의상 스타일과 타락한 재즈, 문학에 맞선 작전을 벌였다. 특히 요제
프 괴벨스가 "사악한 하수구"라고 조롱한 베를린은 그런 데카당스와 동
일시됐다.[28]

권력을 잡은 히틀러는 도시 지역을 분산시키자는 페더의 프로그램을
대부분 폐기하면서 남의 이목을 의식해서 자신의 옛 멘토를 은퇴 상태로
쫓아버렸다. 나치는 과거의 촌락으로 돌아가기보다는 그들의 도시를 그
들 나름의 "현대성의 대안적 형태"로 재창조하려고 노력했다.[29] 이제 히
틀러는 베를린을 "세상의 모든 수도들과 경쟁할 수 있는 고도의 문화적
수준에 이르도록 육성해야 한다"고 주장했다.

눈부시게 연출된 1936년 올림픽에 뒤이어 히틀러의 최고 건축가인 알
베르트 슈페르는 베를린을 고대의 로마나 바빌론에 맞먹는 현대적인 도
시로 이바지할 대규모 메트로폴리스인 게르마니아Germania로 탈바꿈시킬
정교한 계획들을 수립했다. 12만 5천 명을 수용할 수 있는 돔형 집회장과
1백만 명을 수용할 수 있는 아돌프 히틀러 광장을 포함한 의식의 중심지
들 그리고 웅장한 대로가 게르마니아를 수놓을 계획이었다.

그렇기는 해도 페더의 아이디어가 전부 폐기된 것은 아니었다. 나치는
새로 점령한 동부 지역 영토를 위한 계획을 짜면서 농경 정착지와 전통적
인 마을들에 둘러싸인 게르만 민족이 지배하는 조밀한 산업 중심지들의
군도를 상상했다.[30] 그러나 이러한 웅대한 계획들은 일본 제국주의자들
의 계획과 비슷하게 2차 세계대전의 처참한 패전으로 최후를 맞았다. 거
의 황폐해진 일본의 도시들 그리고 최소한 서독의 도시들은 다시 부흥했
지만 그 부흥은 미국의 감독 아래에서만 가능했다.

러시아: 제3의 대안

러시아의 도시화는 일본과 독일을 포함한 다른 나라들에 뒤졌다. 1689년에 왕관을 쓴 표트르 대제는 유럽을 널리 여행하면서 런던과 암스테르담 같은 거대 도시들을 방문했다. 그는 자신이 다스리는 제국의 수도가 현대적이면서 현세적인 모양새를 취하기를 원했다. 러시아가 유럽의 라이벌들을 따라잡을 수 있을 때에만 러시아인은 서양인들에게 "본때를 보여 줄 수 있을 것"이라고 그는 믿었다.[31]

표트르의 새 수도로 1703년에 창건된 상트페테르부르크는 네덜란드 수도의 상업적 에너지와 이탈리아와 베르사유의 장려한 건물들을 결합시키려는 계획의 산물이었다. 상트페테르부르크는 모스크바가 상징하는 것 — 아시아적인, 반서양적인, 서투른, 천박한, 억압적이고 촌스러운 — 이 아닌 그 모든 것이었다.[32]

상트페테르부르크는 정치 권력의 새로운 중심지로서 급격히 팽창했다. 예카테리나 여제가 사망한 1796년에 20만 명이던 인구는 19세기 중반에는 50만 명이 됐다.[33] 그러나 제조업 중심지로서의 발전은 느렸다. 북미와 비슷하게 막대한 자원과 강으로 연결된 내륙 네트워크를 보유한 러시아는 천부적으로 산업화 성장에 유리한 위치에 있었다. 그러나 갈수록 퇴보하는 사회 체제는 이런 천연의 이점들을 쓸모없게 만들었다. 1861년에 수도에 임시로 거주하는 많은 이들을 포함한 인구의 상당수는 각자의 농경 마을에 법적으로 구속된 농노들이었다.[34]

농노 해방이 있은 후에도 러시아의 도시들은 영국이나 미국의 도시 성장에서 중심적인 역할을 수행했던 독립적인 대규모 유산 계급의 부재에 시달렸다. 경제적 자원의 대부분은 국가와 귀족 그리고 해외 투자자들의 손아귀에 남아 있었다. 중산층은 대부분 소규모 상인과 관리, 학자 그리고 정권에 복무하는 전문가들로 구성돼 있었다.[35]

이러한 경직된 계급 구조와 권위적인 정치 시스템은 도시 인구와 지배 엘리트 사이의 간극을 더 넓혔다. 점진적 개혁에 대한 희망을 거의 품을 수 없던 또는 국가 발전에 따른 이해관계가 거의 없던 중산층과 노동 계급은 점점 더 과격해졌다.[36]

혁명으로 가는 길

러시아 노동자들과 중산층은 분노할 이유가 충분했다. 러시아가 산업화하기 시작할 때 러시아의 도시에 있던 국가 기관들과 기본적인 물적 인프라스트럭처는 과거의 봉건주의에 갇혀 있었다. 유서 깊은 수도인 모스크바는 계획성과는 거리가 먼 단층 목조건물들의 집합체로 남았다. 서툰 솜씨로 지어진 이 건물들에는 기초적인 위생 설비조차 없는 경우가 잦았다. 모스크바에는 전문적인 경찰력과 충분한 의료 인력도 모자랐다.

이러한 현실과 지배 계급의 호사스러운 생활 사이의 균열은 극작가 니콜라이 바실리예비치 고골리가 기록한 대로 "모든 것이 허상이고, 모든 것이 꿈이며, 모든 것이 겉으로 보이는 것이 아닌" 도시인 상트페테르부르크에서 가장 명확하게 보였다. 이탈리아식으로 우아하게 지어진 겨울 궁전의 바로 옆에는 노동자들이 거주하는 환기가 안 되고 악취가 나는, 동시대 유럽에서 질병에 가장 많이 시달리는 빈민굴이 있었다.

상트페테르부르크의 산업 구조는 대규모 제조 시설이 장악하고 있었는데 이 시설들은 의도치 않게 노동자들의 대규모 조직화를 촉진시켰다. 더 많은 식량과 더 나은 작업 환경에 대한 요구가 실패한 후 이 노동자들은 자치위원회인 소비에트를 결성하고는 정권을 직접 공격했다.[37] 1917년 10월, 농경국가에 가까운 나라에서 규모가 얼마 되지 않는 소수의 도시 거주자였던 상트페테르부르크의 공장 노동자들은 영미식 산업도시에 대한 제3의 대안을 창출해낼 새 정권을 탄생시켰다.

소비에트 시스템

의기양양한 볼셰비키 정권은 오히려 차르 체제보다도 더 독재적인 것으로 판명됐다. 서구 물질주의에 대한 그들의 거부 반응은 일본이나 나치의 그것보다 훨씬 심했다. "모든 게 말소됐다"고 소설가 톨스토이는 회상했다. "계급, 서훈, 연금, 장교의 견장, 알파벳의 13번째 문자, 하나님, 사유재산, 심지어는 한 사람이 소망하는 대로 살아갈 권리까지."[38]

공산주의자들은 고도로 도시화된 러시아를 창조하겠다는 표트르 대제의 꿈을 포용했다. 혁명이 일어난 1917년에도 러시아 도시들은 "농민들의 바다에 있는 섬"보다 나을 게 없었다고 어느 사학자는 밝혔다. 인구의 15%만이 도시에 거주했다. 권력을 굳건히 한 공산주의자들은 이 섬들을 훨씬 더 크고 막강한 곳으로 만들면서 역사를 되돌리기로 결정했다.[39]

모스크바는 소비에트 혁명이 간택한 도시가 되어 과거의 영광을 다시 획득했다. 이제 모스크바의 전 인구가 흡족하게 생활하는 상태를 계속 유지하는 것이 볼셰비키 지도자들의 핵심적인 정치적 관심사가 됐다. 레닌은 이렇게 기록했다. "모스크바 노동자들을 굶주림에서 구제하는 것은 혁명을 구제하는 것이다." 새로운 지배 계급으로 떠오른 도시 프롤레타리아

를 먹여 살리기 위해 농부들로부터 식량을, 종종은 강제로 징발했다.[40]

모스크바의 인구는 1917년과 1921년 사이에 최고조에 달한 내전 동안 급격하게 감소했지만 1920년대 중반에 급격하게 팽창하면서 1920년대 말에는 2백만 명을 넘기기에 이르렀다. 체제가 다시 자리를 잡으면서 사망률은 떨어지고 출생률은 솟구쳤다. 새로운 권력의 중심지에서 일자리를 찾는 야심만만한, 종종은 굶주린 사람들이 해마다 수만 명씩 도시로 이주해왔다.[41]

1924년에 소비에트 창건자의 죽음 이후 레닌그라드로 개명한 — 코스모폴리탄 분위기가 모스크바보다 더했던 — 상트페테르부르크는 푸대접을 받았다. 공산주의자들은 일본이나 독일의 통치자들보다 앞서 서구의 도시 문화를 향한 전면적인 공격을 개시했다. 외국에서 온 편지를 받은 사람들은 — 대부분이 옛 수도에 집중돼 살던 — 나날이 규모가 커져 가는 강제 노동수용소로 보내질 수도 있었다. 1930년대의 대숙청은 도시의 지식인과 에르미타슈 미술관의 큐레이터 50여 명을 포함한 예술 엘리트의 대부분을 쓸어갔다.[42]

"우리의 도끼날을 날카롭게 갈기"

소비에트는 신성한 장소나 도시의 발전이 남긴 역사에도 거의 존경심을 갖지 않았다. 니즈니 노보고로드는 빠른 시일 내에 고르키가 됐다. 차리친은 스탈린그라드로 개명됐다. 니콜라이 2세와 그의 가족들이 몰살당한 예카테린부르크는 또 다른 소비에트 지도자의 이름을 따서 스베르들로프스크가 됐다. 레닌그라드로 이름을 바꾼 우아한 도시의 풍경은 육중한 신축 주거 블록과 사무용 빌딩들 그리고 어느 작가가 "지루하고 답답한 신고전주의" 스타일이라고 부른 스타일로 설계된 상업용 공간들이 장악했다.[43]

모스크바는 훨씬 더 극적인 변화를 겪었다. 멀리 떨어진 그루지야 출신의 시골뜨기 스탈린은 도시적 가치관에 대한 이해력 면에서 빈과 뮌헨에서 인격 형성기를 보낸 히틀러나 일본의 옛 도시의 정서를 여전히 존중하던 일본의 민족주의자들보다 훨씬 더 열등했다. 소비에트 독재자는 새로운 소비에트의 전당을 러시아의 독실한 신자들이 내놓은 기부금으로 지어진 모스크바의 웅장한 '구세주의 교회'가 있는 자리에 건설하라는 명령을 내려서 건축가들을 공포에 몰아넣었다. 스탈린은 이 소비에트의 전당을 "수백 만 소비에트 민주주의의 창조성을 보여주는 아이디어"라고 불렀다.

훗날 소비에트 민주주의의 지도자로서 스탈린을 계승하는 니키타 흐루시초프 역시 고상한 감수성이라기에는 너무 열등한 이런 감수성을 공유했다. 그는 1937년에 이렇게 밝혔다. "우리는 모스크바를 재건할 때 나무한 그루나 조그만 교회 한 채, 일부 성당이나 다른 건물들을 없애는 것을 두려워해서는 안 된다."[44] 흐루시초프는 옛 도시의 태반을 파괴하기까지 했는데 개선문과 오래된 탑, 성벽들이 그런 건물에 속했다. 건축가들이 역사적 기념물들을 그대로 보존해 달라고 간청하자 그는 "우리의 도끼날을 날카롭게 갈" 것이라고 대꾸했다.[45]

한편 1930년대에 소비에트는 차르 시대의 산업 생산력을 큰 폭으로 앞질렀다. 생산력을 증대시키려는 공산당의 운동은 지역별로 건축의 야심찬 물결을 낳았다. 스텝 지대의 거대한 철강공장에 인접한 마그니토고르스크는 새로운 소비에트 도시의 표본이었다. 이곳에는 모스크도, 교회도,

173

13 · 산업주의와 문화적 좌절

자유시장도 없었다. 주민은 열광적인 청년 공산당원 부대에게 내몰리는 강제 노동자들이었다. 영국의 초기 자본주의 산업화의 희생자들과 비슷하게 사회주의 국가의 강제 노동자들은 티푸스와 장티푸스, 기타 전염병에 감염되기 쉬운 비참한 환경을 견뎌냈다.[46]

소비에트의 도시 정책은 한 가지 점에서는 성공했다. 그들은 두드러진 시골 국가를 도시 국가로 완전히 변모시켰다. 1930년대에 모스크바와 레닌그라드 같은 도시들은 유럽의 최대 도시에 속했다. 다른 소규모 도시들, 특히 스베르들로프스크와 고르키, 스탈린그라드, 첼랴빈스크 같은 공장 도시들은 더 빠르게 팽창했다. 1939년부터 1959년 사이에 소련의 도시 인구는 3천만 명까지 늘어났는데, 이 동안 시골의 인구는 2천만 명 감소했다. 1950년경 소비에트 시민의 50%는 도시 거주자였다.[47] 모스크바의 지하철과 새롭게 전력화된 시스템 같은 몇 가지 주목할만한 성취도 있었다.

공산주의의 도시 유산

2차 세계대전이 끝난 후 소련의 도시 환경은 차차 개선됐다. 식량은 풍족해졌고 오랫동안 심각했던 주택 부족은 조금씩 완화되었다. 그럼에도 공산주의 도시는 사람이 거주할 장소로서는 칙칙하고 재미없는 곳으로 남았다. 자연 발생적인 상업적 활동은 가끔씩 서는 농산물 시장이나 늘어나는 지하 경제의 어두운 그늘 속에서만 국한됐다. 사회 생활은 길거리나 공공 장소보다는 비좁지만 유쾌한 분위기가 유지되는 아파트에서 북적거리는 친구들을 중심으로 이루어졌다.

가장 인상적인 것은 — 체제의 유물론적 가치관을 감안했을 때 더더욱 인상적인 것은 — 소비에트가 도시 생활의 기준을 달성하는 데 실패하면서, 서구의 도시 생활과 비교조차 하기 어려운 생활을 만들어냈다는 것이다. 1970년에 흐루시초프가 밝힌 "소련은 삶의 질 면에서 미국을 능가할 것"이라는 호언장담은 서구뿐 아니라 발흥하는 아시아 국가들보다도 훨씬 뒤처진 생활 수준을 영위하던 도시 생활자들에게는 고통스러울 정도로 코믹한 말이었다.[48]

1980년대 말에 공산주의 정권이 수치스러운 대단원으로 치달으면서 생활 환경은 악화됐다. 모스크바와 다른 주요 도시들의 주위에 있는 드넓은 고층 아파트 단지는 점점 황폐해졌다. 심하게 도시화한 러시아에서 공급되는 물의 3분의 2는 최저 기준에 미치지 못했다. 소련 대도시 대부분의 대기오염 수준은 서구의 도시들보다 몇 배는 심했다.[49]

산업화 도시의 실패를 치유하기 위해 태어난 공산주의 어버니즘은 거의 모든 면에서 자신들이 한 약속을 지키는 데 실패했다. 그런데 그 실패가 가장 심한 곳은 도덕의 영역에서였다. 공산주의는 드높은 포부를 품은 '새로운 인간'을 계발하려고 노력했지만 공산주의의 유물론 철학은 결국 인간을 '2차원적 존재'로 변모시키고 말았다고 철학자 니콜라이 베르댜예프는 밝혔다. 도시와 개인에게서 성스러운 성격과 각자의 고유한 역사를 강탈해 간 소비에트의 실험은 우울하고 궁핍한 도시의 유산만을 뒤에 남겼다.[50]

제6부

현대의 메트로폴리스

14. 더 나은 도시를 찾아서

19세기가 저물던 시기에 로스앤젤레스에 온 많은 사람들처럼 다나 바틀릿은 "저녁 노을이 지는 바닷가에 형성되고 있는⋯ 거대한 도시"의 출현을 느낄 수 있었다.[1] 당시 인구가 10만 명에 못 미쳤던 로스앤젤레스는 동부에서 밀려오는 신규 전입 인구들의 속도를 따라잡으려고 개발업자들이 고군분투하며 벌이는 신축공사로 떠들썩했다.

한때 활기라고는 찾을 수 없는 멕시코 푸에블로(인디언의 집단 주택 — 역주)였던 곳에 거주하는 경제계 리더들은 철도계의 거물 헨리 헌팅턴의 표현에 따르면 "세계에서까지는 아니더라도 이 나라에서는 가장 중요한 도시가 될 운명을 타고난" 메트로폴리스를 상상했다.[2] 프로테스탄트 목사인 바틀릿은 신실한 이들의 사기를 높여 주는 그 믿음을 충심으로 믿었지만 그보다 더 많은 것 — 건강에 좋고 아름다운 도시 형태에 대한 전망 — 을 갈망했다.

로스앤젤레스의 장래성

로스앤젤레스에 도착하기 전 바틀릿은 인간의 영혼과 도시의 풍경 모두에 흉터를 남기는 듯한 빈민가와 매연을 뿜는 공장들로 북적거리는 세인트루이스에서 목사로 활동했다. 기후가 온화하고 경치도 좋은데다 땅은 드넓으며 산업화는 약간만 진행된 곳인 로스앤젤레스가 "더 고상한 생활을 하는 고장"이 될 수 있기를 바틀릿은 소망했다.[3]

바틀릿은 1907년에 집필한 『더 나은 도시*The Better City*』에서 거주자들이 해변과 목초지, 산에 수월하게 접근할 수 있는 '아름다운 도시'에 대한 비전을 제시했다. 확 트인 지형을 활용하면 제조 공장들을 주변부로 이전시킬 수 있고, 노동 계급을 위한 주거 시설은 인구 과밀을 피하기 위해 널리 흩트려 놓을 수 있었다. 노동자들은 숨막힐 듯한 비좁은 주택 안에 갇히는 게 아니라 깔끔한 단독세대용 주택에서 살게 될 것이다.[4]

로스앤젤레스의 정치계, 경제계 엘리트의 상당수는 이 불규칙한 확산형 어버니즘 개념을 수용했다. 도시 형태의 발전은 우연에 의해 이루어지지 않았다. 처음부터 인간의 의도에 따라 창출된 낙원이 될 수 있게끔 설계됐다. 예를 들어, 로스앤젤레스는 1908년에 미국에서 처음으로 포괄적인 지방자치제 조례를 제정했는데 이 조례는 부도심과 단독세대용 주택의 개발 그리고 분산형 산업 발전을 장려했다.[5]

헌팅턴이 소유한 퍼시픽 일렉트릭 레일웨이는 불규칙한 모습으로 철로를 부설하면서 도시의 확장 패턴을 설정했다. 훗날 자동차가 늘어나면서 로스앤젤레스의 분산은 더욱 가속화됐다. 일찍이 1920년대에 앤젤리노(Angeleno, LA 주민 — 역주)들이 차량을 소유한 비율은 미국 평균보다 네 배는 높고 시카고보다 열 배는 높았던 듯하다. 이와 동시에 LA의 역사적으로 유명한 다운타운은 대부분의 동시대 미국 도시들과는 대조적으로 이 지역의 경제적, 사회적 중심으로서 중요성을 벌써부터 잃어가고 있었다.[6]

항상 등장하는 탐욕과 권력의 추구가 이런 개발의 동기였다. 그러나 이 지역 관료와 개발업자 중 상당수는 자신들이 더욱 우수하고 건강한 도시 환경을 창조하고 있다고 믿었다. 1923년에 도시계획국장은 로스앤젤레스가 "동부의 메트로폴리스 지역이 성장 과정에서 저지른 실수들"을 회피했다고 자랑스레 선언했다. 그는 이 새롭고 정력적인 서부의 메트로폴리스가 "그걸 달성해낼 올바른 길"을 보여 줄 것이라고 주장했다.[7]

신규 전입 주민과 신규 독자들을 갈망하던 지역 언론은 그런 개념들을 홍보했다. 시 당국은 주택 단지와 운송로를 "요구가 제기되기에 앞서" 부설했다고 『로스앤젤레스 익스프레스』의 편집자는 자랑했다. 뒤뜰이 딸린 단독세대용 주택의 보급은 도시를 "그 모든 아름답고 건강한 것들의 세계적 상징"으로 탈바꿈시키게 될 것이다. LA는 "꽃밭과 과수원, 잔디밭, 대양에서 몰려오는 상쾌한 공기, 화사한 햇빛과 여유 있는 활동 공간을 보유할 것"이라고 그는 주장을 이어나갔다.[8]

1930년대 무렵 이 비전의 대부분이 실현됐다. 단독세대용 주택은 시의 주거용 건물의 93%를 차지했는데 이 비율은 시카고의 두 배에 가까웠다. 이런 주택들이 지역 곳곳으로 퍼져나가면서 LA는 평방마일의 관점에서 세계 최대의 도시가 됐다.[9]

그러나 LA는 바틀릿과 그의 동시대인들이 신봉했던 이상을 달성하는 데 썩 성공적이지는 않았던 것으로 판명됐다. 1930년에 올름스테드-바톨로뮤 계획으로 알려진, 공터들을 활용하려는 계획을 회피하자 넓은 부지를 가진 로스앤젤레스는 딱하게도 공원으로 쓸 공간이 지극히 작은 도시가 돼버렸다. LA는 앞선 도시들이 갖고 있는 거대한 공공구역이 부족했을 뿐 아

로스앤젤레스는 새로운 도시 성장 모델인 '교외화'를 잘 보여 주었다.

니라 시의 홍보 담당자들이 목청 높여 광고했던 소읍의 분위기도 급격히 잃고 있었다.[10]

그러나 LA를 실패작으로 치부할 수는 없었다. 태평양에서부터 사막까지 그리고 해안선을 따라 샌디에이고 경계까지 불규칙하게 퍼져가고 있는 로스앤젤레스는 수백만 명의 시민들에게 더 나은 도시를 거대한 공공 공간에서 경험하는 게 아니라 각자의 동네와 개인 소유의 주택 그리고 뒤뜰에서 경험할 수 있게 했다. 20세기 말, 앤젤리노의 규모는 대규모의 이민자가 유입한 덕에 크게 팽창했는데 이 이민자의 상당수는 라틴 아메리카와 아시아에서 온 사람들이었다. 그들은 앞선 세대가 그랬던 것처럼 이 지역에서 주택을 구입하고 사업을 시작하고 새로운 삶을 살아나갔다.[11]

가장 중요한 것은 LA가 새로운 도시 성장 모델 — 분산화되고 여러 개의 도심을 가졌으며 상당히 교외화된 모델 — 을 세계에 보여줬다는 것이다. 미국의 도시건 옛 유럽의 도시건 아니면 아시아의 신흥 도시건 현대 도시의 입장에서 볼 때 이제 로스앤젤레스는 도회 생활의 일반적인 형태이자 어느 관찰자가 밝혔듯 복사기에 든 원본을 상징했다.

교외의 간략한 역사

로스앤젤레스에서 교외 모델이 시작된 것은 도시의 발전에 있어 급격한 분기점이었다. 역사를 통틀어 도시는 우뚝 솟은 풍경과 공공장소의 활기를 자랑으로 여겨왔다. 가장 성스럽고 멋진 공공 구조물은 필수적으로 도심에, 아니면 도심 주위에 솟아올랐다. 티레, 카르타고, 로마 등의 가장 역동적인 고대 도시들은 중심부 공간에 건물들을 높이 세우고 더 많은 주민들을 거기에 채워 넣는 것으로 급격히 늘어나는 인구에 대처했다.

산업혁명의 징후는 도시의 지형에 유례가 없는 압력을 가하면서 도시의 성장률을 엄청나게 가속시켰다. 1800년경, 유럽의 도시들은 중세 시대의 선배 도시들보다 최소한 두 배는 더 조밀했다. 일부 미국의 도시들, 그중에서도 뉴욕은 그보다도 더 붐볐다.[12] 한때는 안전한 피신처였던 도심에는 점점 더 범죄가 창궐했다.[13]

그러나 산업화 시대 초기에만 해도 도시의 미래가 주변부에 있을 것이라는 점은 명확하지 않았다. 처음에 도시의 주변부로 이주한 사람들은 가난한 이들이었다. 요컨대 저렴한 임대료와 길어진 통근 거리를 맞바꾼 것이다. 사학자 케네스 잭슨은 "교외라는 단어 자체가 저급한 매너, 좁다란 조망, 물질적인 지저분함을 암시했다"고 기록했다.[14] 교외는 온갖 탐탁지 않은 사람들의 주거지로, 도시에서 밀려난 사람들의 주거지로 남는 경우가 잦았다.[15]

50겹의 양파

도시의 성장을 관리할 해법 하나는 19세기 중반 파리에서 나폴레옹 3세와 파리 지사 오스망 남작의 리더십 아래 실시된, 핵심 도시공간을 재조직하고 새로운 활력을 불어넣는 작업이었다. 세계에서 가장 도시화된 나라인 영국은 극적일 정도로 다른 방향을 택했는데 그 방향은 결국 멀리 떨어져 있는 로스앤젤레스에서 가장 완성된 형태로 모습을 드러냈다.

런던의 문제점은 파리의 문제점과는 다른 순서로 시작됐다. 1910년에 런던은 인구가 프랑스 수도보다 세 배나 많은 세계 최대의 도시였다.[16] 19세기에 런던은 부유한 런더너가 보기에도 도시 자체의 성장에 눌려 질식하고 있는 도시처럼 보였다. 블룸즈버리와 벨그레이비어, 리젠트 파크 같은 쾌적한 지역들은 점차 우중충하고 빽빽하며 혼비백산할 정도로 볼품 없는 산업화 시대 빈민가들의 바다 한복판에 떠 있는, 도시화가 품위 있게 구현된 고립된 섬들과 비슷해 보였다.[17]

더 나은 도시를 찾아 나선 런던시 당국은 도시 중심부를 재개발하는 데 필요한 대규모의 자원을 파리와 비슷한 정도로는 획득하지 못했다. 대신 영국은 자연스럽게 일어나고 있는 일들을, 즉 도시 공간의 점진적이고 막을 수 없는 확장을 그대로 내버려두는 간단한 방법을 택했다.[18] 처음에 그 방법을 시작한 사람들은 부유한 시민들이었다. 그런데 19세기가 지나는 동안 점차로 많은 성공한 중산층과 노동 계급이 전원으로 향한 엑서더스에 합류했다. 도시 복판에 있는 근사한 아파트가 출세를 바라는 파리지앵의 꿈이었다면 런더너의 포부는 도시 변두리에서 벗어난 곳에 있는 단독주택형 별장이나 준 단독주택형 별장을 갖는 것이었다. 어느 관찰자가 1843년에 남긴 기록에 따르면 런던은 "50겹의 양파와 비슷하게 교외와 그 외곽의 교외가 달라붙으면서 런던 자체를 둘러쌌다."[19]

영국의 다른 주요 도시들도 비슷한 방식으로 발달했다. 랭커셔와 미들랜드의 거대한 산업 중심지에서는 거물 기업가에서부터 사무원에 이르기까지 모두들 매연을 뿜어내는 공장과 혼잡한 상업 지역으로부터 멀어지려고 노력했다. 1860년대에 맨체스터와 리버풀을 관찰한 어느 관찰자는 이렇게 기록했다. "시민들은 시민으로 존재하는 것을 그만두려고 힘닿는 일은 모조리 다했고, 전원의 주택과 약간의 전원을 도시의 모퉁이에 끼워 맞추려고 애썼다."[20]

도시에 대한 새로운 비전

많은 영국인들이 이런 분산화 패턴을 영국의 고질적인 도시 질환에 대한 논리적 해법으로 여겼다. H. G. 웰스는 커뮤니케이션과 운송기술의 발달, 특히 통근 수단의 발달은 인구와 산업을 중심부로 집중시킬 필요성을 제거해 줄 것이라고 예측했다. 웰스는 도시의 중심지에 사람들을 집결시키는 대신 인구가 분산되는 '분권화 가능성'이 생길 것이라고 예견했다. 그는 결국 잉글랜드 남부가 런던의 영토가 될 것이고, 올버니와 워싱턴 D.C. 사이의 드넓은 풍경은 뉴욕과 필라델피아를 위한 지리적 기반을 제공할 것이라고 예측했다.[21]

산업화 어버니즘의 불건전한 결과들에 질색한 다나 바틀릿 같은 이들이 이 비전을 폭넓게 수용했다. 프리드리히 엥겔스는 자본주의의 전복과 더불어 거대한 메거시티가 끝장나면서 산업 프롤레타리아는 전원으로 분산될 것이라고 예측했다. 분산된 도시 거주자들은 "시골 인구를 고립감과 무감각에서 해방"시키는 동시에 결국에는 노동 계급의 고질적인 주택 위기를 해결할 것이었다.[22]

교외화는 더 보수적인 사상가들에게도 어필했다. 토머스 칼라일은 산업화된 도시의 성장은 노동자와 그들의 가족 그리고 교회 사이의 전통적인 유대 관계를 훼손해왔다고 믿으면서 후대의 개혁주의자들을 위한 활동 무대를 마련했다. 노동 계급과 중산층을 주요 도시에서 멀리 떨어진 지역에 있는 마을들로 이주시키면 더 유익하고 친밀한 환경을 향해 "시계를 되돌릴" 수 있었다. 소읍이나 마을에서 매음굴과 술집, 유흥시설이 있는 도시의 해로운 영향력으로부터 여자들과 아이들을 보호할 수 있기를 그는 바랐다.[23]

영국의 사회계획자 에베네저 하워드는 도시 군중의 분산을 주장하는 가장 영향력 있는 인물로 떠올랐다. 동시대 산업 메트로폴리스의 무질서와 질병, 범죄에 반감을 느낀 그는 교외의 주변부에 '전원 도시'를 만들자고 주장했다. 대략 3천 명의 인구를 가진 이런 자급자족적인 도시는 자체 취업 기반과 쾌적한 별장들이 들어선 이웃 지역을 갖게 될 것이고, 시골 지역에 둘러싸일 것이다. "도시와 시골은 결혼해야만 한다"고 하워드는 역설했다. "그리고 이 기쁨에 겨운 결합에서 새 희망과 새 삶, 새 문명이 솟아오르게 될 것이다."

자신의 이론을 현실로 바꿔놓기로 결심한 하워드는 영국 최초의 계획도
시인 1903년의 레치워스와 1920년의 웰윈 등 두 곳을 배후에서 추진한 원
동력이었다. 그의 전원 도시 모델은 곧 미국과 독일, 호주, 일본을 비롯한
세계 곳곳의 계획자들에게 영향을 끼쳤다.[24]

"커다란 뜰이 있는 방 6개짜리 집"

영국에서 첫 전원 도시가 개발되기 훨씬 전에 미국도 도시 분산 개념을
포용했다. 1870년대에 이미 필라델피아 상류층 가정들은 윌리엄 펜이 지
은 유서 깊은 도시의 북적거리는 거리에서 탈출하여 잎이 무성한 서쪽 지
역이나 북쪽에 있는 저먼타운으로 향하고 있었다. 그에 이어진 교외철도의
발전은 도시의 사업체와 전문기관들의 상당수를 중심부의 리텐하우스 광
장으로부터 체스트넛 힐이나 메인 라인을 따라 놓여 있는 다른 거주 지역
으로 옮겨놓았다.[25]

교외로 이전하는 움직임은 서부나 산업화된 중서부 곳곳에서 특히 활발
하게 일어났다. 토지는 일반적으로 비싼 편이 아니었고 도시 문화는 개발
에는 한참 거리가 못 미쳤다. 1920년대에 "아파트 빌딩 2층에 있는 침실 4
개짜리 집"을 서쪽으로 멀리 떨어진 교외인 메도우데일에 있는 "커다란 뜰
이 딸린 방 6개짜리 집"과 맞바꾼 어느 시카고 정육업자 같은 노동 계급 사
람들에게 주변부로 이주하는 이유는 분명했다.[26]

1920년대에 자동차 수는 급격히 늘어났고 나라 곳곳의 교외 성장률은 도
시 성장률의 두 배가 됐다. 1923년에 『내셔널 지오그래픽』은 "도시들이 펼

처지고 있다"고 기록했다.[27] 대공황이 일시적으로나마 도시 인구의 외부 이주를 늦췄지만 교외 이주에 대한 미국인들의 동경까지 늦추지는 못했다.[28] 국고가 바닥난 1931년에 허버트 후버 대통령은 이렇게 밝혔다.

"내 집을 갖는 것은 그가 호텔에서 살건 아파트나 공동주택에서 살건 상관없이 이 나라에 거주하는 거의 모든 개인들이 품은 소망이자 야심이다… 불후의 발라드인 '즐거운 나의 집'과 '켄터키 옛집', '서부에 있는 작은 회색 집'은 공동주택이나 아파트를 소재로 작곡된 노래들이 아니다…"[29]

15. 의기양양한 교외

2차 세계대전이 끝난 후 미국의 교외화 속도가 다시 빨라지면서, 교외 인구의 증가는 1950년대 동안 미국 전체 인구 증가 중 84%라는 엄청난 비율을 차지했다. 상당 부분 참전용사를 지원하는 법률의 통과 덕분에 주택 소유는 중산층의 삶 심지어는 노동 계급의 삶에서 없어서는 안 될 부분이 됐다. 1980년대 중반 무렵 미국 전체 세대의 대략 3분의 2가 주택을 소유하고 있었으며 이는 독일과 스위스, 프랑스, 영국, 노르웨이 같은 국가들의 두 배에 달하는 수치였다. AFL-CIO(미국노동총동맹-산업별회의) 회원 중 거의 4분의 3과 일반 가정의 대다수가 자택을 보유했다.[1]

한때 농장과 도시의 나라였던 미국은 교외가 으뜸인 나라로 변모해가는 중이었다. 오래된 읍내나 도심에서 가까운 "전차 타고 가는 교외"에 더 이상 국한되지 않은 교외 거주자 중 점점 더 많은 숫자가 1940년대 말과 1950년대 초에 롱아일랜드의 평지에 솟아오른 레빗타운 같은 신개발사업의 결과물에서 살게 됐다.[2] 레빗타운 같은 개발사업을 실행 가능하게끔 만들어 준 것은 도로 시스템이었는데 이런 도로 시스템의 고안 작업을 도운 뉴욕 도시계획의 황제 로버트 모제스는 이 새로운 공동체의 엄청난 매력을 이해했다.

"서민들이 거주하는, 색상과 정원수만 다르고 나머지는 다 똑같은 교외의 조 그만 상자 같은 집들은 다른 대륙에 사는 수억 명이 일찍이 들어본 적이 없는 성 공의 척도를 상징한다. 좁은 대지는 개발업자들의 탐욕뿐 아니라 관리해야 할 잔디가 너무 많거나 삽질해야 할 눈이 너무 많기를 원하지 않는 주택 소유자들 의 마음도 반영한다."[3]

교외는 잔디밭과 차고의 끝없는 행렬을 제공하는 한편으로 "현실 도피 와 현실의 혼합물"도 제공했다고 사학자 존 C. 티퍼드는 기록했다.[4] 교외 는 북적거리는 도시 지역과 유서 깊은 인종 및 민족적 유대 관계로부터 일시적으로나마 해방되는 환영받을만한 휴식기를 주민들에게 제공했다. 사람들은 교외에서 낡은 사회적 관습을 걱정하는 일 없이 새로운 우정과 친교를 맺을 수 있었다. 게다가 넓은 운동장과 새 학교, 공원을 갖춘 교외 는 "아이들을 위한 천국"을 제공하는 듯 보였다고 소설가 랠프 G. 마틴은 기록했다.[5]

죽음의 잠

수백만 명이 선호하는 곳임이 분명한 교외였지만 당시의 사회평론가와 도시학자들 사이에서 교외를 찬양하는 이는 드물었다. 그들은 새로운 주 변부 공동체가 도시의 경관을 망가뜨린다는 것에서부터 문화적 황무지가 됐다는 것에 이르기까지 교외의 모든 것을 비난했다. 20세기 후반부에 걸 쳐 교외는 미국을 "향토색이 없는 분할 구획들의 집합체"로 변화시킨, 국 가의 정체성을 "찢어발긴" 심지어는 국민들의 뱃살을 두텁게 만드는 데

일조를 했다.[6] 시인 리처드 윌버가 20세기 중반에 쓴 시의 내용대로였다.

> 여름에, 가라앉고 마비되어
> 교외는 죽음의 잠에 빠진다.[7]

특히 북동부와 중서부에서 분할 구획들이 유서 깊은 기존 공동체 속으로 파고들면서 교외는 오랫동안 지속돼온 경제와 생활 방식을 자주 손상시켰다. 어느 관찰자는 한때 지역 경제의 중심이었던 코네티컷의 낡은 제재소가 폐쇄된 채로 "도시에 싫증이 나고 집이 너무 그리워서 골짜기를 빠르게 오르내리는 통근자들의 헤드라이트에 위협받으며" 말없이 앉아 있는 모습에 대해 썼다.[8]

교외에 대해 대단히 가혹한 비평을 내놓는 이들이 도시계획 전문가들과 정열적인 도시 거주자들인 경우가 잦았다. 루이스 멈포드는 교외를 옛 도시 지역의 정수를 빨아먹는 반反도시로 간주했다. 더 많은 주민과 사업체가 주변부로 향하면서 교외는 도시를 창조적인 중심지로부터 무질서하고 해체된 곳으로 만들었으며, 도시적 특성을 지닌 대규모의 폐기물 꾸러미로 탈바꿈시켰다고 주장했다.

교외 이주에 대한 가장 인상적인 비판은 아마도 심하다 싶을 정도로 백인만 거주하는 교외와 점점 더 흑인들만 거주하게 된 도심 사이의 커져만 가는 인종 분리에 초점을 맞춘 비판일 것이다. 깊숙이 뿌리를 내린 인종차별주의를 교외에 제공한 사람들은 새 교외 거주자들 중 일부와 개발업자들이었던 게 분명하다. 1970년에 교외 거주자의 거의 95%가 백인이었다. 작가 윌리엄 H. 화이트는 "일부 교외에서 여러분은 깜둥이나 가난뱅이 또는 50살이 넘는 사람을 좀처럼 보지 못할 것이다"라고 투덜거렸다.[9]

농촌 지역인 남부에 오랫동안 집중돼 있던 흑인들이 이제는 다수의 대도시에서, 특히 북부와 중서부에서 인구 면에서 우위를 차지했다. 1960년대에 흑인의 51% 이상이 대도시 중심부의 저소득층 지역에서 살았다. 백인의 비율은 30%밖에 안 됐다는 것과 비교되는 대목이다.[10] 이런 패턴은 디트로이트와 뉴어크, 세인트루이스, 클리블랜드 그리고 캘리포니아의 오클랜드 같은 산업화된 도시들에서 특히 두드러졌다.[11]

그에 따른 사회적 위기는 국가를 분열시키고 도심을 황폐화할지도 모른다는 위협 요인이 된, 도시와 교외 사이의 커져 가는 격차에서 비롯됐다. 1968년에 루이스 멈포드는 미국 도시들의 점진적 붕괴에 대한 설득력 있는 글을 썼다.[12] 당시 많은 도시들이 사생아부터 범죄와 약물 중독에 이르는 사회적 병리 현상에 사로잡힌 듯 보였다.[13] 「뉴욕 타임스」는 1968년에 "사회적 무질서가 뉴욕에 퍼져 있다"고 불만을 제기했다.[14] 이와는 대조적으로 많은 백인들에게 교외는 도심 빈곤층 지역의 높은 범죄율에서 도피할 환영할만한 피난지로 보였다.

불타오르는 마천루

솟구치는 교외의 물결과 궁핍해지는 대다수 시민들 사이에서 커져 가는 증오에 동시에 직면한 핵심 도시들은 각 도시가 갖고 있는 역사적 탁월성을 보존해야 한다는 절박감을 점점 더 많이 느끼면서 보존 작업에 착수했다. 어떤 사람들은 이제는 신기술이 도시의 확산뿐 아니라 유례가 없는 정도의 도시 집중까지 가능케 할 것이라고 주장했다. 그들은 과거가 남긴 거추장스러운 방해물들을 쓸어버리고 더욱 철저하게 현대적인 무엇인가로 그 자리를 대체하면 오래된 도심을 구해낼 수 있을 것이라고 주장했다.

르 코르뷔지에Le Corbusier라는 이름으로 더 잘 알려진 스위스 출신의 건축가 샤를르 에두아르 잔느레는 이 관점을 가장 명료하게 옹호한 인물이었다. 르 코르뷔지에는 소형 주택과 좁다란 아파트, 공동주택들이 뒤죽박죽으로 섞여 있는 당대의 도시를 경멸적인 눈빛으로 바라봤다. 그는 그런 것들이 아니라 상거래가 이뤄질 공간이 마련된 육중한 빌딩들 한복판에 16층짜리 아파트 블록이 서 있는 경치를 상상했다. 그가 저서 『빛나는 도시La Ville radieuse』에서 밝힌 이상은 주거와 상업, 레크리에이션과 운송의 기능을 분리하고, 도시 거주자의 즐거움을 위해 널따란 녹색 공간을 제공하자는 것이었다.

르 코르뷔지에는 이전 시대 도시들의 장식품들을 낭비적이고 반현대적이라며 혐오했다. 그는 도시의 미래를 보장하기 위해 과거를 헐어버려야 한다고 강하게 주장했다. 심지어는 모스크바의 역사적 건물들 대부분을 헐어버린 소련의 도시계획자들—그들이 2차대전 후에 지은 슈퍼 블록들은 르 코르뷔지에의 아이디어를 반영한 것이었다—의 행동을 지지하기까지 했다.

그는 뉴욕의 유서 깊은 브라운스톤, 다운타운의 비좁은 거리, 절충적인 건축 스타일에서 크렘린의 양파 모양 첨탑보다 더 큰 매력을 느끼지 못했다. 그는 도시의 광대한 주택 단지의 지저분함과 지하철에서 서로를 떠미는 우글거리는 군중의 무질서에 질겁했다. 그를 흥분시킨 것은 맨해튼의 교량들과 고층 빌딩들이 시사하는 가능성이었다. 그는 맨해튼을 "황혼이 내리면 유리로 된 마천루들이 불타오르는 듯 보이는" 곳이라고 썼다.

그의 비전에서 뉴욕은 심지어 하늘보다 더 높은 곳에 도달했다. 르 코르뷔지에는 "맑고 투명한 유리 마천루가 나뭇잎들 한복판에서 크리스털처럼 솟아오를" 도시를 봤다. 그가 이상화한 뉴욕은 "새 시대의 조짐 아래에 있는 환상적인, 거의 신비로운 도시… 수직도시"였다.

르 코르뷔지에는 유럽이야말로 도시 계획의 리더라고 거듭 자처하면서 유럽이 유럽 문명의 "웅장하고 성숙한 열매"를 건설하기를 희망하기는 했지만[15] 그의 사상은 19세기 유럽 대륙이 남긴 유산을 대체로 만족스러워한 대다수 유럽인들에게는 매력적이지 않았다. 그런데 그의 사상의 일부는 시간이 흐르면서 다른 곳에서 지지자를 찾아냈다. 미국에서만이 아니었다. 개발도상국의 급성장하는 도시들 — 브라질, 한국, 일본, 중국, 말레이시아, 싱가포르의 도시들 — 에서도 그랬다.

웅장한 위업들과 그것들의 한계

르 코르뷔지에가 신봉한 원대한 모더니즘 비전은 미국의 도시들에도 강렬한 흔적을 남겼다. 1960년에서 1972년 사이, 시카고 중심부의 사무용 공간은 50%나 늘어났고 뉴욕에서는 경이적인 74%가 늘어나면서 영국 작가 엠리스 존스가 "항상 극적이고 때로는 경외심을 불러일으킨다"고 묘사한 스카이라인을 창조해냈다. 보스턴과 샌프란시스코, 휴스턴 심지어는 로스앤젤레스 같은 도시에서도 거대한 빌딩들이 솟아올랐다.[16]

그런 육중한 빌딩들은 "대규모의 웅장한 위업이 특징인 우리 시대의 사회상"을 반영한다고 세계적으로 저명한 현대 건축가 야마사키 미노루는 밝혔다.[17] 그런데 콘크리트와 유리로 지어진 구조물인 이 '웅장한 위업'들은 이미 존재하는 도시 지역들에 무시무시한 대가를 요구하기도 했다. 야

맨해튼의 스카이라인은 현대인의 욕망을 반영한다.

마사키가 설계해서 1966년부터 1977년 사이에 건설된, 훗날 불운한 운명
을 맞은 세계무역센터는 기존에 그 자리에 있던 소규모 사업체 수천 개를
이전시켰을 뿐 아니라 뉴욕의 웨스트사이드 전 지역을 다른 지역들과 본
질적으로 단절시켰다.[18]

　그러한 대규모 재개발이 인구와 사업체의 주변부 이주를 멈추게 하는
데 실패한 것은 분명하다. 도시계획 전문가 제인 제이콥스가 기록했듯이
그런 재개발은 사실은 분산을 가속화시켰는지도 모른다. 20세기의 마지
막 10년 동안 미국의 인구는 6천만 명 이상 늘어난 반면 핵심적인 도시들
의 인구는 정체하거나 일부 경우에는 계속해서 줄어들었다. 1990년경, 뉴
요커들조차도 도시의 웅장함에 대한 컬트적 믿음을 상실한 듯 보였다. 대
략 10명 중 6명의 뉴요커가 가능하기만 하면 다른 곳에서 살 것이라고 여

론조사원에게 말했다.[19]

산업도시의 마지막 고통

밀레니엄이 끝날 무렵 세계 주요 도시들을 대상으로 했을 때 비율 면에서 인구가 늘어나고 있는 곳이 두 곳이라면 인구가 줄어들고 있는 곳은 세 곳이었다. 가장 큰 감소는 1세기 전에 도시 개발의 첨단으로 우뚝 섰던 유서 깊은 산업도시들 — 세인트루이스, 맨체스터, 라이프치히 — 에서 일어났다. 일부 경우에는 도심이 공동화되고 주변 지역이 쇠락했을 뿐 아니라 도시의 정체성 자체가 상상할 수 없을 정도로 손상되기까지 했다.[20] 소설가 조나단 프란젠은 자기 고향에 대한 글을 쓰면서 이렇게 물었다.

"그 도시의 한 시대가 저문 것을 섭섭해 할 생존자가 아무도 없다는 사실을 기억할 수 있는 사람이 아무도 살고 있지 않은 도시는 어떤 곳이 될까? 세인트루이스만이 그 대답을 알 것이다."[21]

미국에 있는 다른 세계적인 영향력을 가진 제조업 중심지들 — 뉴어크, 클리블랜드, 세인트루이스, 디트로이트 — 의 정체성은 이제는 뉴욕이 낳은, 또는 로스앤젤레스나 실리콘밸리 같은 제멋대로 커져가는 신참 도시들이 낳은 이미지와 사고 방식에 의해 괴멸됐다. 이 도시들의 교외가 상대적으로 건강성을 유지하고 있다고 해도 이 도시들은 중요한 도심을 더 이상 유지하지 못했다. 중서부의 도시들은 "한물 지나간 작년의 문화적 유행을 뽐내는, 시대에 뒤떨어진 감독관들의 발치에 납작 엎드린… 문화적 식민지"로 변모했다고 사학자 존 티퍼드는 기록했다. 한때 자랑스럽고 독립적인 도시의 등불이던 이 도시들은 "딱히 뭐라 규정할 수 없는 드넓은 광역도시권"으로 서서히 변해갔다.[22]

망각을 향한 이런 표류는 세계적인 현상이었다. 일본에서 오사카와 나고야 그리고 제조업 비중이 큰 다른 도시들은 재능 있는 인력과 각자의 지역색을 도쿄에 빼앗겼다. 이와 비슷하게 맨체스터처럼 한때 세계를 주도하던 산업의 발전소들은 세계 정상급 문화기관과 세계적인 교통 네트워크를 갖추고 광고 에이전시가 집중된 런던에 비하면 상대적으로 무의미한 도시로 전락했다. 토리노와 뒤셀도르프 같은 오래된 유럽의 산업 중심지들도 정체되고 쇠퇴했다.[23]

보편적인 염원

세계의 주도적 경제권에서 승리를 거둔 교외는 산업화된 선진 지역의 거의 모든 부분도 역시 성공적으로 휩쓸었다. 아파트 단지에서 빽빽하게 살아가는 삶과 비교할 때 대부분의 사람들은 더 나은 도시를 좀더 많은 공간과 프라이버시로 그리고 조금 더 나아가 잔디밭으로 규정하는 듯 보인다. 탁월한 로스앤젤레스 도시계획 전문가이자 이탈리아에서 미국으로 이민 온 에드가르도 콘티니는 이렇게 기록했다.

"교외의 집은 모든 이민자들이 꿈꾸는 이상이며 자신만의 성을 꿈꾸는 봉신封臣의 꿈이다. 여기에 온 유럽인들은 우리의 교외를 보고 기뻐한다. 아파트에서 사는 게 아닌 것이다! 나만의 집을 갖는 것은 보편적인 염원이다."[24]

아르헨티나와 호주

이 보편적인 염원은 일찍이 아르헨티나와 호주의 옛 식민지 도시들에서 나타났다. 땅이 풍부한 이 나라들에 사는 도시인들은 주변 지역을 재빨리 활용했다. 1904년 경 부에노스아이레스는 너무나 멀리까지 뻗어나가는 바람에 어느 스페인 관찰자의 견해대로 "그건 도시가 아니라 인접한 도시들의 결합체였다." 이런 추세는 20세기 내내 계속 이어졌다.[25]

호주에서도 사뭇 비슷한 일이 벌어졌다. 1930년 이후로 농촌 인구가 급격하게 줄어들면서 호주의 대도시들, 특히 멜버른과 시드니 주위의 교외가 미국에서처럼 급격히 성장했다. 호주의 지식인들은 미국의 지식인들과 비슷하게 일반적으로 교외화 경향을 경멸했지만 보통 사람들은 어느 작가가 관대하게 관찰한 것처럼 "가정과 가족을 향한 호주인의 충심"에 어필하던, 문화적으로 활력 있는 곳들에 비하면 여건이 열악한 이런 곳들에 자연스레 마음이 끌렸다.[26]

영국과 현대적인 전원 도시

2차 세계대전의 참화가 있은 후 영국의 도시계획자들은 런던 중심부에 북적거리던 산업과 인구 모두를 주변부로 옮겨놓으려고 노력했다. 1943년에 처음 모습을 드러낸 애버크롬비 계획은 녹색 공간에 둘러싸이고 수도

의 주변부를 확장시킬 신도시의 개발을 가장 강조했다.[27]

계획은 부분적으로만 집행됐지만 이어지는 수십 년 동안 자동차의 증가는 다른 곳에서와 마찬가지로 인구의 교외 이전을 가속화했다. 1980년부터 2000년 사이, 영국의 인구증가율이 미미했음에도 계획적으로 건설된 지역의 넓이는 두 배가 됐다.[28] 더 인상적인 것은 2000년에도 도시 중심부에 살고 있던 인구의 70% 가량이 자신들은 다른 곳에서 사는 것을 더 선호한다고 여론조사원에게 밝혔다는 것이다.[29]

최초의 세계적 거대 도시이자 여전히 주요한 금융 중심지인 런던에서보다 이런 추세가 확연한 곳은 없었다. 전후에 런던의 외곽은 많은 중산층 나아가 노동 계급 거주자들에게 도심에서는 달성이 불가능했던 내 집 소유의 기회를 제공했다. 런던 외곽 거주자의 60% 이상이 주택 소유자였는데 이 수치는 도심 가까이에 거주하는 사람들의 두 배 이상이었다.[30]

보편적인 염원을 실현하려는 이러한 노력은 이 지역의 지형을 근본적으로 바꿔놓았다. 1960년 이후 런던의 중심부는 인구를 잃은 반면 전반적인 지역, 특히 외곽의 주변부는 상당한 인구 증가를 경험했다.[31] H. G. 웰스가 1세기 앞서 예측한 것처럼 잉글랜드 남부와 중부의 상당 부분이 런던의 드넓고 분산된 교외로 급격히 변해가고 있었다. 켄트나 콘월처럼 한때 멀리 떨어진 시골 지역도 런던 주택시장의 예측 불허의 변동에 시달렸다. 시골로 향하는 이들이 전부 일일통근자였던 것은 아니다. 일부는 집이나 위성 사무실에서 일하면서 1주일에 두세 차례만 통근하는 사람들이었다.[32]

서유럽의 교외화

서유럽의 다른 도시들에는 교외의 성장에 대한 편견이 존재한 까닭에 강력한 규제가 행해진데다 인구 증가율도 낮았지만 그런 도시들에서도 동일한 패턴을 볼 수 있었다.[33] 1980년대에 마드리드와 뒤셀도르프 같은 도시의 인구는 외곽 지역이 급격하게 팽창하는 동안에도 감소했다.[34] 유럽 최대의 경제 규모를 가진 독일은 이 추세를 설득력 있는 방식으로 보여줬다. 독일 도시계획자들이 일반적으로 도시에 이웃한 지역 중심의 도회 생활을 매력적으로 여기는 성향을 갖고 있었음에도 이런 현상이 생긴 것이다.[35]

1970년과 1997년 사이에 독일의 금융 중심지 프랑크푸르트는 도심의 인구는 줄어든 반면 48km에서 80km까지 떨어진 곳까지 확장되던 인구 밀도가 낮은 주변부 교외의 인구는 극적으로 늘어났다. 일자리가 그 추세를 따르면서 도시의 일자리는 줄어드는 반면 주변 지역의 일자리는 늘어났다. 함부르크도 유사한 패턴을 경험했다.[36]

영국이나 미국에서처럼 이런 외향적 움직임은 주변부에 신흥 주거 지역을 개발해야만 달성이 가능했다. 교외에 있는 주택은 메트로폴리스에 대한 거부라기보다는 "행복한 삶을 향한 발걸음"이라고 어느 독일 학자는 기록했다.[37]

유럽 도시들의 게토화

부정적인 요인들, 특히 범죄에 대한 두려움도 유럽 주요 도시들의 분산을 가속화하기 시작했다.[38] 일부 도시의 경우 치안에 대한 커져 가는 불안

감은 주로 아프리카와 중동에서 밀려오는 이민자들의 유입에서 상당 부분 기인했다. 이 이주민들은 노동력이 부족하던 1950년대와 1960년대에 유럽에서 일자리를 얻은 사람들인데, 경제가 침체된 동안에도 상당수가 유럽에 남았다. 그들 중에 실직자나 일자리를 떠난 사람들은 점점 느는 추세였다.[39]

로테르담과 암스테르담처럼 이민자들이 인구의 30에서 40%를 차지하는 몇몇 도시에서 이민자들은 오랫동안 두드러지게 평화로운 도시 지역이던 곳에서 때때로 폭력을 행사하는 분노한 세력이 되어버렸다.[40] 이민자들이 도심의 저소득층 지역을 점차 장악하자 많은 토박이 네덜란드인들이 주변부에 있는 번화한 교외 개발 단지로 이주하기 시작했다.[41] 교외이주와 확장되는 도심 저소득층 지역의 이민자 장악이라는 패턴은 인근의 브뤼셀에서도 진행됐다.[42]

파리에서조차도

도시 집중화의 오랜 보루였던 파리조차도 외향적 움직임을 보여 주기 시작했다. 파리지앵들은 조밀한 생활에 중독됐다는 게 세상 사람들의 선입관이었지만 이제는 많은 이들이 미국인들만큼이나 교외의 라이프스타일을 열망한다. 20세기 말 내내 중산층 가정들과 중산층을 위한 일자리들은 도심을 벗어나 가난한 이민자들이 주민의 대다수를 차지하는 도심에서 가까운 교외 지역을 건너뛰면서 수도에서 먼 외곽에 있는 대관(大冠, grande couronne, 파리의 발두아즈, 센에마른 등을 부르는 명칭 ─ 역주)을 향했다.[43]

일본의 전원 도시들

2차 세계대전이 발발하기 전 일본의 도시계획자들은 전원 도시라는 영국의 이상에 매력을 느꼈다. 그렇지만 그 노력은 전시 경제의 요구에 휩쓸려 사라져버렸다. 전쟁이 끝나고 경제가 일단 회복되자 도시 거주자들 그리고 일부 사업체들이 땅값이 싸고 신개발이 가능한 주변부로 이주하는 두드러진 현상이 뒤를 이었다. 1970년대 중반 무렵에 일본 제2의 도시인 오사카는 이미 인구가 감소하기 시작했지만 같은 시기에 주변부는 급격히 성장했다. 산업화가 더 많이 진행된 소규모 도시들은 더 급격한 인구 감소에 시달렸는데 그 수준은 유럽과 북미의 비슷한 도시들이 경험했던 정도와 비슷했다.[44]

1970년대에 선진국 도시 중에서 가장 큰 메트로폴리스였던 도쿄 역시 극적인 방식으로 외곽으로 팽창했다. 첫 단계는 신주쿠와 시부야, 이케부쿠로 같은 새 부도심들을 건설해서 유서 깊은 도심에 가해지는 압력을 줄이는 것이었다. 처음에 이런 거대 개발 단지들은 이시카와 히데아키의 기본 권고를 따랐다. 수도 주변에 그린벨트를 창출하는 것도 히데아키의 분산주의 아이디어에 속했다.

시간이 흐르면서 이들 부도심과 다른 부도심들은 메트로폴리스의 활력 넘치는 일부분으로 발전해나갔고 선샤인 타워와 도쿄도東京都 정부종합청사를 포함한 많은 고층 빌딩들을 수용하게 됐다.[45] 그러나 도심에서 상당히 멀리 떨어진 곳에 더 많은 녹색 공간을 개발하겠다는 계획은 썩 좋은 환영을 받지 못했다. 히데아키의 전원 도시에 대한 포부는 로스앤젤레스의 올름스테드 계획과 비슷하게 사리를 추구하는 지주들과 정치 세력에게 희생됐다.[46]

이런 광대한 외향적 움직임은 대체로 도쿄 도심 지역의 땅값이 단계적으로 오른 데에서 비롯됐다. 1970년대 무렵 도쿄 중산층 거주자들의 주택 소유의 꿈은, 비록 침실 1개짜리 아파트와 같은 소박한 꿈일지라도, 멀리 사라져 버렸다. 형편에 맞는 집을 찾아 주변부로 내몰린 대략 1천만 명의 사람들은 1970년과 1995년 사이에 관동평원을 비롯한 교외 지역에 정착했다.[47]

16. 후기식민주의의 딜레마

아이러니컬한 제목을 단 카를로스 푸엔테스의 데뷔 소설 『공기가 맑은 곳*Where the Air Is Clear*』의 등장인물 글래디스 가르시아는 "코가 납작해져서 질식할 것 같은 도시, 스멀스멀 번져 가는 얼룩처럼 영원히 퍼져나가는 도시"의 불규칙하게 퍼져 가는 콘크리트 한복판에서 산다. 웨이트리스인 그녀는 한때 멕시코시티 어디에서건 맡을 수 있는 꽃향기가 아니라 퀴퀴한 쓰레기 냄새와 담배 연기, 뒷골목에서 짐승들이 썩어가는 냄새를 호흡한다.

아스텍 창건자들이나 스페인의 정복자들이 상상하던 한계를 뛰어넘으며 확장 중인 멕시코시티는 620평방마일이 넘는 규모로 확장됐다. 세계에서 인구가 두 번째로 많은 도시에서 사람들은 난장판인 교통에 숨막히고, 스모그에 숨을 헐떡거리며 악취에 압도되고, 범죄에 위협받는다.[1]

가르시아는 고대 도시를 둘러쌌던 자연의 장관에 대해서는 거의 생각하지 않는다. "그녀는 바다도 산맥도 모른다. 활짝 핀 겨자도, 태양과 지평선의 만남도, 모과의 성숙도 모른다. 그녀는 소박하고 사랑스러운 것을 하나도 모른다."[2]

식민지 시대의 유산

개발도상국의 많은 도시들처럼 현대의 멕시코는 빠른 성장과 식민지 시대의 유산이 남긴 잔재와 분투하고 있다. 스페인이 정복한 16세기 초반에 8만에서 30만 사이의 인구를 가진 도시 테노치티틀란은 스페인에 있는 모든 도시[3]와 유럽에 있는 대부분의 도시를 능가했다.[4] 아스텍의 수도는 청결과 공중위생, 일반적인 치안 면에서도 시원찮게 계획되고 전염병이 곧잘 퍼지는 유럽의 도시들을 능가했다.[5] 코르테스와 같이 여행했던 병사들에 따르면 테노치티틀란의 자매도시인 틀라텔롤코의 시장은 규모 면에서나 다양성 면에서나 콘스탄티노플이나 로마, 스페인의 모든 도시에 있는 시장들을 능가했다.[6]

멕시코 정복은, 개발도상국에 있는 다른 도시들의 정복과 마찬가지로, 이런 유서 깊은 도시의 문화와 종교, 정치적 생활 방식과 경제적 생활 방식을 모두 파괴했다. 다음은 어느 아스텍 시인이 정복이 있은 지 몇 년 후에 쓴 시이다.

부러진 창들이 길에 놓여 있다…

집들에는 지붕이 없다;
담벼락들은 피에 젖어 빨갛다.
우리의 도시, 우리의 유산은
죽었다;
우리 전사들이 쓰던 방패들은
그걸 막아낼 수 없었다.[7]

옛날의 문화를 얼마나 잔혹하게 근절했건, 유럽의 침략자 대부분은 정복한 곳들을 완전히 파괴하는 대신 자신들 고유의 이미지에 따라 그곳들을 개조했다. 위대한 정복자 코르테스는 그가 파괴한 도시의 정치적 중요성을 이해했다. 그는 예전의 거주자들을 도시로 되돌아오라며 초대한 후, 일부러 주요 행정 관청들의 입지를 지금은 조콜로로 알려져 있는 중앙궁전이 있던 자리에 정했다.[8] 같은 방식으로 테노치티틀란의 종교적 숭배의 중심지가 있던 곳에는 웅장한 성당을 세웠다. 이보다 앞서, 그들이 증오하던 무어인들이 모스크를 지었던 자리에 성당을 지었던 것과 사뭇 비슷했다.[9]

고대의 신성한 권력의 근원을 대체한 것은 거대한 메트로폴리스를 되살리는 것보다 훨씬 쉬운 일인 것으로 판명됐다. 코르테스는 그곳에 거대한 도시를 만들겠노라고 황제 카를로스 1세에게 서약했지만 멕시코시티의 부활은 느리게 이뤄졌다. 정복 이후 2세기가 넘는 동안 멕시코의 스페인식 도시는 옛 테노치티틀란의 인구보다 절반이 안 되는 인구를 수용한, 본질적으로 경제가 침체한 도시로 남았다.[10]

멕시코시티는 결국 20세기에 접어드는 시점이 돼서야 정복 이전의 인구를 능가했다. 멕시코시티는 철도와 도로, 항로를 통해 거대한 규모의 세계 경제와 연결되기 시작하면서 1930년에 인구 1백만 명에 도달했다. 1951년에 완공된 레르마 수로 같은 대규모의 새 급수 시설 때문에 주위를 둘러싼 호수들을 고갈시켜온 멕시코시티는 세계 최대의 도시 중 하나로 발전하기 시작했다.[11]

그런데 현대적인 도시가 거대한 규모로 성장했을 경우, 혼란스럽고 어수선한 방식으로 그렇게 된 경우가 잦았다. 에히도스(ejidos, 멕시코의 공동 농장 — 역주)와 소읍들에서 수백만 명이 쏟아져 들어오면서 도시는 더 북적거렸고 덜 고상해졌다. 북미 도시들의 성장에 한몫을 했던 고도로 이동성이 좋은 자동차 지향적 라이프스타일을 좇는 부유층들은 1920년대 무렵에 이미 멕시코시티의 주변부로 도주하기 시작했다.

빈민 계급과 노동 계급의 상당수는 불법 정착촌으로 몰려들었다. 그중한 곳인 시우다드 네자후알코요틀은 소금기가 너무 많아서 아무리 억센 관목과 나무일지라도 자라는 데 애를 먹는 예전의 호수 바닥에서 싹을 틔웠다. 이 황량하고 넓은 구역은 1960년에 6만5천 명을 수용했고, 10년 후에는 그 숫자의 10배를 수용했다. 2000년에 약 200만 명이 네자후알코요틀에서 근근이 생계를 이어가고 있었다. 그 외에도 수백만 명이 이와 비슷한 다른 지역에 거주했다.

이 지역의 거주자들은 임시직 일자리와 부유층이 "내버린 찌꺼기"는 뭐가 됐든 찾아 나선다는 점에서 "농경시대 이전의 원시인 사냥꾼과 채집자들"과 그리 많이 다르지 않다고 어느 사회학자는 기록했다.[12] 2000년에, 멕시코시티는 멕시코 제2의 도시인 과달라하라보다 2.5배 높은 그리고 북부에서 급격하게 성장하고 있는 중심 도시 몬테레이보다 8배 높은 범죄율에 시달렸다.[13] 멕시코시티에 새로 온 사람들은 "이주에 따른 노스텔지어"와 전통적인 도덕적 억제력을 모두 놓아버려야만 한다고 카를로스 푸엔테스는 밝혔다. "여러분의 칼날을 날카롭게 가십시오." 그는 이렇게 경고했다. "모든 것을 부정하고, 동정심 따위는 느끼지 말며, 협상에는 응하지도 말고, 쳐다보려고조차도 하지 마십시오."[14]

시골의 도시화

이제는 그런 곳들이 세계 대부분의 도시 현실을 규정했다. 1960년에서

2000년 사이 개발도상국의 도시 거주 인구는 20%에서 40%로 두 배가 됐다. 유럽과 미국 도시들의 인구 증가가 더뎌지면서 세계 도시 거주자의 대다수 — 그리고 신규 도시 거주자의 90% 이상 — 는 라틴아메리카와 아시아, 아프리카의 도시에 거주했다.[15] 그런 인구 성장 덕분에 2007년경에는 도시 거주자들이 역사상 최초로 세계 인구의 절대다수를 차지하게 되었다.

이런 발달 추세는 세계의 초대형 메거시티들의 명단이 바뀌는 것에서 잘 확인할 수 있다. 1950년에는 런던과 뉴욕, 단 두 도시만이 1천만 명 이상의 인구를 보유했다. 50년 후 그런 도시는 19곳이었는데, 3곳 외에는 모두 개발도상국의 도시였다. UN에 따르면 2015년에 그런 거대도시는 23곳이 될 전망이며 그중 19곳이 개발도상국에 속할 것이다. 그 시점에 개발도상국의 도시 거주자는 선진국 도시 거주자 1명 당 3명 꼴이 될 것이다.[16]

이 과정은 카를 마르크스가 "시골의 도시화"라고 일컬었던 더욱 폭넓고 장기적인 역사적 추세를 반영한다. 마르크스는 그가 살던 시절에 유럽 자본주의의 움직임은 아시아와 남아메리카, 아프리카의 낡은, 대체로 농촌마을에 기초한 사회들의 기저를 손상시키는 사회적 혁명을 이끌어냈다고 기록했다. 개발도상국에 있는 현대의 메거시티들은 그 혁명의 최종적인 결과를 상징한다.[17]

오랫동안 서양의 도시 체제와 맞먹거나 더 발전된 수준이었던 동양의 도시 체제는 유럽인들의 도래와 더불어 2류 수준으로, 종속적인 지위로 전락했다. 아시아와 라틴아메리카, 아프리카 도시들의 운명을 결정한 것은 더 이상 황제나 술탄, 지역의 유력자들이 아니었다. 유럽의 은행가와 관료들이었다. 베이징, 이스탄불, 델리처럼 여전히 남아 있는 옛 중심지의

상당수는 그들의 역사적 영향력의 상당 부분을 유럽인들에게 넘겨줬다.[18]

유럽의 축소판

아시아와 아프리카 도처에서 유럽의 축소판 구실을 하는 상대적으로 새로 생긴 도시들 ─자카르타, 싱가포르, 봄베이, 캘커타, 상하이, 홍콩, 케이프타운, 요하네스버그, 라고스─이 상당수 출현했다. 트리어와 안티오크, 알렉산드리아, 마르세유가 1,500년 전에 로마의 광범위한 도시 네트워크에서 종속적인 역할을 수행했던 것과 비슷하게 이 식민지 중심지들은 유럽의 중심지로부터 생계 유지 수단과 운영 지침을 하달 받아왔다. 각 지역의 교역 종사자들은 아랍인이건 레바논인이건 중국인이건 인도인이건 이 도시들과 동반 성장했다. 그러나 메트로폴리스의 중심지들과 긴밀하게 제휴한 사람들이 향유하던 정도까지 동반 성장한 것은 아니었다.[19]

이 도시들 중 일부는 두드러질 정도로 빠르게 발전했다. 1690년에 영국 동인도회사의 에이전트인 좁 카르녹이 창건한 캘커타는 조그만 시골 마을에서 인도아대륙 최대의 도시가 됐고, 140년 동안 영국령 인도의 수도로 자리매김했다. 1665년에 영국인의 손아귀에 들어간 봄베이와 남부의 주도적인 항구 마드라스와 더불어[20] 캘커타는 아대륙의 경제를 지배했다.

캘커타는 영국의 공산품을 받아들이고 그 대가로 실크와 황마, 면화, 쌀, 설탕과 수십 가지 다른 제품을 실어보내면서 식민지 최대의 메트로폴리스 구실을 했다. 소규모의 유럽인 엘리트들이 지역의 상인 계급과 더불어 광대한 도시를 지배했다. 상류 사회 인사들이 주말에 드라이브를 즐기던 근사한 해안도로와 대법원, 스탠더드 차타드 은행, 그레이트 이스턴

호텔 같은 웅장한 신축 건물들은 이 도시를 영원토록 지배하겠다는 의지를 웅변했다.[21]

상하이와 홍콩, 라고스 같이 비슷한 혜택을 받던 도시들도 지역 경제를 지배하려는 의도에 따라 급격히 성장했다. 영국인 엘리트들이 통치하고 대체로 토착민이나 다른 속국 출신 이주민들이 거주한 이 도시들은 신속히 성장한 반면 아프리카의 카노와 통북투, 베이징과 델리와 같은 전통적인 중심지들은 중요성과 경제력 면에서 상대적인 쇠락에 시달렸다.

유럽의 영향력은 직접적인 식민 통치에서 벗어나 있던 도시들에서도 최소한 명목상으로는 느낄 수 있었다. 이집트에서 프랑스와 영국의 영향력은 전 지역에 걸쳐 유럽 출신 인구와 인종별 소수자 양쪽의 성장을 부추겼다. 1930년대 무렵 알렉산드리아 거주자의 4분의 1은 주류 이슬람교도 아랍인 인구에 해당하지 않는 출신이었다. 카이로도 변했다. 1930년대에 카이로 인구의 16% 이상이 외국인이나 소수자였다. 1800년에 그들의 비율은 10%에 불과했다.

겉으로만 보면 카이로 같은 도시들은 점차 현대화되고 유럽화됐다. 넓은 거리와 도로 덕분에 자동차는 미로 같은 도로를 빠르게 가로지를 수 있었다. 교외의 전원 도시들과 널따란 상점가의 개발 같은 유럽적인 아이디어를 강조하는 도시 계획의 새 개념들은 전통적인 이슬람식 도시 패턴에 더욱 많은 영향을 끼쳤다.[22]

그러면서 결국에는 두 개의 카이로가 남았다. 하나는 유럽의 근본적인 영향력 아래 현대적이고 상업적이며 심하게 세속화된 메트로폴리스로 성장했다. 다른 하나는 옛 이슬람의 사회적, 종교적 전통에 강하게 구속되면서 거의 변하지 않은 채로 남았다. 어느 19세기 관찰자는 이런 견해를 내놨다. "카이로는 쪼개진 두 조각을 절대로 한데 붙일 수 없는 깨진 항

아리와 비슷하다."[23]

개발도상국에 있는 많은 도시들이 서구화된 현대적 메트로폴리스와 더 가난하고 전통적인 메트로폴리스로 양분되면서 비슷한 고초를 겪었다. 이루 형언하기 어려운 가난과 불결함, 질병이 엄청난 부와 특권과 어깨를 맞대고 공존하는 경우가 잦았다. 게다가 이슬람과 다른 전통적 윤리 시스템이 부과하던 많은 제약들은 더 이상 사회에 적용되지 않았다. 으뜸가는 식민주의자들조차도 자신들이 창조해낸 사회적, 물질적 현실을 보고는 질겁하는 경우가 빈번했다. 예를 들어, 18세기 제국주의자 로버트 클라이브는 빈민가와 범죄, 반半노예, 부패가 만연한 캘커타를 "우주에서 가장 부도덕한 곳"이라 묘사했다.[24]

그러나 중국의 신흥 산업 중심지 상하이보다 더 심한 악명에 시달린 곳도 없을 것이다. 1900년에 베이징 거주자가 1백만 명이 넘었던 데 비해 상하이의 인구는 3만7천 명에 불과했다. 그러나 상하이는 1937년에는 350만 명 이상을 수용했는데 이는 옛 제국의 수도의 인구를 두 배 이상 상회하는 수치였다.[25] 상하이는 떠들썩한 유럽의 경제 중심지 구실을 하는 것 외에도 조직 폭력과 마약 유통, 매매춘의 온상으로 두각을 나타냈다. 어느 선교사는 이렇게 밝혔다. "하나님께서 상하이가 계속 존재할 수 있게 허용하신다면 그 분은 소돔과 고모라에 사과를 하셔야 한다."[26]

평온한 시대

1950년대와 1960년대에 식민 지배가 끝나면서 새로 권력을 위임받은 식민지 도시의 통치자들에게는 딜레마가 하나 생겼다. 그들은 어느 정도

현대화된 인프라스트럭처와 굳건하게 뿌리를 내린 엄청난 불평등을 겸비한, 유럽의 영향력이 구현된 '소우주'를 넘겨받은 셈이었다. 유럽에서 교육을 받은 소규모 엘리트들이 전통적 가치관과 생활 방식을 고수하는 대규모 인구와 공존했다.

이 도시들이 현대화의 활력 넘치는 중심지로 떠오르는 동시에 정치, 경제, 문화적 르네상스의 자랑스러운 심벌로 기여할 것이라는 기대가 처음에는 광범위하게 퍼져 있었다. 재닛 아부-루고드의 표현에 따르면, 1960년대는 아랍과 이슬람권 도시들에게는 평온한 시대였다.[27] 다른 개발도상국의 도시들을 통치하는 이들도 상당히 비슷한 얘기를 할 수 있었다.

많은 경우, 유럽에서 교육받은 식민지 엘리트들은 한때 유럽인들이 차지했던 고상한 주거 지역으로 이주했다. 자신들의 도시가 유럽과 북미의 도시들만큼이나 경쟁력 있는 도시가 되기를 희망한 그들은 주요 기업의 통제권을 확보하는 동시에 자신들이 통제하는 관료제를 확장시켰다.

새로운 가능성이 엄청나게 클 것이라는 기대에 힘입어 이 도시들은 기업 엘리트와 전문직 엘리트들에게뿐 아니라 토지에서 쫓겨난 농부들과 소읍의 기능공들로 구성된 팽창하는 이주민들에게도 매력적인 도시가 됐다. 봄베이와 캘커타, 델리, 라호르, 라고스, 카이로, 마닐라 같은 도시들은 식민 통치 아래에서 규모가 몇 배나 늘어났다. 예를 들어, 봄베이의 인구는 1941년에 150만 이하에서 20세기 말에는 1,500만 이상으로 증가했다.[28]

도시 역사의 파멸적인 분기점

많은 경우 도시의 이러한 거대한 팽창은 부와 권력의 동반 증가를 수반

하지 않았다. 그런 개발은 도시 역사의 비극적이고 파멸적인 분기점을 보여줬다. 그리스-로마권이건, 중국이나 이슬람 제국이건, 르네상스의 이탈리아 도시들이건 아니면 산업화 시대의 북유럽이건 거대 도시들은 보통 경제적, 정치적 성공이 가속화된 결과로 발전해 왔다.

팽창하는 도시로 이주해 온 사람들은 성장하는 산업 분야에서 일자리를 찾거나 제국의 정복에 따라 흘러들어온 대규모의 부를 내놓으라며 정권을 졸라댔다. 이와는 대조적으로 현대의 거대 도시 중 상당수는 경제적 침체가 지속되고 사회적, 정치적 역기능이 만연한 가운데에서 더 엄청난 규모로 성장했다. 어느 분석가가 기록한 것처럼 많은 경우 이런 도시 지역은 "현대화와 발전의 생산자로서 그들이 수행할 것이라 기대됐던 기능들"을 수행하는 데 실패했다.

겉으로만 보면 이들 도시 중 상당수는 식민지 시절에 지닌 서구의 얼굴을 그대로 유지했다. 그 얼굴은 식민지 시대의 유산인 경우가 잦았다. 이 도시들에는 세계적인 기업들의 인상적인 사무실, 1급 호텔, 품위 있는 거주 지역들이 있었다. 그러나 현실적으로 이 도시들의 상당수는 개발이 진행되는 동안 수렁에 빠져 있었고 도시들의 운명은 대체로 미국이나 유럽 그리고 점차 성장하는 동아시아의 기업들이 내린 의사결정에 달려 있었다.[29]

성장의 원동력을 제공할 믿음직스러운 경제적 엔진이 없는 도시 지역들은 가장 기초적인 인프라스트럭처를, 확장은 고사하고, 그대로 유지할 자금이 부족한 경우가 잦았다. 개발도상권을 통틀었을 때 쓰레기의 30~50% 가량이 수거되지 않고 있고, 깨끗한 물의 공급이 부족한 경우가 빈번하다. 대기 오염은 유럽이나 북미의 가장 혼잡한 도시들보다도 더 치명적인 상태가 됐다.

불법 점거 도시의 출현

21세기 초입에 적어도 6억 명에 달하는 개발도상권의 도시 거주자들이 — 페루에서는 바리아다bariadas, 프랑스에서는 비동빌bidonvilles, 파키스탄에서는 카치 아다비스katchi adabis, 브라질에서는 파벨라favela, 영어로는 샌티타운shantytown 등 다양한 명칭으로 불리는 — 불법 정착촌에서 살아간다. UN의 연구 결과에 따르면 이런 정착촌은 개발도상권 전체의 신규 성장에서 태반을 차지한다. 얼마 되지 않는 수입의 4분의 3 이상을 식량 구입에 소비하는 이런 빈민가 거주자의 상당수는 공식적인 경제 활동의 주변부에서 살아간다.[30]

생활 환경이 그토록 비참한데도 이주자들은 이 도시들에 계속해서 쏟아져 들어온다. 상당 부분은 그들의 터전이던 농촌 경제가 심하게 나빠졌기 때문이다.[31] 많은 나라에서 농산물 가격의 하락과 더불어 찾아온 가뭄과 남벌은 이주와 아사 이외의 선택을 거의 남겨놓지 않았다. 가뭄에 시달린 브라질의 세르탕 지역에서는 이런 말이 유행했다. "세르탕에 남아서 저승으로 가거나 세르탕을 떠나서 고생을 하거나."[32]

농촌 사람들의 입장에서 보면, 도시에 가면, 특히 정치적 영향력이 있는 수도에 가면 최소한 기초적인 공공 서비스를 일부나마 누릴 수 있고 국제적인 식량원조기구와 접촉할 수 있으며 비정규직일망정 일자리를 얻을 가능성이 있다.[33] 멕시코시티에서 그런 것처럼 농촌에서 온 이 난민들은 신규 전입자와 불법 빈민가 양쪽 모두에서 상당한 부분을 차지한다.

2000년에 세계 3위 또는 4위의 거대 메트로폴리스라는 지위를 차지한 산업화된 도시 상파울루도 그런 지역들의 급속한 성장을 목격했다.[34] 상파울루는 상당한 규모의 중산층을 자랑하는 도시이기는 하지만 대체로는 고도로 양극화된 도시로 브라질 사회학자 테레사 칼데이라가 "벽들의 도시"라고 명명한 도시로 발전해 왔다.

아프리카 도시의 비극

이런 도시들의 생활 환경과 비슷하거나 더욱 심한 생활 환경이 개발도상권 도처의 다른 도시들에서도 지속됐다. 세계에서 가장 덜 도시화된 지역에 속하는 아프리카에서 도시에 거주하는 토박이의 비율은 1960년에서 1980년 사이에 두 배 이상인 약 40%가 됐다. 농산물 수출의 감소와 대규모 산업의 부재, 전염병의 창궐, 끈질긴 정치적 불안 탓에 아프리카의 도시들은 대규모 인구 증가에 적응할 준비가 가장 덜 된 도시들이 됐다.[35]

이런 병리적 증상은 라고스에서 엄청난 규모로 전개됐다. 라고스의 인구는 1960년에 영국인들이 떠난 이후 40년 사이에 거의 9배로 늘어났다. 소규모 인구는 잘 정비된 지역에 거주했지만 대부분의 주민은 방 1개 당 평균 3.5명이 거주하는, 도시 변두리에 있는 북적거리는 거류지에서 근근히 생계를 이어갔다. 시민 5명당 거의 1명 정도가 불법 정착촌에서 살고 있다.[36]

아프리카의 많은 도시에서 부유층은 인구 밀집을 피해 주변부에 있는 더 안락한 저택들로 향한다. 백인과 상류층에 진입한 흑인 모두를 끌어들이는 서구 스타일의 대규모 교외가 남아프리카의 케이프타운과 더반, 요하네스버그 외곽에 있는 전원 지역에 발달했다. 앞서 남미에서 일어난 현상처럼 기업들도 종종 이런 외곽 이주 행렬의 뒤를 쫓았다.[37]

사회적 시한폭탄

오랫동안 도시 문명의 중심지였던 중동은 1950년대 이후 세계에서 가장 폭발적인 도시 성장을 경험했다. 그러나 그중에 성공적인 것은 드물었다. 이 지역에서 가장 큰 도시인 카이로는 면적을 1900년 수준의 15배로 늘렸으며 인구는 1천만 명 이상으로 늘어났다. 1940년대에 인구 50만의 도시였던 바그다드는 면적이 세 배가 된 1960년대 이후 팽창을 거듭하면서 밀레니엄의 끝 무렵에는 인구가 2백만이 넘었다. 암만과 쿠웨이트시티, 리야드처럼 한때 그다지 잘 알려지지 않았던 도시들은 더욱 급격한 성장률을 경험했다.[38]

중동의 도시들은 막대한 에너지 자원 덕분에 치솟는 인구를 감당할 자금을 확보할 수 있으리라 기대했는지도 모른다. 이슬람이 초기에 도시에 기반을 둔 종교로 성공한 것이 도시의 운영에 유용한 윤리 체제를 구축하는 데 약간의 응집력을 제공했을 수도 있다.[39] 그러나 비극적이게도 1970년대와 1980년대에 오일 붐이 절정에 올랐을 때조차도 이들 도시 중에 점점 늘어나는 도시 거주자들을 고용할 능력을 가진 대규모 제조업이나 세계 정상급 서비스 산업을 창출해낸 곳은 드물었다. 그리고 현재까지도 이슬람은 대규모 도시화의 부작용을 극복하는 것과 관련해서는 더 이상 다른 신앙 체계보다 성공적이지 않다.

중동 메거시티들의 경제적 전망은 개발도상권 도시들의 전망과 비슷하게 사학자 마뉴엘 카스텔이 '정보화주의informalism'라고 명명한 경향에 의해 심하게 손상됐다. 기술의 중요성이 커지고 글로벌 경제 네트워크가 발달하면서 국제 경제에 성공적으로 참여할 능력이 없거나 그럴 의향이 없는 인구가 대부분인 도시들은 손상을 입었다.[40]

세속 지향적인 터키와 중동 국가들에게 따돌림 당하는 이스라엘 같은 두드러진 예외를 제외하면 중동 도시 중에서 컴퓨터와 정보기술을 다루는 능력이 높은 곳은 아주 드물다. 예를 들어, 2000년에 중동 인구의 겨우 1%만이 인터넷을 사용했다. 중동은 산업화 시대에 한 번 그랬던 것과 비슷하게 이제 정보화 시대에 "다시 한 번 뒤처질" 위기에 놓여 있다고 시리아 학자 사미 키야미는 밝혔다.[41]

마찬가지로 중요한 것은 이 도시들이 고등교육을 받은 사업가들을 상당수 잃고 있다는 것이다. 그들은 지금 북미와 유럽에서 각자의 기회를 좇고 있다. 이런 엑서더스는 고도로 도시화된 집단들, 인종과 종교 면에서 소수자인 집단들 사이에서 특히 두드러진다.[42] 1960년대 이후 아랍인 기독교도와 유대인 등 많은 사람들이 그들의 조상이 수세기 동안 거주해온 터전이었던 카이로와 바그다드, 테헤란 같은 도시를 떠났다.[43]

이런 이주 뒤에 남은 것은 도시의 인프라스트럭처를 구축하고 유지할 자금을 조달할 현대화된 경제의 기반을 닦기에는 너무 가난하고 숙련된 기술도 없는 사람들이다. 대부분의 아랍 국가에서 도시 인구가 50%를 넘어서면서 상하수도 시스템은 인구 증가 속도를 따라잡는 데 실패했다. 주택 역시 공급이 딸렸다. 카이로와 카사블랑카, 알렉산드리아에서는 방 하나에 3명 아니면 4명이 북적거린다. 대부분의 주요 도시를 에워싼 불법 정착촌의 주민은 이집트 도시 지역의 전체 신규 주택 공급량의 절반 이상을 차지한다. UN의 어느 연구는 1990년대 무렵 카이로 시민의 84%는 빈민가 거주자로 분류할 수 있다고 추산했다.[44]

이란의 수도 테헤란은 또 다른 비극적 실패의 상징이다. 상대적으로 젊은 도시인 테헤란―1788년에야 수도가 됐다―은 통치자 샤의 본거지로서 20세기 내내 눈부신 성장을 향유했다. 석유 덕에 쌓은 국부, 늘어나는

케냐의 불법 정착촌. 21세기 초에 6억 명의 사람들이 불법 정착촌에 거주한다.

중산층, 고등교육을 받은 인구는 모두 현대적인 거대 도시를 건설할 수 있는 가능성을 보여줬다.

　그러나 불행히도 빈번하게 자행되는 부패와 권위주의 통치 방식 때문에 이란은 국가적인 번영에 따른 혜택을 늘어나는 도시 인구에게 분배하는 데 실패했다. 경제가 성장하는 동안 테헤란의 빈민층 비율은 1940년대와 1970년대 사이에 두 배 이상 증가했다.[45] 범죄와 매매춘 같은 사회 문제들은 한때는 인간 관계가 끈끈했던 지역으로 신규 전입자들이 몰려들면서 악화됐고 테헤란은 어느 이란 도시계획자의 표현대로 "이방인들의 도시"로 바뀌었다.

　이런 소외되고 가난한 도시 거주자들은 19세기 유럽의 노동 계급과 비슷하게 이슬람 근본주의를 포함한 급진적인 이데올로기들을 점점 더 많이 받아들였다. 1979년에 사회의 주류에서 밀려난 테헤란 시민들과 심한 탄압을 받아온 바자의 상인들은 결국 샤의 통치를 전복시키고 근본주의 정부에 권력을 넘겨주기 위해 혁명을 일으켰다.

이슬람교도의 통제 아래 있지 않은 다른 나라 도시들도 비슷한 경제적, 사회적 문제들에 시달렸다. 북아프리카에서부터 파키스탄에 이르기까지 이런 응집 작용은 종종 강력한 반反현대화 성향을 띤 과격한 운동들을 발전시켰다. 어느 고위급 UN 관리가 기록했듯이 이 지역의 도시들은 이제 지구 전체의 질서를 기초부터 손상시키겠다고 위협하는 "사회적 시한폭탄이나 다름없다."[46]

17. 극동의 여왕들

아시아는 20세기 후반 동안 절대적인 수치의 측면에서 세계에서 최대 규모의 도시 이주를 경험했다.[1] 라틴아메리카의 대부분 그리고 중동과 아프리카의 성장과는 대조적으로 아시아 메트로폴리스의 발전은 일반적으로 유서 깊은 역사적 연속선을 따라 일어나는 경향이 컸다. 도시들은 인구가 급성장하는 데서 그치지 않고 상당한 규모의 경제적 팽창도 경험했는데 그보다 더 큰 정도의 정치적, 사회적 팽창도 경험하는 경우가 잦았다.

아시아의 많은 도시들은 후기식민주의 통치의 딜레마에 시달리기보다는 어느 19세기 식민주의자가 "극동의 여왕들"이라고 불렀던 비전에 걸맞은 생활상을 보여줬다.[2] 물론 이 낙관적인 비전이 어디에나 적용되는 보편적인 것은 아니었다. 새 밀레니엄의 동이 틀 무렵 카라치의 인구 1천만 명 중 40%는 불법 정착촌에 살았다. 정치적 불안정, 특히 반서구적이고 반현대적인 이슬람운동의 성장은 파키스탄의 도시들이 세계 경제에 성공적으로 통합되는 것을 늦췄다.[3]

아시아의 다른 주요 도시들 — 자카르타, 방콕, 마닐라 — 도 정치적 격변에 시달렸다. 대부분은 경제적 성장을 경험했지만 각 도시의 인구 팽창을 가까스로 상쇄할 정도의 성장에 그치는 경우가 잦았다. 거주자의 대다수는 아주 가난한 상태로 남았다. 물론 이는 일반적으로 볼 때 아프리카와 근동의 도시에서 볼 수 있는 비율보다는 낮은 수준이었다.

인도의 도시 혁명

20세기의 마지막 10년 동안 인도는 세계 도시 생활의 주요 중심지로 다시 떠올랐다. 시골 마을을 중심으로 한 국가라는 마하트마 간디의 이상적인 비전과는 모순되게도 인도의 경제는 현저한 농촌 위주의 농경 시스템에서 점차로 산업화된(심지어는 후기산업화 시대에 어울릴법한) 도시 시스템으로 변모했다. 제조업과 현대적 인프라스트럭처 분야에 행해진 국가 주도의 투자에 자극을 받은 인도의 도시들은 1950년에서 1995년 사이에 인도의 국내총생산에서 차지하는 비중을 두 배 이상 늘렸다.[4] 오랫동안 사업가들의 모험 정신을 억눌러온 한때의 준사회주의적 시스템이 개혁되면서 도시의 성장은 더욱 촉진됐다.

새로운 도시 성장의 상당 부분은 옛날의 식민지 허브인 캘커타보다는 수도인 뉴델리와 제국주의의 또 다른 거대한 전초기지인 봄베이 같은 곳에 집중됐다. 개발도상권 도시들 대부분의 전망과는 대조적으로 1995년에 뭄바이로 개명한 봄베이의 전망은 전적으로 어둡지만은 않았다. 2015년에 도쿄에 뒤이은 세계 제2의 도시가 될 것으로 예상되는 뭄바이는 이미 금융 서비스에서부터 제조업과 엔터테인먼트까지 산업의 전 계열에서 주도적인 위치를 차지했다. 1990년대 말에 뭄바이가 신도시인 '나비 뭄바이' 같은 새 구심점을 건설하는 방향으로 나아간 것은 도시의 성장하는 중산층에게 매력적인 환경을 창조했다.[5]

그 무엇보다도 교육을 잘 받고 기술적으로 숙련된 노동자들이 대규모로 출현한 것 ― 2000년경 인도는 세계 소프트웨어 엔지니어의 대략 30%에 해당하는 인력을 보유했다 ― 은 인도의 메트로폴리스 지역이 가진 중요한 이점이었다. 이런 경향은 방갈로르 같은 몇몇 소규모 인도 도시들에서는 특히 맞는 얘기인 것으로 판명됐다.[6]

1980년대에 방갈로르는 인도에서 가장 빠르게 성장하는 도시로 떠올랐다. 1960년에 1백만 명 정도였던 인구는 세기가 끝날 무렵에는 450만 명 이상으로 늘어났다. 900개 이상의 소프트웨어 회사를 보유한 방갈로르는 인도의 실리콘 밸리가 되었고 도시의 발전은 오리지널 미국 버전 ― 불규칙적으로 확산되고, 자동차 지향적이며, 대체로 자급자족적인 데다 연구 지향적인 산업단지 ― 을 대체로 따랐다.[7]

방갈로르와 비슷한 패턴을 따른 하이데라바드 같은 인도의 다른 도시들은 선진 산업의 성장을 이끄는 새로운 업무 단지와 학술기관, 고속도로, 공항을 개발했다. 1990년대 말에 하이데라바드의 소재지인 안드라프라데시 주는 1만5천 명 이상의 소프트웨어 노동자를 보유했고 소프트웨어 수출을 26배로 늘렸다.

인재에 대한 세계적인 수요가 늘어나면서 기술과 서비스 산업은 캘커타 같은 뒤떨어진 메거시티들에서조차도 확산되기 시작됐다.[8] 그러나 이중 어느 것도 콜카타로 이름을 바꾼 캘커타나 다른 인도 도시들의 빈곤을 끝장내지 못했다. 경제적으로 가장 역동적인 도시에서조차 딱할 정도로 낮은 임금을 받고 일하는 아동 수백만 명을 포함한 실직자와 가난한 노동자들로 이뤄진 커다란 빈민 지역들은 확장되는 중산층과 더불어 분투를 거듭하고 있다.[9]

동아시아가 선례를 깨다

아시아에서 가장 눈부신 도시의 발전은 중국의 풍성한 도시 문화에서 직접적으로나 간접적으로 영향을 받은 극동의 도시들에서 일어났다는 데에는 의문의 여지가 없다. 인도의 도시 경제가 성숙의 조짐을 보여 주기 시작하기 오래 전에 아시아 도시들은 오사카와 도쿄가 밟았던 길을 따라 급격한 경제 성장의 열매로부터 도시의 팽창에 필요한 자금을 조달했다.

1960년대에 아시아 도시의 대부분은 카이로나 라고스, 캘커타 같은 유사한 도시들과 더불어 대체로 획일적이고 가난한 개발도상권의 일부로만 여겨졌다. 밀레니엄이 끝날 무렵 서울과 타이베이, 싱가포르, 홍콩 같은 도시들은 그보다 더한 존재로 발돋움했다. 페니키아와 고대 그리스 또는 르네상스 이탈리아의 활발한 교역 도시들의 현대판 아시아 버전이라 할 이 도시들은 이제는 새로 정복할 산업과 시장을 찾아 헤매며 세계 무대에 성큼성큼 올라섰다.[10]

서울의 출현

서울은 1896년까지는 세계 경제의 여타 지역과 완전히 단절되다시피 한 은둔한 왕국 조선의 수도였다. 조선은 경제적 이익을 노린 일본의 집중적인 괴롭힘 아래 외부의 영향력에 서서히 문호를 개방했다. 20세기 초 일본은 조선을 완전히 점령했다. 일본의 잔혹했던 통치기 동안 서울은 오사카나 도쿄에 종속됐다. 봄베이와 캘커타가 런던과 버밍엄, 리버풀의 요구에 봉사했던 것과 사뭇 비슷했다. 인도와 다른 지역에서 유럽의 식민주의자들이 했던 것처럼 일본인들도 제국의 옛 수도를 제조업과 전차, 늘어나는 전문가 계급을 갖춘 현대적인 도시로 변모시키면서 서울을 변화시켰다.

1945년에 일본이 전쟁에서 패한 후 서울은 독립을 되찾으면서 새로 건국한 대한민국의 수도이자 가장 중요한 도시의 역할을 수행했다. 그러나 5년 후, 공산당이 통치하는 북한의 기습으로 서울은 황폐해졌다. 이어진 3년에 걸친 전쟁 동안 서울과 주변 지역은 연합군과 공산군 사이의 중요한 격전지가 됐다.

그러나 얼마 후 남한의 수도는 한국전쟁이 남긴 두 가지 결과인 전쟁이 할퀸 상처 — 건물의 47%가 파괴됐다 — 와 절박한 가난에서 모두 빠져나왔다. 개발도상국의 다른 많은 도시들처럼 농촌 거주자들이 서울로 몰려들었다. 1960년대와 1970년대에 아직도 일부분이 폐허인 채로 남아 있는 수도로 해마다 30만 명 이상이 이주해 왔다.

시골에서 이주자들이 쏟아져 들어오면서 서울의 인구는 카이로와 상파울루, 뭄바이 그리고 개발도상권의 다른 많은 도시들과 맞먹을 정도로 증가했다. 1960년에 서울의 인구는 3백만 명이었다. 2000년에는 1천1백만 명 이상으로 성장했고 주변의 메트로폴리스 지역에는 별도의 인구 9백만 명이 더 있었다.[11]

서울도 처음에는 성장에 따른 친숙한 부작용 — 삐걱거리는 불법 정착촌, 쉬지 않고 지나치게 많은 인구를 실어 나르는 교통수단, 기준 이하의 위생과 보건시설들 — 을 보였다.[12] 그러나 서울과 다른 도시들 사이의 중요한 차이점은 서울의 경제가 세계의 그 어느 지역보다도 빠르게 성장했다는 점이었다.

서울의 성장하는 부는 급격한 인구 팽창이 만든 많은 난점들을 해결할만한 자금을 제공했다. 신설 도로, 주택, 사무용 빌딩, 연구 단지들이 서울 지역 도처에 생겨났다. 1960년대 내내 — 1980년대에는 1988년 올림픽을 준비하려는 의도에서 — 무분별하게 커져가는 불법 정착촌은 도심 개발을 위해 철거됐다. 많은 사람들이 생활의 터전에서 강제로 쫓겨났지만 빈곤층은 효과적으로 감소됐다.[13] UN의 어느 연구에 따르면 1988년에 서울 인구의 15%가 빈민가에 살았는데 이는 카이로의 대략 6분의 1 수준이었다.[14]

이 무렵 한국의 수도는 아프리카나 중동의 궁핍한 도시들보다는 북적거리고 과밀했으며, 오히려 물가가 비싼 도쿄나 현대적인 서구의 도시들과 공통점이 더 많았다. 서울은 한국의 경제를 일본의 수도가 그러는 것보다 더 많이 지배했다. 서울은 한국의 50대 기업 중 48개 기업의 본사 소재지이며, 많은 정부 기관과 대부분의 외국 회사들이 있는 곳이기도 하다.[15] 서울은 프랑크푸르트나 오사카 같은 오래된 상업 중심지처럼 이들 상당수 거대 기업의 본사 소재지로도 이바지하고 있다.[16] 서울의 지배력이 너무나 압도적인 탓에 21세기 초입에 일부 한국인들은 수도를 남쪽에 있는 농촌 지역으로 옮기자고 주장했다.[17]

영국의 성공적인 자손

서울의 출현은 동아시아 도시들이 20세기 후반에 폭넓게 드러낸 두드러진 패턴의 일부를 보여줬다. 현대 도시의 역사에서 이 사건의 원조는 대영제국의 통치와 경제적 권력 아래에서 태어난 상업 도시 두 곳, 즉 싱가포르와 홍콩의 발전이다.

1841년에 영국에 완전히 할양된 홍콩은 유럽의 축소판으로 떠오르면서 중국 남부의 주된 교역항의 자리를 광둥(광저우)에게서 빼앗았다. 홍콩은 빠른 시일 내에 동아시아 전역으로 퍼져나가게 될 강력한 중국식 경제 문화도 점차 길러냈다. 중국과 유럽의 영향력이 뒤섞인 새로운 종류의 도시 사회는 급격히 발달했고, 20세기가 시작될 때 2, 3천 명에 불과하던 인구는 1937년에 1백만 명을 넘어섰다.

10년 후 중국에서 일어난 공산주의 혁명은 중국의 상업 중심지들을 철저히 파괴했다. 이제 홍콩은 도쿄에 이은 아시아 제2의 경제 수도로 입신양명했다. 마오저뚱 정부를 피한 난민들이 몰려들면서 홍콩의 인구는 1980년대에는 세 배 이상으로 늘어났다. 부풀어오르는 인구 이상의 것이 홍콩의 패권을 밑에서부터 떠받쳤다. 홍콩은 중국 전역에서 온 사업가들과 전문가들, 특히 예전에 상하이에서 활동하던 금융과 산업 엘리트의 출현에서도 혜택을 입었다.[18]

싱가포르: 아시아의 모델 도시

1819년에 스탬포드 래플스 경에 의해 제국의 교역 기지로 창건된 싱가포르는 1867년에 완전히 성숙한 영국 식민지가 됐다. 중국 본토에서 남쪽으로 멀리 떨어진 곳에 자리한 싱가포르는 중국으로부터 상당히 많은 이주민을 끌어 모았다. 상당한 규모의 인도인, 말레이시아인, 아랍인, 유대인 그리고 식민지 대리인들은 싱가포르를 런던뿐 아니라 바그다드, 자카르타, 광둥, 상하이와 연결된 역동적인 코스모폴리탄 사회로 변모시켰다. 조지프 콘래드가 "굉장히 떠들썩하고 재미있는 삶"이라고 묘사한 이 도시에는 상인과 선원 그리고 주로는 중국인 노동 계급이 풍부했다.[19]

2차 세계대전 동안 자행된 일본군의 점령은 이 식민지 사회를 심하게 붕괴시켰다. 아시아 세력에 수치를 당한 영국은 일찍이 도전 받아 본 적이 없는 패권을 주장할 권리를 잃었다. 독립에 대한 압박은 커졌고 결국 1965년에 영국인들은 유서 깊은 식민 도시를 떠났다.

225평방마일 규모의 조그마한 공화국의 전망은 처음에는 모호하게만 보였다. 싱가포르는 개발도상국과 결부된 온갖 문제들 — 커다랗고 조밀한 빈민가, 범죄 조직, 상대적으로 기술이 모자란 인구 — 에 시달렸다. 싱가포르는 또한 자신들이 분리해서 떨어져 나온 나라이자 이웃하고 있는 인구도 훨씬 많고 이슬람이 지배적인 세력인 말레이시아의 적의와도 맞닥뜨렸다.

싱가포르의 — 후기식민주의 세계에서는 너무나 드문 — 위대한 성취는 새로운 권력을 소규모의 부패한 엘리트를 살찌우는 데 쓰지 않고 20세기 후반의 인상적인 도시를 건설하는 데 사용했다는 것이다. 케임브리지에서 교육을 받은 리콴유李光耀의 권위주의적 리더십 아래 싱가포르는 식민지였던 과거와 극적으로 단절한 뒤 아시아 어버니즘의 새 모델을 향해 착실히 전진했다. 허름한 주택과 나지막한 상점들은 계획적으로 건축된 아파트 단지로 대체됐다. 혼잡한 거리가 있던 곳에는 선진화된 지하철 시스템과 현대적인 도로 시스템이 대신 자리를 잡았다. 한때 만연하던 범죄는 거의 일소됐다.

비법은 서울과 홍콩처럼 대규모의 경제 성장에 있었다. 리콴유와 그가 이끄는 정부는 아시아를 오가는 교역 항구이며 교통 중심지라는 싱가포르의 천혜의 이점을 활용하기 위해 쉬지 않고 일했다. 싱가포르는 섬유 같은 저임금 산업으로부터 첨단기술과 서비스 산업으로 급격히 산업 구조를 바꾸면서 20세기 말에는 세계에서 가장 잘 교육받고 경제적으로 생산성이 높은 인구를 자랑했다. 계급간의 격차는 그대로 남아 있지만 이제 인구의 대부분은 후기식민주의 세계에 속한 다른 도시들은 상상조차 할 수 없는 생활 수준과 부를 달성했다. 1964년에 겨우 800달러이던 1인당 소득 수준은 1999년에는 2만3천 달러 이상으로 올랐다.[20]

고등교육을 받고 영어를 구사하는 중산층과 거의 발생하지 않는 부패, 현대적인 인프라스트럭처도 세계적인 다국적기업들로부터 상당한 투자를 끌어오는 매력적인 요인이었다. 리콴유의 관심은 조그만 도시국가를 위한 단기적 경제 전망을 밝히는 데에만 그치지 않았다. 그는 21세기에 접어들어서도 세계를 무대로 경쟁할 수 있는 새로운 아시아 도시 문화를 개발하고 싶어했다. 그의 밑에서 장관을 역임한 어떤 인사는 이렇게 단언했다. "국민에게 깨끗한 도시와 현대적인 시설, 강력한 경제를 제공해온 우리는 지금은 그들에게 어떤 문화를 제공해야 마땅한가를 고민하고 있다."[21]

유교 사상의 부활

1980년대 중반 리콴유는 자신이 국민에게 어떤 종류의 문화—싱가포르의 아시아적인, 특히 중국적인 가치관을 기초로 구축된 문화—를 주고 싶어하는지를 결정했다. 자기 자신을 친영파親英派라고 묘사하는, 언젠가 자신이 중국인인 정도는 케네디 대통령이 아일랜드인이었던 정도보다 덜하다고 밝혔던 그는 이제 현명하고 강력한 엘리트 관료들에 대한 존경심을 통치의 근거로 삼는 본질적인 유교 사상을 장려했다. 그는 이런 유교적 문화가 없는 싱가포르는 조만간 그가 "또 다른 제3세계 사회"라고 통렬하게 묘사했던 그런 사회로 타락하게 될 것이라고 주장했다.[22]

부활한 유교 사상이 사람들의 의식의 틀을 차차 형성해나가는 추세는 싱가포르에만 국한된 것이 아니었다. 민족주의자들의 지도 아래 중국인이 지배하는 대만의 경제에서도, 홍콩에서도 그랬다.[23] 개인과 가족의 발전에 대한 서구적이고 전통적인 관념과 결합된 유교의 집단적 자기중심주의 태도는 개발도상권의 다른 많은 지역에서는 뚜렷하게 부각되지 않은 도덕 관념과 집단적 의지를 제공했다.

1980년대에 자본주의적 사고 방식을 가진 해외 동포들을 오랫동안 경멸해온 중국의 공산당 지도자들조차도 이런 관점을 향해 태도를 바꾸기 시작했다. 1992년에 중국의 탁월한 지도자 덩샤오핑鄧小平은 싱가포르의 사회 체제에 대한 특별한 존경심을 공개적으로 표명하면서 싱가포르의 자본주의를 향한 권위주의적 접근 방식을 중국 내 도시들의 급격한 발전을 위한 최상의 청사진이라며 기꺼이 받아들였다.[24]

마오쩌둥주의 하의 중국 도시들

그런 태도는 공산주의 혁명이 일어난 후 한동안은 감히 생각조차 할 수 없는 것이었다. 공산당은 주로 농민과 시골 주민의 지지를 통해 권좌에 올랐다. 그들에게 패배한 라이벌 국민당은 해안 도시들과 그곳에 거주하는 코스모폴리탄 엘리트들로부터 강력한 후원을 받았다.[25]

1949년에 권력을 쥔 공산당 지도자 마오는 중국의 발전을 부패한 해안의 상업 중심지들로부터 멀리 떼어놓으면서 시골과 내륙에 있는 읍들을 향해 나아가게끔 하려고 노력했다. 그는 농민의 이주를 제한하는 방식으로 대도시의 성장을 의식적으로 억제했다. 1960년대 말의 문화혁명 기간 동안 그랬던 것처럼 공산당은 "소농들에게서 배우라"면서 젊은 도시 거주자들을 대규모로 시골로 하방下放시켰고 그를 통해 대규모 발전 계획에 필요한 인력을 조달했다.

그 결과 중국의 도시화는 동아시아의 다른 지역과 개발도상권의 나머지 지역에서보다 느린 속도로 이뤄졌다. 홍콩과 봄베이, 멕시코시티 같은 도시들이 급격한 인구 성장을 즐기고 있던 시절에 중국의 많은 기존의 상업 중심지들 — 광저우(광둥), 톈진天津, 상하이 — 은 미미한 정도로만 확장됐다. 이와는 대조적으로 전지전능한 공산당 관료주의의 중심지인 베이징은 계속 성장해서 1953년부터 1970년 사이에 상하이보다 두 배나 많은 인구를 불렸다.

마오 치하에 있던 모든 도시에서 중국 도시 생활의 전통적인 측면들 중 많은 부분이 탄압을 받았다. 유서 깊은 사당들은 방치되거나 파괴됐다. 몇천 년 동안 중국 도시의 중요한 요소였던 시장은 중요성이 격하됐다. 한때 "굉장히 떠들썩하고 재미있는 삶"이었던 중국의 상업 도시들은 대체로 칙칙한 고장들이 됐다. 범죄와 매매춘, 노골적인 부패가 급격히 줄어들기는 했지만 말이다.[26]

4대 현대화계획과 중국 도시의 부활

1976년에 마오가 사망하면서 중국의 도시 발전은 급격한 변화를 겪었다. 덩샤오핑의 '4대 현대화계획' 아래 베이징은 시민들에 대한 엄격한 통제를 점차 느슨하게 풀었다. 이제 지역 관료들은 개인의 기업가 정신과 외부의 투자를 장려했다. 홍콩과 광둥 사이에 있는 선전深圳에 설치된 경제특구의 설치는 상당 부분이 홍콩과 대만, 싱가포르에서 온 엄청난 규모의 해외자본을 끌어들였다. 15년 내에 주강珠江 삼각주 지역은 국가의 작업장이라는

점에서 그리고 세계의 작업장으로 급격하게 변모한다는 점에서 19세기 중반의 영국 본토와 비슷해졌다.[27]

논란의 여지는 있겠지만 중국 역사에서 중국의 도시들이 국민들의 삶의 한복판에서 이토록 큰 주도권을 행사한 적은 없었다. 이주에 대한 엄격한 통제에서 해방되면서 새로운 기회를 찾아 나선 농촌의 이주자들은 수천만 명 단위로 도시로 흘러들어 왔다.

1세대가 채 지나기 전에 중국 거리의 삶은 극적으로 변했다. 이전에는 자전거들로 꽉 차 있던 거리는 이제 자동차들 때문에 숨이 막힐 정도이다. 현대적인 신축 사무용 빌딩들, 호텔들, 고층 아파트들은 주요 대로를 따라 늘어선 옛 스탈린주의 스타일의 공공 건물들을 왜소하게 만들었다. 공공시장이 다시 등장해서 점점 더 부유해지는 대중에게 그 어느 때보다도 다양하고 폭넓게 육류와 채소, 과일을 제공했다.

상하이의 재기

마오주의가 박멸하려 노력하던 코스모폴리탄 문화가 다시 돌아왔다. 해안의 도시들에서는 특히 더 그랬다.[28] 왕년의 식민주의의 요새이자 아시아에서 으뜸가는 경제 중심지 겸 해외 투자를 유치할 장소의 역할을 놓고 홍콩과 도쿄 양쪽에 계속해서 도전하는 상하이에서 이것은 특히 진실이었다.

상하이는 새로운 지하철 시스템과 공항 시설 개선을 포함한 세계에서 가장 야심 찬 인프라스트럭처 프로젝트 몇 가지에도 착수했다. 가장 큰 개발사업인 상하이와 황푸黃浦 강을 사이에 둔 대규모의 푸동浦東 지구는 1990년에 건설이 시작됐다. 10년 내에 그린벨트 지역과 호사스러운 호텔들, 140

채의 고층 사무용 빌딩, 산뜻한 도로, 현대적인 페리 터미널, 지하철, 보행자용 지하 터널을 완비한 신도시가 솟아올랐다.[29]

중국의 급격한 도시 부활은 신속한 개발과 결부된 많은 난점들도 가져왔다. 이주 노동자 ― 농민공農民工 ― 수백만 명은 앞선 시대에 궁핍해진 랭커셔의 농부들, 아일랜드의 농민들 그리고 시카고나 뉴욕으로 향한 유럽의 이민자들이 밟았던 행로를 그대로 따라갔다. 그들은 종종 터무니없는 임대료를 내고 좁은 아파트에 몰려 살았다. 중국의 도시 거주자 수백만 명이 불결하고 위험하며 불안정한 일자리에서 일했다. 과거의 중국과 결부돼 있던 매매춘, 뻔뻔한 부패, 비열한 범죄 그리고 다른 악덕들이 다시 귀환했다. 때로는 놀라운 복수심을 동반한 채.[30]

교외가 동아시아를 찾아오다

유서 깊은 산업화 도시들이 모두 이런 유사성을 보여주기는 하지만 아시아의 신흥 도시들은 주로 분산화된 시대의 산물이다. 유럽이나 북미의 고도로 집중화된 도시들과 달리 이들 지역은 자동차와 원거리 통신, 산업기술이 도시 지형의 윤곽을 형성하는 시대에 발전하고 있다.

상하이와 홍콩, 서울에 고층 빌딩들이 솟아오르면서 도시 외곽을 개발해야 한다는 압력이 가속화됐다. 동아시아의 팽창하는 도시 중산층 가운데 일부는 뉴욕이나 도쿄의 빠른 속도의 도시적 라이프스타일을 더욱더 갈망했고 그에 따라 신축 주택과 공장, 쇼핑몰의 상당수는 주변부를 향해 나아갔다. 이 현상은 자카르타와 콜라룸푸르, 방콕, 마닐라 같은 다른 아시아 도시들에서도 볼 수 있다. 이 도시들은 모두 부유한 주민들과 산업 양쪽을 동

시에 매혹시키는 세련된 교외 지역을 개발한 곳들이다.[31]

신축 업무 단지와 공장, 연구 시설에서 일하는 사람들 중 일부는 로스앤젤레스나 산호세의 교외를 어느 정도 북적거리게 만든 안락하고 급격하게 팽창하는 자동차 의존적인 교외 개발 지역으로 이주하려 노력했다.[32] 기존의 서구 도시에 거주하는 주민들과 비슷하게 아시아의 이 도시 거주자들은 교외의 팽창하는 군도에서 그들만의 더 나은 도시를 찾고 있는 중이다.[33]

결론

도시의 미래

도시들이 성장하고 쇠락하는 과정은 모두 역사와 그 역사가 일으킨 변화에 뿌리를 두고 있다. 오늘날의 성공적인 도시 지역은 고대가 남겨놓은 기초들 — 성스럽고, 안전하며, 번화한 고장들 — 을 여전히 보존하고 있어야만 한다. 이는 도시가 인류의 극히 미미한 부분만을 대표했던 5천년 전에도 진실이었고 대다수의 인구가 도시에 거주하는 최초의 시대인 현 세기에도 진실이다.[1]

1960년에 7억5천만 명에 불과했던 세계의 도시 인구는 2002년에는 30억 명으로 늘어났고 2030년에는 50억 명을 초과할 것으로 예상된다. 이토록 늘어난 도시 거주자들은 심하게 바뀐 환경에 직면하고 있다. 이런 환경에서는 가장 강력한 도시 지역조차도 다른 거대한 도시들과 경쟁해야 할 뿐 아니라 더할 나위 없이 넓어진 소도시와 교외, 소읍들과도 경쟁을 벌여야 한다.[2]

메거시티의 위기

이러한 변화는 무분별하게 확장되는 개발도상권 메거시티들에서 가장 심하게 나타난다. 과거에 도시가 배후지의 경제를 장악할 수 있게 해 준 것은 그 도시의 규모였다. 오늘날 가장 인구가 많은 메거시티들 — 멕시코시티, 카이로, 라고스, 뭄바이, 콜카타, 상파울루, 자카르타, 마닐라 — 의 뱃살에 해당하는 지역들은 그 도시에 득이 되기보다는 부담인 경우가 잦다.[3]

몇몇 지역에서 이런 거물급 도시들은 좀더 규모가 작고, 더 잘 관리되며, 거주민들을 사교적으로 덜 괴롭히는 정착지들에게 밀려나고 있다. 동아시아에서 21세기 어버니즘의 중요한 양성소인 싱가포르와 그보다는 중요성이 덜한 편인 콸라룸푸르는 인구가 훨씬 많은 방콕과 자카르타, 마닐라보다 더 성공적으로 세계 경제에 통합됐다.[4]

이와 비슷하게 어느 관찰자가 기록했듯이 도시의 한껏 부풀어 오른 규모는 "멕시코시티에서 경제적 논리를 앗아갔다."[5] 범죄와 인구 과밀, 오염에 시달리는 '멕시코의 수도La Capital'는 성장도 빠르고 운영도 훨씬 잘 되는 칠랑고, 과달라하라, 몬테레이 같은 도시들을 찾아가거나 북쪽에 있는 도시 지역을 찾아 국경을 넘어가는 기업가들과 야심만만한 노동자들에게 무시당하기 일쑤다.[6]

근동에서 카이로와 테헤란 같은 메거시티는 인구가 폭발하는 속도를 따라잡느라 고생한 반면 두바이와 아부다비 같은 규모가 작고 인구가 더 밀집한 도시들은 번성했다. 1948년에 인구 2만5천 명의 먼지 날리는 주거지였던 두바이는 50년이 흐른 뒤 인구가 1백만 명에 육박하면서도 아랍권 대부분을 괴롭히는 경제 침체를 경험하지 않고 있다.[7]

두바이에서 그런 것처럼 코스모폴리탄적인 태도와 독특한 기술의 축적은 어떤 도시가 앞으로도 계속해서 성공적인 도시로 남을 것이냐 여부를 결정하는 중요한 요소가 될 것이다. 다양한 문화에 대한 개방적인 태도와 인재들을 현명하게 고용하는 정책은 티레와 플로렌스, 암스테르담 같은 상대적으로 규모가 작은 도시들이 각자의 전성기에 큰 역할을 수행할 수 있게 해 줬다. 이와 비슷하게 21세기에 접어든 지금도 룩셈부르크나 싱가포르, 텔아비브 같은 규모가 작은 코스모폴리탄 도시가 인구 1천만의, 심지어는 1천5백만의 무분별하게 커지는 메거자이언트 도시들보다 더 강력한 경제적 영향력을 행사하는 경우가 잦다.[8]

현대 도시 르네상스의 한계들

20세기가 저물어가던 무렵 선진국의 메거시티들은 더욱 밝은 경제적 전망을 즐기는 듯 보였다. 오랫동안 방치됐던 다운타운조차도 주거용 공간 확보를 위한 개발 사업이 통계적으로는 미미하지만 주목할 만한 정도로 증가했다. 이제 많은 사람들이 대부분의 코스모폴리탄 세계 도시들 — 런던, 뉴욕, 시카고, 도쿄, 샌프란시스코 — 이 정말이지 "위험한 고비를 넘겼다" 고 예견했다.[9] 예리한 관찰자인 사학자 피터 홀은 이렇게 주장했다. "서구 문명도, 서구의 도시도 쇠퇴의 조짐은 조금도 보여 주지 않는다."[10]

새로운 낙관론은 세계 통합의 효과와 세계 경제가 제조업에서 정보 기반 경제로 변모하는 데에 주로 의지했다. 뉴욕, 런던, 도쿄 같은 도시들은 글로벌 경제를 관리할 전략적 요충지를 제공하는 새 구심점의 위치를 점유했다고 사회학자 사스키아 사센은 주장했다.[11] 그녀는 이런 거대 도시들보다 뒤떨어진 2류급 세계적 중심지의 명단을 작성했는데 거기에는 로스앤젤레스와 시카고, 프랑크푸르트, 토론토, 시드니, 파리, 마이애미, 홍콩 같은 다양한 도시들이 포함됐다.

이 도시들은 노후화된 기술과 개발도상국과의 경쟁에 점점 더 시달리는 맨체스터와 리버풀, 라이프치히, 오사카, 토리노, 디트로이트 같은 급격히 위축되고 있는 거대한 산업도시들보다 훨씬 더 전망이 좋다. 사센은 이렇게 주장했다. "글로벌 도시가 만들어내는 것은 서비스 상품과 금융 상품이다." 많은 이들이 이런 상품들은 글로벌 도시 안에만 존재하는 독특한 기술과 능력을 필요로 한다고 생각한다.[12]

물리적 거리의 파괴

1960년대에 과장된 낙관론을 동반했던 지나친 비관론이 그런 판단을 대체할 수 있을지도 모른다. 가장 발달된 글로벌 도시조차도 이제는 신기술의 발흥 때문에 규모의 이점이 줄어들고 있다는 것을 알게 됐다. 인류학자 로버트 매카담스의 표현에 따르면 이 신기술은 "물리적 거리를 기술적으로 무시무시하게 파괴"하는 성과를 올렸다.[13]

정보를 글로벌하게 그리고 대단히 넓은 지역으로 처리하고 전송할 수 있는 능력은 기존의 도시들이 누리던 많은 전통적 이점들을 손상시켰다. 20세기의 마지막 3분의 1에 해당하는 기간 동안, 세속적인 추세는, 특히 미국의 추세는 기업들이 본사를 교외와 규모가 작은 도시로 계속해서 이전하는 것이었다.[14] 1969년에는 미국 대기업의 11%만이 교외에 본사를 두고 있었다. 4반세기 후 거의 절반 정도가 변두리로 본사를 이전했다.[15]

이러한 발전은 몇 안 되는 메거시티들이 글로벌 경제의 최상의 지휘 통제 센터들을 지휘한다는 관념과 모순된다. 많은 중추적인 서비스 회사와 금융 회사들이 보스턴이나 뉴욕, 샌프란시스코 같은 기존의 중심지에 남았지만 "게임을 조종하는" 고객들은 시애틀이나 휴스턴, 애틀랜타에서 멀리 떨어진 교외에서 또는 해외에서 활동하고 있다.[16]

글로벌 도시 경제에는 요긴한 것으로 간주되는 최고급의 서비스조차 주변부나 소규모 도시들을 향해 계속 확산됐다. 이런 추세는 새로운 성장의 가장 큰 원동력인 민간 기업들 사이에서 더욱 두드러졌다.[17] 원거리 통신의 발달은 기업들 사이의 입지가 더욱 동등해진 미래의 경제 공간을 약속했고, 파고와 디모인, 수폴스 같은 소규모 도시들이나 준 교외로 옮겨가서 일해도 무방한 일자리를 주민들이 선택할 수 있게 해 주었다.[18] 그에 따른 한 가지 결과로 반짝거리는 고층 빌딩보다 교외에 있는 사무용 단지가 폭넓은 지지를 받으면서 성장의 풍경 바로 그 자체에 변화가 일어났다.[19]

예를 들어, 한때 런던과 뉴욕의 금융 지구에 압도적으로 집중됐던 글로벌 보안산업은 제각기 교외 지역으로, 다른 소도시로, 해외로 사업의 큰 부분을 꾸준히 이전시켰다. 본사는 미드타운의 고층 빌딩에 남아있을지 모르지만 더욱더 많은 일자리들이 다른 곳에 자리를 잡았다.[20]

특히 인상적인 사례 하나는 소매산업에서 나왔다. 20세기의 대부분 동안 뉴욕은 소매업계의 상당 부분을 지배했다. 2000년에 이 부문의 20대 기업 중에 뉴욕에 본사를 둔 곳은 단 한 곳도 없었다. 패션 디자이너들과 광고기획자들, 박람회 기획자들 그리고 투자은행가들은 뉴욕에 기반을 두고는 사업상 중요한 역할을 계속 수행했다. 그러나 지구 전체의 소매산업을 좌지우지하는 가장 중요한 힘은 다른 곳에, 예를 들어 아칸소 벤턴빌에서 효과적으로 회사를 경영하는 월마트 같은 회사들에 자리하고 있다.[21]

이러한 분산화 추세는 선진 세계의 메거시티 중에서 여전히 가장 중요한 도시인 뉴욕의 전반적인 경제적 입지에 손상을 준 게 분명하다. 20세기의 마지막 30년 ― 미국 전역에서 일자리가 폭발적으로 늘어난 시기 ― 동안 뉴욕의 민간 부문은 신규 일자리를 사실상 하나도 만들어내지 못했다. 막 강한 서비스 경제는 여전히 남아 있었지만 사학자 프레드 시겔이 주장하듯 장기적인 추세는 "경기 사이클이 새롭게 바뀔 때마다" 도시의 발달이 국가 전체에 비해 상당히 뒤처진다는 것을 보여 주었다.[22]

고도로 중앙집권화된 일본에서조차 소프트웨어와 다른 기술 중심적 활동들이 오사카와 도쿄 같은 거대한 도시에서 벗어나 멀리 떨어진 현으로 옮겨가기 시작했다. 동일한 방식으로 홍콩은 하이테크 제조업과 엔지니어링 직장 모두를 중국 본토의 지역들에 대거 빼앗겼다. 세계 곳곳에서 '텔레시티들telecities'이 생겨난 것은 프랑스와 벨기에, 한국의 덜 도시화된 지역을 포함한 최고급 산업 지역이 새로이 출현했다는 것을 보여 준다.

재택근무의 증가는 한때 전적으로 도시 지역에서만 전담했던 업무를 훨씬 더 줄여놓을 위협 요인이다. 현재는 유아기에 있는 가정 중심적 경제의 발달은 엘리트 지식 노동자들이 거주할 곳과 일할 곳을 선택하는 데 있어 사상 유례가 없는 자유를 행사할 수 있게 해 줄 것이다.[23]

하루살이 도시의 출현

이러한 상황 아래에서 최상의 위치를 차지한 도시 지역조차도 상당한 인구통계학적, 경제적 도전에 직면했다. 20대에 도시에 유혹돼 도시로 온 많은 젊은이들이 가정을 꾸리고 직장을 잡기 시작하면 도시를 떠나는 경우가 잦았다. 상류층 대열에 합류한 이주자들, 도시의 부활에 주된 기여를 했던 이들이 점차로 엑서더스 대열에 동참했다. 유럽과 일본, 동아시아의 다른 도시들은 훨씬 더 극심한 인구통계학적 위기에 직면했다. 낮은 출산율은 대도시에 매력을 느끼는 집단인 젊은 인구의 규모를 감소시키는 동시에 시골에서 이주해 오는 전통적인 집단들의 이주 계획을 포기하게끔 만들고 있었다.[24]

경제가 성장하면서 고급 서비스 업종조차도 다른 곳으로 이전을 시작했으며 선진 세계의 많은 주도적 도시들이 문화와 엔터테인먼트의 중심지라는 역할에 점차 의존하게 됐다. 이제 이런 도시는 H. G. 웰스가 1세기 앞서 예측했던 것처럼 경제 생활을 호령하는 중심지로부터 "바자, 상점 그리고 주민들이 모여서 회합을 하는 장소들로 이뤄진 거대한 회랑"이라는 덧없는 역할로 변신하고 있는 것인지도 모른다.[25]

도시는 처음 생겨났을 때부터 이런 공연장 역할을 수행해 왔다. 그리고 사원과 성당과 모스크를 둘러싼 구역인 중앙광장은 오랫동안 상인들이 상품을 팔기에 이상적인 장소 역할을 했다. 자연스럽게 생겨난 극장이라 할 도시는 주위에 있는 압도적으로 많은 시골 인구들에게 배후지에서는 경험할 수 없는 신기한 경험들을 많이 체험할 수 있게 했다. 최초의 메거시티인 로마는 이런 기능들을 유례가 없는 수준까지 발전시켰다. 로마는 최초의 거대 쇼핑몰인 메르카투스 트라이아니와 도시의 엔터테인먼트가 규모와 속성 면에서 괴물처럼 성장한 콜로세움을 자랑했다.

산업화 시대에 오락의 기법들은 "도시가 주는 고통을 참을 수 있게 만드는 데 더욱 필수적인 요소가 됐다"고 프랑스 철학자 자크 엘륄은 기록했다. 20세기에 산업화된 대규모 엔터테인먼트 — 출판, 영화, 라디오, 텔레비전 — 는 도시 거주자의 삶에서 역사상 그 어느 때보다도 많은 부분을 차지했다. 이들 미디어 관련 산업은 로스앤젤레스와 뉴욕, 파리, 런던, 홍콩, 도쿄,

봄베이 같은 핵심적인 이미지 생산 도시의 경제 성장 원동력이기도 했다.[26]

20세기 초입에 문화산업에 맞춰진 이러한 초점은 많은 도시의 경제 정책에 영향을 끼치기 시작했다. 도시는 중산층 가정과 공장의 일자리를 유치하기 위해 노력하거나 주변부와 경제적 경쟁을 벌이는 대신 최신 유행과 첨단 패션, 스타일처럼 자고 일어나면 순식간에 사라져버리는 하루살이 같은 개념들을 생존에 핵심적인 것으로 여겼고, 점점 더 그런 것들에 활동의 초점을 맞추었다.

이제 관광사업은 로마와 파리, 샌프란시스코, 마이애미, 몬트리올, 뉴욕에서 가장 규모가 크고 장래가 유망한 산업 중 하나이다. 라스베이거스나 올랜도처럼 급속하게 성장하는 일부 도시의 경제는 눈을 사로잡는 독특한 건물과 24시간 쉬지 않고 이어지는 라이브 엔터테인먼트에 의존한다.[27]

맨체스터와 몬트리올, 디트로이트 같은 그럴법하지 않은 고장에서도 정치계와 경제계의 리더들은 "쿨한 도시"를 만들어내면 게이와 보헤미안들, 젊은 창작인들을 자기네 동네로 유혹할 수 있을 거라 기대했다.[28] 이런 종류의 모양새를 띤 성장 — 건물 옥상의 개발, 훌륭한 레스토랑, 클럽, 박물관, 규모도 크고 눈에도 확 띄는 동성애자와 독신자 인구 — 은 몇몇 도시에서 한때 적막했던 도심을 되살리는데 성공했지만 과거의 경제적 역동성을 희미하게나마 연상시키는 것은 찾아보기 어려웠다.[29]

파리와 빈 그리고 냉전 후의 베를린 등 중유럽에 있는 도시들은 문화에 근거한 경제 정책을 더 잘 받아들였다. 세계적인 경제 중심지라는 지위를 되찾아오는 데 대체로 실패한 베를린은 이제는 그들이 보유한 보헤미안 공동체를 주된 경제적 자산이라며 찬양한다. 도시의 존립 타당성은 상품이나 서비스의 수출에 의해 규정되지 않고 방문객들에게 강한 인상을 심어 주는 갤러리와 독특한 상점, 활기찬 거리 생활 그리고 증가하는 관광객을 상대

하는 상행위에 의해 점차 규정됐다.[30]

고급 주택화의 미래 그리고 한계

21세기에 몇몇 도시 또는 그 도시들의 일부 지역은 그런 하루살이 같은 속성의 토대 위에서 그리고 그런 관념을 바깥세상을 향해 마케팅하면서 여전히 지배력을 행사하는 미디어 산업의 지원을 받으면서 살아남을지도 모른다. 심지어는 번성할지도 모른다. 짧은 기간이었지만 상당한 환호를 받은 — 1990년대 말에 닷컴 붐이 부는 동안 생겨난 뉴욕의 '실리콘 앨리Silicon Alley'나 샌프란시스코의 '멀티미디어 협곡' 같은 — 기술 지역의 출현은 정보화 시대의 성장을 위한 주된 촉매로서 첨단 유행과 도시의 강렬한 인상을 짧은 동안이나마 주도했다.[31]

두 구역 모두 인터넷 산업이 위축됐다가 성숙기에 접어듦에 따라 결국에는 규모가 줄어들었지만 신규 주택 시장은 계속해서 성장했다. 이런 수요는 부분적으로는 젊은 전문가들로부터 비롯된 것이었지만 더욱 다양한 생활 방식을 경험하기를 바라는 나이 든 부유층 인구의 성장에서 비롯된 것이기도 했다. 이러한 현대의 유목민들은 문화적 생활에 참여하거나 중요한 사업을 벌이거나 하는 식으로 도시에 파트타임으로 거주하는 경우가 잦았다. 어떤 이의 추산에 따르면 일부 도시 — 파리도 그중 하나다 — 에서 이런 도시의 유목민은 주민 10명 중 1명을 차지한다고 한다.[32]

많은 글로벌 도시들이 낡은 창고와 공장들을 심지어는 사무용 빌딩까지도 서둘러서 품격 있는 대저택으로 변환시킨 것은 도시의 예전 경제적 중심지가 점차 주거에 알맞은 행락지로 변해간다는 것을 암시한다. 쇠락한 로워 맨해튼의 예전 금융센터가 기술적 허브로 되살아날 가능성은 없지만 "옛날의 비즈니스 센터를 재활용한 우아한 껍데기 속에서 도시적인 쾌적함을 즐기고 싶어하는 부유한 코스모폴리탄"을 위한 풀타임 또는 파트타임 주택이 될 가능성이 높다고 건축사학자 로버트 브루에그만은 말했다.[33]

그러나 시간이 흐르면 문화에 기초한 성장 형태는 자급자족적이지 못할지도 모른다. 과거에 예술 분야의 업적은 경제나 정치가 역동적으로 휩쓸고 지나간 자리 위에서 생겨났다. 아테네인들은 다른 분야에서 세계를 놀라게 하기에 앞서 부산스러운 거대한 상업의 중심지와 군사적 세력으로 먼저 떠올랐다. 알렉산드리아와 카이펑에서부터 베니스와 암스테르담, 런던 그리고 20세기의 뉴욕에 이르는 다른 거대 도시들의 비범한 문화적 산물은 미의식과 세속적인 생활 사이의 유사한 관계에 의존했다.[34]

광범위한 인구통계학적 추세도 이 도시들에게는 심각한 장기적 의문점들을 내포했다. 로마 제국 말기와 18세기 베니스에서 목격됐던 것처럼 도시 중산층 세대의 감소는 도시 지역에서 경제적, 사회적 활력을 위한 중요한 원천을 앗아갔다. 이런 문제점은 젊은 노동자의 숫자가 이미 감소 추세를 보이고 있는 일본과 유럽에서 특히 두드러질 것이다. 노령 인구가 늘어나는 일본의 도시들은 광대한 농촌 배후지로부터 이주해오는 야심만만한 젊은 세대 덕에 인력이 풍부해진 중국의 도시들과 경쟁하는 데 어려움을 겪고 있다.[35]

젊은 층의 인구가 계속해서 감소하는 상황에서 이탈리아 패션 산업의 지배력이나 아시아 대중문화에서 일본이 차지하는 주도력이 앞으로도 계속 유지될 것이라고 상상하기란 어렵다.[36] 시간이 흐르면서 세계 곳곳의 경제적으로 우월한 도시들 — 휴스턴, 댈러스, 피닉스, 상하이, 베이징, 뭄바이, 방갈로르 —은 그들이 보유한 산업에 기반을 둔 나름의 미의식을 창조해낼

게 분명하다.[37]

마지막으로, 하루살이 도시는 뿌리깊은 사회적 갈등에 자주 직면할 것이다. 엔터테인먼트와 관광산업, 창조적 기능을 지향하는 경제는 상당한 규모의 인구를 상류층에 진입시키기에는 부적합하다. 인구의 극히 일부에게만 그런 것을 허용할 수 있을 뿐이다. 문화를 후원하고 눈부신 빌딩을 건축하는 데 주된 초점을 맞추는 시 정부는 현실적인 산업들과 기초교육 또는 인프라스트럭처를 등한시하는 경향이 있다. 그런 과정을 따라간 도시는 코스모폴리탄 엘리트와 일반적으로 저임금을 받으면서 욕구를 충족시키기 위해 봉사하는 대규모 계급으로 구성된 '이원화된 도시dual city'로 발전할 가능성이 높다.[38]

하루살이 미래의 함정을 피하기 위해서 도시는 활력 넘치는 상업적 장소를 만들어내는 데 오랫동안 중요한 역할을 해온 근본 요인들을 강조해야 한다. 번화한 도시는 근본적으로 유목민 같은 인구를 위한 오락용 건물 이상의 존재여야 한다. 그런 도시에는 메트로폴리스에 재산과 가정의 장기적인 이해 관계가 걸려 있는 열성적이고 헌신적인 시민들이 필요하다. 성공적인 도시는 인상적인 클럽과 박물관, 레스토랑들의 소재지에서 그치지 않고 다음 세대를 스스로 재창조할 능력을 가진 특화된 산업과 소규모 비즈니스, 학교의 소재지이기도 해야만 한다.

안전과 도시의 미래

장기간에 걸친 끈질긴 혼란 속에서 살아남을 수 있는 도시는 세상에 없다. 성공한 도시들은 법과 질서 면에서 강한 통치 아래 번영했다. 시민들은 최소한 자신들은 어느 정도 안전하다는 느낌을 받아야만 한다. 그들은 또한 계약을 관리하고 상행위에 따른 기본 규범들을 집행할 능력이 있는 책임 있는 정부 당국에 의존할 필요도 있다.

강력한 치안을 제공하는 통치 체제를 유지하면 도시를 되살리는 데 큰 도움을 받을 수 있다. 20세기 말에 일부 미국 도시들이, 특히 뉴욕이 부활하는 데 중요한 역할을 했던 요인으로 범죄가 상당히 줄어들었다는 것을 꼽을 수 있다. 이런 업적은 새로운 치안 수단을 적용하고 대중을 안전하게 해 주겠다는 확고한 결심을 행정의 우선순위 1위로 삼으면서 달성됐다. 정말이지 1990년대는 이론의 여지는 있겠지만 미국 역사에서 범죄가 가장 큰 폭으로 줄어든 획기적인 시대였다. 범죄 감소는 관광산업의 성장 그리고 일부 주요 도시에서 일어난 인구통계학적 부흥에 중요한 전제 조건이 되었다.[39] 로스앤젤레스조차 1992년의 파괴적인 폭동 뒤로는 범죄를 줄일 수 있었고, 그러면서 상당한 규모의 경제적, 인구통계학적 회복을 연출해 냈다.[40]

미국의 도시에서 안전에 대한 걱정이 줄어든 반면 개발도상권에서는 도시의 미래에 대한 새로운 위협 요인들이 표면으로 떠올랐다.[41] 20세기가 저물 무렵 리우데자네이루와 상파울루 같은 메거시티들의 범죄는 어느 경찰관이 "도시 게릴라전"이라 불렀던 정도의 수준에 이르렀다. 마약 밀매, 갱단, 전반적인 무법 상황은 멕시코시티와 티후아나, 산살바도르와 다른 많은 도시에도 창궐했다.

치안 상황이 근본적인 손상을 입으면 편안한 도시 생활이 불가피하게 훼손되는 결과가 생긴다. 범죄에 대한 두려움과 변덕스러운 법 집행당국에 두려움을 느낀, 교외에 있는 안전한 입지를 선호하는 해외 자본은 그 도시에 자본을 투자하는 것을 주저한다. 상대적으로 평온한 나라에서조차 '도독놈 정치(권력자가 막대한 부를 독점하는 정치 — 역주)'를 자행하는 관료제는 투자를 더 안전한 곳으로 쫓아버린다.[42]

개발도상권에 있는 많은 도시들이 가장 방심할 수 없는 문제점은 어쩌면 환경오염이 낳을 결과들 그리고 커져만 가는 보건 관련 요인들이 끼치는 부정적 영향이다. 세계적으로 최소한 6억 명의 도시 거주자들이 기본적인 위생시설이나 의료에조차 접근하지 못한다. 이 인구는 자연스럽게 치명적인 전염병의 온상이 된다. 외국인이라고 해서, 부자라고 해서 이런 전염병에 대한 면역력을 항상 갖고 있는 것은 아니다.[43] 이런 위협은 국내 전문가들과 해외 투자자들이 환경적으로 더 안전한 해외나 교외로 찾아가게끔 내몰기도 한다.[44]

테러리스트의 위협

중동의 이슬람 세력은 전세계 도시들의 안전에 가장 직접적이고 치명적인 위협으로 대두됐다. 이 지역에서 개발도상국에 친숙해진 불행은 엄청난 사회적, 정치적 혼란 때문에 더욱 악화됐다. 많은 이슬람 도시들이 20세기 동안 도시계획의 서구 모델을 적용하려 노력하는 와중에 공동체와 이웃 사이의 전통적인 결속력을 약화시켰는데 그런 결속력은 사회적으로 지속 가능한 현대적인 결속력으로 대체되지 않았다.

이러한 변화는 "문화적 정체성을 형성하는 힘을 서서히 약화시키면서" 점차로 서구화되는 환경으로부터 소외된 인구를 남겨둔다고 사학자 스테파노 비앙카는 주장했다.[45] 소외는 정치적 갈등에 의해 더욱 깊어졌다. 그런 갈등 중 가장 중요한 것은 선진화된 이스라엘과 벌이는 경제적이고 군사적인 투쟁이었다. 이슬람권 도시들, 특히 아랍 도시들이 이스라엘을 능가하겠다는 원대한 목표는 경제적, 사회적, 환경적 실패뿐 아니라 전쟁에서 겪는 거듭된 패전에 의해 끊임없이 좌절됐다.

이슬람 사회는 글로벌 경제에서 경쟁하는 데 필요한 코스모폴리탄 기준에 맞게 사회를 조정하는 데에도 역시 실패했다. 코스모폴리탄 목표를 성공시키기에 최적의 입지를 지닌 레바논의 베이루트는 쉴 새 없는 내전 때문에 비틀거렸고, 1990년대 말이 돼서야 재건을 위한 진지한 노력을 경주하기 시작했다. 테헤란과 카이로처럼 잠재력이 있는 다른 이슬람 도시들은 해외 투자자들을 유치하는 데 중요한 요인인 사회적 안정성이나 투명한 사법 시스템이 부족한 상태다. 아랍에서 가장 선진적인 아랍에미리트연합 같은 나라조차도 서구 또는 싱가포르나 타이베이, 서울, 도쿄 같은 아시아 국가들의 정치 시스템과 사법 시스템보다 훨씬 뒤떨어진 사회 시스템을 갖고 있다. 너무 제멋대로라서 도저히 결과를 예측할 수 없는 온갖 시스템들 때문에 여전히 고초를 겪고 있는 것이다.[46]

이러한 어려운 환경에서 현대 도시의 미래에 가장 위험한 위협 요인이 될지도 모르는 요인이 탄생했다. 바로 이슬람 테러리즘이다. 이 현상은 프란츠 파농 같은 작가들과 결부된 급진적 민족주의와는 성격이 다르다. 알제리 독립전쟁 동안 겪은 체험에서 깊은 영향을 받은 마르티니크 출신의 흑인 정신분석학자 파농은 개발도상권의 투쟁을 서구의 도시 문화를 여전히 포용하는 "인류의 새 역사의 출발점"으로 봤다.[47] 이와는 대조적으로 이슬람 테러리스트들은 서구, 특히 서구의 대도시를 본질적으로 사악한 곳, 착취적인 곳, 비이슬람적인 곳으로 간주했다.

어느 아랍 학자는 이슬람 운동의 리더들을 "실패한 세대가 낳은 분노의 자식들"—통일된 아랍을 갈망하는 세속적인 꿈이 부패와 빈곤, 사회적 혼란으로 녹아 없어지는 것을 목격한 사람들 — 이라고 명명했다. 대부분의 경우 그들의 분노는 사막이나 작은 시골 마을에서 배양된 것이 아니라 카이로나 지다, 카라치, 쿠웨이트 같은 주요 이슬람 도시에서 자라났다. 그중 일부는 뉴욕이나 런던, 함부르크 같은 서구 도시에 오랫동안 거주해온 사람들이었다.[48]

해외에서 겪은 이 경험은 서구 도시들을 향한 그들의 분노를 깊어지게 만들었다. 일찍이 1990년에 뉴욕에 거주하는 어느 이집트인 테러리스트는 그때 이미 "그들이 자랑스러워하는 높다란 세계적 빌딩들을 파괴하는 활동"을 언급했다.[49] 11년 후 그 분노는 도시 세계의 기초를 흔들어놓았다.

2001년 뉴욕 테러가 있은 후 몇 년 동안, 눈에 잘 띄는 도심에 자리를 잡으면 테러리스트의 주요 타깃이 되지 않을까 하는 고민을 개인과 기업 모두 하기 시작했다. 이미 변화하는 경제적, 사회적 추세가 만들어낸 힘겨운 난점들에 직면한 세계 곳곳의 도시들은 이제 물질적인 소멸이라는 위협과도 맞서 싸워야만 한다.[50]

성스러운 곳

역사가 기록된 내내 도시는 번영하고 생존하는 과정에서 많은 도전에 직면했다. 가장 직접적인 현대의 위협조차도 특이한 현상은 아니다. 역사적으로 볼 때 도시에 가해진 가장 큰 타격의 일부는 조직적인 국가가 아니라 방랑하는 종족들 또는 소규모 약탈자들이 벌인 것이었다.

그런 위협들이 있었음에도 이상적인 도시는 인상적인 회복력을 보여 주었다. 공포는 도시의 결심 굳은 건설자들을 멈추게 만들기에는 충분치 않았다. 전쟁과 역병, 자연재해 때문에 영원히 황폐해진 도시들이 있었지만 —로마와 런던, 도쿄를 포함한—다른 많은 도시들은 종종은 한 차례 이상 재건됐다. 정말이지 테러리스트의 위협이 고조되는 가운데에서도 뉴욕과 런던, 도쿄, 상하이 그리고 다른 주요 도시의 관리들과 개발업자들은 새로운 사무용 빌딩과 그 외의 최상급의 건물들을 지을 계획을 계속해서 세우고 있다.[51]

앞으로 신축 건물을 짓는 것보다 훨씬 더 도시에 중요한 것은 사람들이 도시의 경험에 가치를 부여하게끔 만드는 일이다. 웅장한 구조물이나 구체적이고 원초적인 상징들—강과 바다, 교역 루트, 매력적인 녹색 공간 심지어는 고속도로 인터체인지 주변의 장소—은 거대 도시를 짓기 시작하는 데에 또는 그런 도시가 성장하는 데에 도움을 줄 수 있다. 그렇지만 그런 것들이 도시의 장기적인 성공을 지속시킬 수는 없다.

결국 거대 도시는 시민들이 별나고 강한 애착을 갖게끔 만드는, 어떤 특정한 장소를 다른 곳들과 구별되는 장소라고 여기게끔 만드는 것에 의존한다.[52] 결국 도시는 거주자들을 한데 아우르는 그래서 그들이 거주하는 공간에 대한 정체성 안에서 생활해 나가게끔 하는 의식을 발달시켜야만 한다. 위대한 사회학자 로버트 에즈라 파크는 이렇게 밝혔다. "도시는 정신의 상태이고, 체계적이지 않은 태도와 관습, 정서의 덩어리이다."[53]

정체성과 공동체에 관련된 그런 이슈들은 아직까지도 전통적인 도시의 중심지와 확장되는 주변부의 새로운 개발 패턴 중에서 궁극적으로 어느 쪽이 성공하게 될지를 상당 부분 결정한다. 이런 상황에서 오늘날의 도시 거주자들은 세계 각지의 도시 생활 창시자들이 직면했던 것과 동일한 많은 이슈들과 씨름하고 있다.

신인류의 선조인 초창기 도시 거주자들은 자신들이 선사시대의 유목 공동체와 농경 마을의 주민들이 직면했던 것과는 상당히 다른 문제들에 맞닥뜨렸다는 것을 알게 됐다. 도시 거주자들은 자신들이 속한 씨족이나 부족의 외부에서 온 이방인들과 공존하고 상호작용하는 법을 배워야만 했다. 그러려면 그들은 가정 생활에서, 상거래에서, 사회적 담화에서 보편적으로 받아들여질 행동을 결정하는 새로운 행동 규범을 체계적으로 발전시킬 필요가 있었다.

역사의 초창기에는 일반적으로 성직자들이 이런 문제에 대해 가르쳤다. 신으로부터 권위를 끌어온 그들은 특정 도시의 다양한 거주자들을 위한 규칙을 세울 수 있었다. 통치자들은 자신들의 도시는 신들이 몸소 머무는 곳이라고 주장하는 것만으로도 정신적인 권위를 획득했다. 도시의 신성함은 예배를 위한 중심지라는 역할과 연결됐다.

고대의 위대한 도시는 거의 모든 곳이 종교와 종교의 가르침으로 뒤덮여 있었다. "도시들은 자신이 받아들인 제도가 유용한 것인지 여부를 묻지 않았다"고 뛰어난 역사가 퓌스텔 드 쿨랑주는 기록했다. "이 제도들은 종교가 그렇게 되기를 소망했기 때문에 받아들여졌다."[54]

성스러운 역할은 도시의 환경에 대한 현대의 논의에서 너무 자주 무시돼 왔다. 그런 역할은 도시를 다룬 현대의 많은 책이나 도시의 곤경에 대한 공공의 논의에서나 간신히 등장할 따름이다. 이런 현상은 초창기나 고대 또는 중세 도시의 거주자들이 보기에 그리고 빅토리아 시대 말기의 많은 개혁가들이 보기에 이상해 보일 것이다.

예를 들어, 신도시계획 전문가와 건축가, 개발업자들은 녹색 공간의 필요성과 역사적 유물의 보존, 환경에 대한 책무에 대해 설득력 있는 주장을 편다. 그러나 관심사가 비슷했던 빅토리아 시대의 진보론자들과 달리 도시를 한데 묶어 줄 강력한 도덕적 비전의 필요성에 대해 언급하는 경우는 드물다.[55] 그런 결점은 변덕스러운 유행 추종과 스타일에 대한 이슈들 그리고 가정이나 안정적인 공동체보다는 개인을 더 찬양하는 오늘날의 도시 환경에 자연스럽게 반영됐다. 학술적 문헌의 상당 부분을 지배하는, 도시에 대한 현대의 포스트모던주의자들의 시각은 공유된 도덕적 가치관이라는 개념을, 어느 독일인 교수가 "기독교도-부르주아지의 소우주"라고 명명한 사람들을 현혹시키는 관념보다 나을 게 별로 없는 개념이라며 단호하게 물리쳐버린다.[56]

그러한 허무주의적 태도는 만약 폭넓게 받아들여진다면 가장 무시무시한 테러리스트의 위협만큼이나 도시의 미래에 위험한 것으로 판명될 수도 있다. 널리 공유된 신념 체계가 없다면 발전하는 도시의 미래를 상상하기란 대단히 어렵다. 후기산업화 시대에조차 도시의 운명은 여전히 "공공의 미덕이라는 개념"과 "폴리스에 대한 고전적인 의문"을 중심으로 펼쳐진다고 다니엘 벨은 주장했다.

현대 서구의 도시들은 다양한 문화를 통합하고 새로운 경제적 난점들을 해결하기 위해 정당한 법 절차, 신앙의 자유, 기본적인 재산권 등 고대와 계몽주의 시대의 이상들을 폭넓게 고수해 왔다고 벨은 이해했다.[57] 시장의 이름으로건 아니면 다문화 분리주의나 종교적 도그마의 이름으로건 필수적인 원칙들이 무너지면 서구의 현대 도시는 그 앞에 놓인 어마어마한 난제들을 해결하는 데 무력해진다.[58]

이러한 주장을 하는 것이 서구가 도시의 질서를 성취하는 유일하게 합리적인 방법을 대표한다고 주장하는 것은 아니다. 역사에는 다신교와 이슬람, 유교, 불교, 힌두교의 보호 아래 발전한 도시의 모델들이 가득하다. 코스모폴리탄 도시는 계몽주의보다 훨씬 앞서 찾아왔다. 그런 도시는 다신교를 믿은 그리스의 알렉산드리아에서 처음으로 떠올랐고, 훗날에는 중국과 인도의 해안 도시들과 다르 알-이슬람의 도처에 있는 많은 도시에서도 번성했다.

우리 시대에 도시 건설의 가장 주목할만한 성공은 서구에서 수입된 과학적 합리주의와 뒤섞인 성리학 신념 체계 아래 이루어진 성공인지도 모른다. 집중 현상, 현대와 전통의 혼합은 중국의 과거 문화가 남긴 모든 흔적을 열심히 파괴하던 마오쩌뚱주의를 결국 극복해냈다. 오늘날 이 믿음은 억제되지 않은 시장 사본주의의 부삭용과 중국 내에서 특히 심한 권위주의적 지배 엘리트의 이기적인 부패와 투쟁하고 있다.[59]

서구적인 가치관이 없는 상태로 창건됐던 이슬람 세계도 그 나름의 영광스러운 과거 —코스모폴리탄 가치관과 과학적 진보에 대한 믿음으로 충만했던 시절 —에서 현재의 뒤숭숭한 도시 문명을 구출할 수단을 찾을 수 있을 것이라고 사람들은 기대한다. 9백만 명의 인구를 거느린 유서 깊은 메트로폴리스인 이스탄불은 근본적으로 이슬람적인 사회이지만 어느 터키인 도시계획자가 "문화적으로 글로벌화한 얼굴"이라고 부른 것과 융화시킬 가능성을 보여 주었다. 이슬람의 편협한 분파들이 공격을 자행하는 가운데에서도 이러한 코스모폴리탄 모델이 성공을 거둔다면 그 모델은 21세기에 세계 곳곳에 있는 도시의 발전을 보존하는 데에 큰 힘이 될 것이다.[60]

격렬한 세계화 시대에 도시는 의견이 다른 인구들을 조정할 능력을 갖춘 윤리적 규율을 융합할 수 있어야 한다. 성공적인 도시에서는 이슬람의 황금기 동안의 딤미들(dhimmis, 보호받는 자들 — 역주)처럼 다른 종교를 믿는 사람들도 통치 당국으로부터 기본적인 정의를 기대할 수 있어야 한다. 그럴 거라는 전망이 없다면 경제는 쇠락이 불가피하고 문화와 기술의 발전 속도는 느려지며 사람들의 상호작용이 이루어지는 역동적인 공간이었던 도시는 폐허로 변해버린다. 궁극적으로는 불운한 장소로 전락해버린다.

도시는 도시에 모여든 대규모 인구가 가진 복잡한 본성에 규율을 부여하는 동시에 영감을 불어넣는 성스러운 장소를 점령하는 것을 통해서만 번영할 수 있다. 5천년 또는 그보다 더 오랜 세월 동안 도시를 향한 인간의 애착은 정치적, 물질적 진보가 가능할지 여부를 판가름하는 으뜸가는 법정 역할을 해 왔다. 신성함과 안전함, 번화함이 하나로 어우러지는 이런 유서 깊은 도시야말로 앞으로 도래할 오랜 세월 동안 인류의 미래를 형성하게 될 곳이다.

감사의 말

이 책을 쓰는 작업은 지적인 분야에서 참호전을 벌이는 것과 비슷했다. 다뤄야 하는 범위는 너무 넓었고, 정보의 필요성도 너무 절박했다. 그래서 해야 할 일의 분량에 질리고, 고통스러울 정도로 느린 진척 속도 때문에 불안감을 느낀 적이 많았다.

많은 사람들의 도움과 관대함이 없었다면 나는 대단히 만족스럽기는 하지만 사람의 진을 다 빼놓는 이 과제를 참아낼 수 없었을 것이다. 우선 내 에이전트인 멜라니 잭슨과 홍보 담당자인 재키 그린이 베풀어 준 따뜻한 지원에 감사를 표하고 싶다. 걸출한 편집 솜씨를 발휘하고 올바른 방향을 제시해 준 랜덤하우스의 편집자 스콧 모이어스와 윌 머피에게도 많은 빚을 졌다.

여러 신문과 잡지에서 일하는 편집자들도 이 책을 갈고 닦는 데 도움을 줬다. 오랫동안 교류해온 편집자들, 특히 『로스앤젤레스 타임스』의 게리 스피커와 『워싱턴 포스트』의 스티브 룩셈버그, 조피아 스마즈에게 감사드린다. 『뉴욕 타임스』의 패트릭 J. 라이언스, 『월 스트리트 저널』의 바바라 필립스와 맥스 부트, 『Inc.』의 에드 수스먼에게도 역시 감사드린다. 여러 차례에 걸쳐 훌륭한 이야기를 들려 주고 꾸준히 격려해 준 『아메리칸 엔터프라이즈』의 칼 진스메이스터에게 특별한 감사를 표하고 싶다.

나는 이 책에 직접적으로 기여해 준 이들, 즉 내가 2004년 여름까지 시니어 펠로로 있었던 페퍼다인 대학 공공정책학부의 연구 조교들에게 많은 빚을 졌다. 연구 조교인 헤더 바버와 조지프 '조' 험머, 밍지에 '캐롤' 리, 신시아 구에레로, 사라 프리스트놀은 모두 이 책에 심대한 기여를 했다.

졸업한 후에도 이 책을 계속 도와 준 조교 2명에게 특히 많은 신세를 졌다. 지금은 고향 텍사스 매캘런에서 살고 있는 에리카 오즈나는 전반적인 연구를 도와 주면서 그녀의 고국 멕시코와 관련된 작업에 상당한 도움을 줬다. 카렌 스피처 목사는 방대한 조사를 해줬을 뿐만 아니라 종교의 중심적인 역할과 관련한 내용에서 도움을 줬다. 페퍼다인의 인사들, 특히 데이비드 데이븐포트 전 총장, 셰릴 켈로, 브래드 체브스, 브릿 데이노, 마리-앤 테일러, 제임스 윌번과 내 동료 마이클 샤이어스에게 많은 감사를 드린다.

도시에 대한 연구를 진행할 때는 밀켄연구소의 지원을 받았다. 그 중에서도 로스 데볼과 수잔느 트림배스의 지원을 많이 받았다. 그리고 중국사 분야에서 친절하게 나를 도와 준 페리 웡은 가장 많은 지원을 해췄다. 캘리포니아 주립대학 로스앤젤레스 분교의 교수이자 이슬람 도시의 전문가인 알리 모다레스에게도 감사드린다. 내 좋은 친구이자 지적인 파트너인 데이비드 프리드먼은 책에 대한 생각에 대해, 그 중에서도 특히 일본을 다루는 섹션들에서 도움을 줬다. 더불어 뉴 아메리카 재단에서 일하는 동료인 그레고리 로드리게즈에게도 감사를 표하고 싶다. 그는 내게 우정을 베푸는 동시에 로스앤젤레스와 이민의 영향에 대해 설명해 줬다. 로버트 카는 기쁜 마음으로 전자 네트워크를 설계하고 관리해 주었다.

로스앤젤레스에 대한 내 이해는 로버트 스콧, 데이비드 플레밍, 브루스

애커만의 도움을 받아 산 페르난도 밸리의 이코노믹 얼라이언스(Economic Alliance)를 위해 했던 작업을 통해 부쩍 향상됐다. 더불어 나는 로스앤젤레스 경제개발조합과 함께, 특히 그중에서도 매트 톨레도와 리 해링턴, 잭 카이저와 함께 프로젝트를 이끄는 행운을 누렸다. 인랜드 엠파이어에서 라 졸라 연구소와 인랜드 엠파이어 경제조합, 특히 스티브 폰텔과 테리 움스와 함께 연구할 수 있었던 기회를 고맙게 생각한다. 현재 서던 캘리포니아 대학에 재직 중인 케빈 스타로부터 캘리포니아와 그곳 도시들에 대해 대단히 많은 것을 배웠다.

현대의 다른 미국 도시들에 대한 내 이해는 여러 곳에서 했던 내 연구에서 상당한 도움을 받았다. 그중 많은 도시들과 관련해서, 브루킹스 연구소와 미시간 대학에서 연구하고 있는 인구통계학자인 윌리엄 프레이에게서 도움을 받았다. 케난 연구소와 노스캐롤라이나 대학에 재직 중인 존 카사다도 원고를 준비하는 동안 격려를 해 주면서 시기적절한 의견들을 제시해 주었다.

컨설턴트로 일하면서 강의를 한 것은 도시의 기능과 작동 방식에 대해 실제로 체험해 본 귀중한 경험이었다. 세인트루이스 지역 상공회의소연합, 특히 딕 플레밍과 로버트 코이, 데비 프레데릭 같은 인사들과의 공동연구를 통해 나는 미국 중부에 대해 많은 것을 배우는 행운을 누렸다. 휴스턴의 앤드류 시걸, 데이비드 울프 그리고 밥 레이니어 시장도 날로 성장하는 활력 넘치는 텍사스의 메트로폴리스가 보여 주는 역동성을 이해하고 올바르게 인식하는 데 도움을 줬다. 나는 CEO 프락시스의 사장인 델로어 짐머만과 함께 한 연구를 통해 로키산맥 동부의 대초원지대에 있는 소도시들의 에너지에 대한 탁월한 통찰력을 얻었다. 한편 레슬리 파크스와 함께 한 연구는 산호세와 오리건의 포틀랜드 같은 도시들을 이해하는 데 더 없이 소중했다.

뉴욕에서, 나는 뉴욕시립대학 바룩칼리지 산하 뉴먼연구소의 펠로가 되면서, 연구소 소장이자 출중한 개발업자인 헨리 울먼과 많은 대화를 나누었다. 뉴욕에 자리한 '도시의 미래를 위한 센터Center for an Urban Cer'와 미국에서 으뜸가는 메트로폴리스의 미래에 대한 센터의 2004년도 연구에 함께 한 동료들인 닐 클라이먼과 조나단 보울스, 킴 나우어, 노에미 알트만에게도 많은 감사를 드리고 싶다.

나는 유럽에서도 도움을 받았다. 그중 가장 큰 도움은 에두아르드 봄호프와 로테르담 시로부터 받았는데, 로테르담 시는 그 위대한 항구 도시에 대해 현지에서 보고 배울 수 있게끔 내 방문을 후원해 줬다. 암스테르담의 게에르트 막과 폴 브링크는 현대의 상업적 메트로폴리스의 중요한 모델을 살펴보는 데 없어서는 안 될 안내자였다. 몬트리올을 이해하는 데 도움을 준 외삼촌 레온 그라움 그리고 내 프랑스인 사돈들을 포함한 파리의 많은 이들이 준 도움에 대해서도 감사드린다.

아시아와 관련해서, 나는 일본인 스승이신 고 도쿠야마 지로 선생님께 항상 빚을 지고 살아갈 것이다. 그 분의 식견은 그 분이 다른 세계로 떠나신 후에도 내 곁에 살아 있다. 내 친구 빈센트 디아우는 중국의 신개발과 관련된 정보를 꾸준히 제공해 주는 소식통이다.

내 친구이자 가끔 책을 함께 쓰는 사이인 뉴욕 소재 쿠퍼 유니언의 도시 역사학 교수 프레드 시겔보다 이 책에 많은 도움을 준 사람도 없다. 특히 유럽과 미국 도시의 역사에 대한 프레드의 지식은 내가 읽을 자료를 결정하는 데 유용한 정보가 되었다. 또한 그는 도전받을 필요가 있는 아이디어들에 도전하는 것으로 내 작업을 도와 줬다.

내 한도 끝도 없는 불평과 간간이 책상을 내리치면서 일으킨 발작을 감내해야만 했던 가족들이야말로 내가 가장 많은 빚을 진 이들이다. 여기에는 이 책의 헌정 대상인 동생 마크와 그의 아내 파멜라 푸트넘, 비범하신 나의 어머니 로레타 코트킨도 포함된다. 지속적인 영감을 제공해 준 가장 큰 출처이자 사랑스럽고 인내심 강한 아내 맨디 그리고 호기심이 끊이지 않는 에이리얼 셸리와 우리 가족의 새 식구가 된 앙증맞은 한나 엘리자베스 등 소중한 두 딸은 세상 그 누구보다도 특별한 이들이다. 우리는 이 두 어린 도시생활자들로부터 훗날 많은 애기를 들을 수 있을 거라 기대한다.

감
사
의
말

주

지은이의 말

1 Jacques Ellul, *The Meaning of the City*, trans. Dennis Pardee (Grand Rapids, Mich.: William B. Eerdmans, 1970), 5.

2 Witold Rybczynski, *City Life: Urban Expectations in the New World* (New York: Scribner's, 1995), 49.

서론

1 Bernal Díaz del Castillo, *The Discovery and Conquest of Mexico, 1517-1521* trans. A. P. Maudslay (New York: Farrar, Straus, and Cudahy, 1956), xii. 미국판 서문에서 어빙 레오나드(Irving Leonard)는 베르날 디아스의 '대략적인' 출생연도를 콜럼버스가 미국 대륙으로 항해한 해인 1492년으로 정정한다.

2 Ibid., 119.

3 Ibid., 190-92.

4 Tertius Chandler and Gerald Fox, *Three Thousand Years of Urban Growth* (New York: Academic Press, 1974), 365.

5 Herodotus, *The Histories*, trans. Aubrey de Sélincourt (London: Penguin, 1954), 5.

6 Kevin Lynch, *The Image of the City* (Cambridge, Mass.: Technology Press, 1960), 4.

7 Henri Pirenne, *Medieval Cities: Their Origins and the Revival of Trade* (Princeton, N. J.: Princeton University Press, 1925), 55-57.

1. 성스러운 기원

1 A.E.J. Morris, *History of Urban Form: Before The Industrial Revolution* (London: Longman, 1994), 1.

2 Ibid., 2-5; William H. McNeill, *Plagues and Peoples* (Garden City, N.Y.: Anchor Press, 1974), 27.

3   Werner Keller, *The Bible as History*(New York: William Morrow, 1981), 3.

4   Gordon Childe, *What Happened in History*(London, Penguin, 1957), 89.

5   Hans J. Nissen, *The Early History of the Ancient Near East, 9000-2000 B.C.*(Chicago: University of Chicago Press, 1988), 56

6   Grahame Clark, World Prehistory: An Outline(Cambridge, Eng.: Cambridge University Press, 1961), 85-90.

7   Childe, *op. cit.*, 92-96.

8   예를 들어, 피터 홀 경(Sir Peter Hall)의 권위 있고 포괄적인 저작인 *Cities in Civilization*(New York: Pantheon Books, 1998)은 도시의 역사를 창조하는 과정을 설명하면서 종교 일반이나 이슬람, 기독교나 성당에 대해서는 사실상 언급하지 않는다. 이와 비슷하게, 토니 히스(Tony Hiss)의 우수한 저작인 *The Experience of Place*(New York: Knopf, 1990)는 공원과 아파트, 사무용 빌딩, 기차역은 사랑스러운 시선으로 취급하지만, 종교적인 장소는 거의 다루지 않는다.

9   Childe, *op. cit.*, 137.

10   Mason Hammond, *The City in the Ancient World*(Cambridge, Mass.: Harvard University Press, 1972), 35; Keller, *op. cit.*, 8.

11   Mircea Eliade, *The Myth of the Eternal Return*, trans. Willard R. Trask(Princeton, N.J.: Princeton University Press, 1971), 13.

12   Hammond, *op. cit.*, 37-38.

13   Ibid., 28.

14   *The Epic of Gilgamesh*, trans. Andrew George(London: Penguin, 1999), 1; Keller, *op. cit.*, 17.

15   Childe, *op. cit.*, 102; Hammond, *op. cit.*, 44.

16   Eliade, *op. cit.*, 14.

17   Clark, *op. cit.*, 107-9.

18   Robert W. July, *A History of the African People*(New York: Scribner's, 1970), 14.

19   Childe, *op. cit.*, 114-18.

20   A. Bernard Knapp, *The History and Culture of Ancient Western Asia and Egypt*(Belmont, Calif.: Wadworth Press, 1990), 109-10.

21   Clark, *op. cit.*, 109-11; Morris, *op. cit.*, 11-14.

22   Hammond, *op. cit.*, 73.

23   Chandler and Fox, *op. cit.*, 300-301.

24   Lewis Mumford, *The City in History: Its Origins, Its Transformations, and Its Prospects*(New York: Harcourt Brace, 1961), 80.

25   Childe, *op. cit.*, 129.

26   Clark, *op. cit.*, 182-85.

27   Joseph Levenson and Franz Schurmann, *China: An Interpretive History, from the Beginnings to the Fall of Han* (Berkeley: University of California Press, 1969), 19-22.

28   Morris, *op. cit.*, 2.

29　Paul Wheatley, *The Pivot of the Four Quarters: A Preliminary Enquiry into the Origins and Character of the Ancient Chinese City* (Chicago: Aldine Publishing Company, 1971), 71.

30　Ibid., 175, 179.

31　G. C. Valliant, *Aztecs of Mexico* (Garden City, N.Y.: Doubleday, 1944), 35, 44-45; Jeremy A. Sabloff, *The Cities of Ancient Mexico: Reconstructing a Lost World* (London: Thames and Hudson, 1989), 28, 41; Jorge E. Hardoy, "Two Thousand Years of Latin American Civilization," in *Urbanization in Latin America: Approaches and Issues*, ed. Jorge E. Hardoy (Garden City, N.Y.: Anchor Books, 1975), 4; Rene Million, "The Last Years of Teotihuac n Dominance," in *The Collapse of Ancient States and Civilizations*, ed. Norman Yoffee and George L. Cowgill (Tucson: University of Arizona Press, 1991), 108-12; Clark, *op. cit.*, 225-30; Garcilasco de la Vega, *The Incas*, trans. Maria Jolas (New York: Orion Press, 1961), 57, 119.

32　J. Alden Mason, *The Ancient Civilizations of Peru* (London: Penguin Books, 1957), 40-48.

33　Sabloff, *op. cit.*, 28; Million, *op. cit.*, 108-12; Clark, *op. cit.*, 225-30; de la Vega, *op. cit.*, 57, 119.

34　Sabloff, *op. cit.*, 134-35, 144-45.

2. 권력의 투영 - 제국 중심지의 탄생

1　Hammond, *op. cit.*, 56-57; Knapp, *op. cit.*, 156.

2　Knapp, *op. cit.*, 85-92; H.W.F. Saggs, *The Greatness That Was Babylon: A Sketch of the Ancient Civilizations of the Tigris-Euphrates Valley* (New York: Hawthorn Publishers, 1962), 61.

3　Saggs, *op. cit.*, 50-53.

4　Knapp, *op. cit.*, 97-100.

5　Chandler and Fox, *op. cit.*, 300-301.

6　Hammond, *op. cit.*, 52.

7　Saggs, *op. cit.*, 72; Knapp, *op. cit.*, 151.

8　Herodotus, *op. cit.*, 70-71; Chandler and Fox, *op. cit.*, 301.

9　Chandler and Fox, *op. cit.*, 300.

10　Hammond, *op. cit.*, 51-55; Knapp, *op. cit.*, 224-25; Mumford, *op. cit.*, 111.

11　Romila Thapar, *A History of India*, vol. 1 (New York: Penguin, 1990), 55-61; Clark, *op. cit.*, 190-91.

12　Clark, *op. cit.*, 226-28.

13　Hardoy, *op. cit.*, 6-10; Clark, *op. cit.*, 224.

14　Wheatley, *op. cit.*, 7, 182.

15　Sen-Dou Chang, "Historical Trends of Chinese Urbanization," *Annals of the Association of American Geographers* 53, no. 2 (June 1963): 109-17; Morris, *op. cit.*, 2.

16 Laurence J. C. Ma, *Commercial Development and Urban Change in Sung China*, Michigan Geographical Society, 1971.

17 Alfred Schinz, Cities in China(Berlin: Gebruder Borntraeger, 1989), 10-15; Chandler and Fox, *op. cit.*, 302.4

18 Paul Wheatley and Thomas See, *From Court to Capital: A Tentative Interpretation of the Origins of the Japanese Urban Tradition*(Chicago: University of Chicago Press, 1978), 70-75, 110-15.

19 Ibid., 131-33; Nicolas Fieve and Paul Waley, "Kyoto and Edo-Tokyo: Urban Histories in Parallels and Tangents," in *Japanese Capitals in Historical Perspective: Place, Power and Memory in Kyoto, Edo and Tokyo, ed. Nicolas Fieve and Paul Waley*(London: Routledge Curzun, 2002), 6-7.

3. 최초의 상업적 중심지들

1 T. R. Fehrenbach, *Fire and Blood: A History of Mexico*(New York: Macmillan, 1979), 42; Sabloff, *op. cit.*, 41; Elman R. Service, *Origins of the State and Civilization: The Process of Cultural Evolution*(New York: W. W. Norton, 1975), 221-31; Wheatley, *op. cit.*, 371; July, *op. cit.*, 28-29.

2 Victor F. S. Sit, *Beijing: The Nature and Planning of a Chinese Capital City*(New York: John Wiley, 1995), 6-28; Wheatley, *op. cit.*, 126-27, 133, 176, 188-89; Levenson and Schurmann, *op. cit.*, 99-100.

3 Michael Grant, *The Ancient Mediterranean*(New York: Scribner's, 1969), 62-63.

4 Ibid., 74-76.

5 Sabatino Moscati, *The World of the Phoenicians, trans. Alastair Hamilton*(New York: Praeger, 1968), 99, 101.

6 Chandler and Fox, *op. cit.*, 300.

7 Childe, *op. cit.*, 140.

8 이사야서 23장 8절; Hammond, *op. cit.*, 89-91.

9 Herodotus, *op. cit.*, 126.

10 Gerhard Herm, *The Phoenicians: The Purple Empire of the Ancient World*(New York: William Morrow, 1975), 79-81, 88-89.

11 Hammond, *op. cit.*, 75-86.

12 Knapp, *op. cit.*, 190-91; Grant, *op. cit.*, 77-78; Clark, *op. cit.*, 161; Herodotus, *op. cit.*, 299.

13 Moscati, *op. cit.*, 10.

14 Ibid., 123-26.

15 Ibid., 116-21; Herm, *op. cit.*, 129.

16 Herm, *op. cit.*, 144-60.

17 Ibid., 214; Chandler and Fox, *op. cit.*, 302.

18 Moscati, *op. cit.*, 131-35; Grant, *op. cit.*, 125, 129-30.
19 Moscati, *op. cit.*, 135.

4. 그리스의 위업

1 Knapp, *op. cit.*, 198; Gordon Childe, *The Dawn of European Civilization* (New York: Knopf, 1925), 24-28; Grant, *op. cit.*, 63, 88.
2 Knapp, *op. cit.*, 202-4.
3 Childe, *The Dawn of European Civilization*, 42-43.
4 Mumford, *op. cit.*, 120-23.
5 Grant, *op. cit.*, 108-10; Clark, *op. cit.*, 150-51.
6 Grant, *op. cit.*, 136-37.
7 Ibid., 192.
8 G.E.R. Lloyd, "Theories of Progress and Evolution," in *Civilization of The Ancient Mediterranean*, ed. Michael Grant and Rachel Kitzinger (New York: Scribner's, 1988), 27.
9 Aristotle, *The Politics*, trans. Carnes Lord (Chicago: University of Chicago Press, 1984), 90.
10 Oswyn Murray, "Greek Forms of Government," in *Civilization of The Ancient Mediterranean*, 439-53.
11 Ibid., 439.
12 Hall, *op. cit.*, 35; Chandler and Fox, *op. cit.*, 300-301.
13 Philip D. Curtin, *Cross-Cultural Trade in World History* (Cambridge, Eng.: Cambridge University Press, 1984), 75-78; Alison Burford, "Crafts and Craftsmen," in *Civilization of The Ancient Mediterranean*, 367.
14 Peter Walcott, "Images of the Individual," 1284-87, and Stanley M. Burstein, "Greek Class Structures and Relations," 529-31, in *Civilization of The Ancient Mediterranean*; Hall, *op. cit.*, 61; Aubrey de S incourt, *The World of Herodotus* (Boston: Little, Brown, 1963), 193-97.
15 Hall, *op. cit.*, 41; Mumford, *op. cit.*, 163; McNeill, *op. cit.*, 105.
16 Clark, *op. cit.*, 162.
17 Thomas D. Boyd, "Urban Planning," in *Civilization of The Ancient Mediterranean*, 1693-94; Mumford, *op. cit.*, 149-51.
18 M. M. Austin, "Greek Trade, Industry, and Labor," in *Civilization of The Ancient Mediterranean*, 727.
19 Ibid., 725-34.
20 Edith Hamilton, *The Greek Way* (New York: W. W. Norton, 1930), 137.
21 Grant, *op. cit.*, 168-80, 208-10; J. B. Ward-Perkins, *Cities of Ancient Greece and Italy: Planning in Classical Antiquity* (New York: George Braziller, 1974), 16.
22 R. Ghirshman, Iran (New York: Penguin, 1954), 86, 130-33, 203-5; Knapp, *op. cit.*, 256-59.
23 Hall, *op. cit.*, 66-67; Hamilton, *op. cit.*, 142-46; Ghirshman, *op. cit.*, 196-99; Austin, *op.*

cit., 747.

24 Ghirshman, *op. cit.*, 208-9.

25 Hall, *op. cit.*, 38.

26 Curtin, *op. cit.*, 80.

27 Michael Grant, *From Alexander to Cleopatra: The Hellenistic World*(New York: Scribner's, 1982), 107-10; Ghirshman, *op. cit.*, 211.

28 Boyd, *op. cit.*, 1696.

29 Mumford, *op. cit.*, 190-97.

30 Grant, *From Alexander to Cleopatra*, 40-44.

31 Ibid., 37-40, 194-96, 198-203.

32 Burstein, *op. cit.*, 545-46.

33 Samuel Sandmel, *Judaism and Christian Beginnings*(New York: Oxford University Press, 1978), 30-31.

34 Grant, From Alexander to Cleopatra, 80-88; Piggot, *op. cit.*, 4, 22.

5. 로마 – 최초의 메거시티

1 Petronius, *The Satyricon*, trans. J. P. Sullivan(New York: Penguin, 1986), 11-13.

2 Morris, *op. cit.*, 37-38; Jérôme Carcopino, *Daily Life in Ancient Rome*, trans. E. O. Lorimer (New Haven: Yale University Press, 1940), 16-20; Hall, *op. cit.*, 621; Chandler and Fox, *op. cit.*, 302-3.

3 Mumford, *op. cit.*, 237.

4 McNeill, *op. cit.*, 104.

5 Carcopino, *op. cit.*, 174.

6 John E. Stambaugh, *The Ancient Roman City*(Baltimore: Johns Hopkins University Press, 1988), 7-8.

7 Ibid., 11-12.

8 Massimo Pallottino, *The Etruscans*, trans. J. Cremona(Bloomington: Indiana University Press, 1975), 95-97.

9 F. E. Adcock, *Roman Political Ideas and Practice*(Ann Arbor: University of Michigan Press, 1964), 16.

10 Numa Denis Fustel de Coulanges, *The Ancient City: A Study on the Religion, Laws, and Institutions of Greece and Rome*(Baltimore: Johns Hopkins University Press, 1980), 17-52.

11 Ibid., 132-34.

12 Ibid., 182.

13 Ibid., 91.

14 Stambaugh, *op. cit.*, 12, 18-19; Clark, *op. cit.*, 164-66.

15 Stambaugh, *op. cit.*, 33-35.

16 Keith Hopkins, "Roman Trade, Industry and Labor," in *Civilization of The Ancient Mediterranean*, 774; Stambaugh, *op. cit.*, 36-37; Morris, *op. cit.*, 44.

17 Morris, *op. cit.*, 45; Stambaugh, *op. cit.*, 44-45.

18 Stambaugh, *op. cit.*, 51.

19 E. J. Owens, *The City in the Greek and Roman World*(London: Routledge, 1991), 121-40, 150-52, 159.

20 Herbert Muller, *The Uses of the Past: Profiles of Former Societies*(London: Oxford University Press, 1952), 219-20.

21 Carcopino, *op. cit.*, 20-27, 65.

22 Ibid., 45-51.

23 Petronius, *op. cit.*, 129.

24 Morris, *op. cit.*, 46-47; Stambaugh, *op. cit.*, 150-53.

25 Stambaugh, *op. cit.*, 144-45.

26 Morris, *op. cit.*, 39-44.

27 Edward Gibbon, *The Decline and Fall of the Roman Empire*, vol. 1 (New York: Modern Library, 1995), 8.

28 Robert Lopez, *The Birth of Europe*(New York: M. Evans and Company, 1967), 15.

29 Charles Ludwig, *Cities in New Testament Times*(Denver: Accent Books, 1976, 12.

30 J.P.V.D. Balsdon, *Life and Leisure in Ancient Rome*(New York: McGraw-Hill, 1969), 224-25.

31 Childe, *The Dawn of European Civilization*, 267-73; Grant, *The Ancient Mediterranean*, 293; Curtin, *op. cit.*, 99-100.

32 Gibbon, *op. cit.*, 33.

33 G. W. Bowerstock, "The Dissolution of the Roman Empire," in *The Collapse of Ancient States and Civilizations*, 169; Grant, *The Ancient Mediterranean*, 297-99; Richard P. Saller, "Roman Class Structures and Relations," in *Civilization of The Ancient Mediterranean*, 569.

34 Muller, *op. cit.*, 218.

35 Michael Grant, *The Antonines: The Roman Empire in Transition*(London: Routledge, 1994), 55-56; Muller, *op. cit.*, 221.

6. 고대 도시의 그늘

1 Karl Marx, *Das Kapital*, trans. David Fernbach (New York: Vintage, 1977), vol. 1, 232; vol. 2, 730; Michael Grant, *The Fall of the Roman Empire*(London: Weidenfeld and Nicholson, 1997), 103, 126-29.

2 Balsdon, *op. cit.*, 203.

3 Grant, *The Fall of the Roman Empire*, 103, 139.

4 McNeill, *op. cit.*, 115-19.

5   Muller, *op. cit.*, 228.

6   Ludwig, *op. cit.*, 79-81, 85; Wayne A Meeks, "Saint Paul of the Cities," in Peter S. Hawkins, *Civitas: Religious Interpretation of the City* (Atlanta: Scholars Press, 1986), 17-23; Sandmel, *op. cit.*, 337, 405.

7   마태복음 10장 23절.

8   Owens, *op. cit.*, 47.

9   Grant, *The Fall of the Roman Empire*, 291.

10 Jacob Burckhardt, *The Age of Constantine the Great* (New York: Doubleday, 1956), 207; McNeill, *op. cit.*, 122; Lopez, *op. cit.*, 25.

11 Saint Augustine, *The City of God*, trans. Marcus Dods (New York: Modern Library, 1993), 476-77.

12 Joseph A. Tainter, *The Collapse of Complex Societies* (Cambridge, Eng: Cambridge University Press, 1990), 127-50; Childe, *What Happened in History*, 275.

13 Morris, *op. cit.*, 44.

14 Dunbar von Kalckreuth, *Three Thousand Years of Rome*, trans. Caroline Fredrick (New York: Knopf, 1930), 141-43; Cyril Mango, *Byzantium: The Empire of New Rome* (New York: Scribner's, 1980), 21.

15 George L. Cowgill, "Onward and Upward with Collapse," in *The Collapse of Ancient States and Civilizations*, 270.

16 Chandler and Fox, *op. cit.*, 304.

17 Craig Fisher, "The Medieval City," in *Cities in Transition: From the Ancient World to Urban America*, ed. Frank J. Coppa and Philip C. Dolce (Chicago: Nelson Hall, 1974), 22.

18 Vito Fumagalli, *Landscapes of Fear: Perceptions of Nature and the City in the Middle Ages*, trans. Shayne Mitchell (Cambridge, Eng.: Polity Press, 1994), 68.

19 Mango, *op. cit.*, 75.

20 July, *op. cit.*, 46; Michael Grant, *From Rome to Byzantium: The Fifth Century* (London: Routledge, 1998), 11-13; Mango, *op. cit.*, 74; Chandler and Fox, *op. cit.*, 304-6.

21 *The Chronographia of Michael Psellus*, trans., E.R.A. Stewart (New Haven: Yale University Press, 1953), 130.

22 Pirenne, *op. cit.*, 2-3; Childe, *What Happened in History*, 279; Steven Runciman, "Christian Constantinople," in *Golden Ages of the Great Cities*, ed. C. M. Bowra (London: Thames and Hudson, 1952), 64, 70-72; 77-78.

23 Muller, *op. cit.*, 17.

24 Mango, *op. cit.*, 68, 92.

25 Burckhardt, *op. cit.*, 334; Morris, *op. cit.*, 62; Dimitri Obolensky, *The Byzantine Commonwealth Easter Europe*, 500-1453 (New York: Praeger, 1971), 48.

7. 이슬람의 군도

1 Chandler and Fox, *op. cit.*, 270.

2 Geoffrey Barraclough, *The Crucible of Europe: The Ninth and Tenth Centuries in European History*(Berkeley: University of California Press, 1976), 61.

3 Henri Pirenne, *Mohammed and Charlemagne*, trans. Bernard Miall(Cleveland: Meridian Books, 1957), 166.

4 Richard Hodges, *Dark Age Economics: The Origin of Towns and Trade*(New York: St. Martin's Press, 1982), 31, 181; David C. Douglas, *The Norman Achievement*, 1050-1100 (Berkeley: University of California Press, 2001), 189.

5 Paul Wheatley, *The Places Where Men Pray Together: Cities in Islamic Lands, Seventh Through the Tenth Centuries*(Chicago: University of Chicago Press, 2001), 41.

6 Philip K. Hitti, *Capital Cities of Arab Islam*(Minneapolis: University of Minnesota Press, 1973), 4-8.

7 Wheatley, *The Places Where Men Pray Together*, 12, 18.

8 Ibn Khaldun, *The Muqaddimah: An Introduction to History*, trans. Franz Rosenthal (Princeton, N.J.: Princeton University Press, 1969), 97.

9 Hitti, *op. cit.*, 14; Albert Hourani, *A History of the Arab Peoples*(Cambridge, Mass.: Harvard University Press, 2002), 120.

10 Hitti, *op. cit.*, 18-19.

11 Ibn Khaldun, *op. cit.*, 74.

12 Grant, *The Ancient Mediterranean*, 192.

13 Stefano Bianca, *Urban Form in the Arab World: Past and Present*(New York: Thames and Hudson, 2000), 25-36.

14 Hitti, *op. cit.*, 61.

15 Pirenne, *Mohammed and Charlemagne*, 154-55; Mango, 91-97.

16 Wheatley, *The Places Where Men Pray Together*, 35-38.

17 Hourani, *op. cit.*, 124-25.

18 Wheatley, *The Places Where Men Pray Together*, 39.

19 Hitti, *op. cit.*, 154-55; Maria Rosa Menocal, *The Ornament of the World: How Muslims, Jews and Christians Created a Culture of Tolerance in Medieval Spain*(Boston: Little, Brown, 2002), 66.

20 Wheatley, *The Places Where Men Pray Together*, 54-57.

21 Hourani, *op. cit.*, 110-11; Chandler and Fox, *op. cit.*, 270.

22 Hourani, *op. cit.*, 49-50.

23 Janet Abu-Lughod, *Cairo: 1,001 Years of the City Victorious*(Princeton, N.J.: Princeton University Press, 1971), 6-21.

24 Ibid., 41; André Raymond, *Cairo*, trans. Willard Wood(Cambridge, Mass.: Harvard University

Press, 2000), 36, 47; Ross E. Dunn, *The Adventures of Ibn Battuta: A Muslim Traveler of the 14th Century*(Berkeley: University of California Press, 1986), 41.

25 Raymond, *op. cit.*, 120.

26 Ibid., 123.

27 Dunn, *op. cit.*, 45.

28 Wheatley, *The Places Where Men Pray Together*, 337.

29 Curtin, *op. cit.*, 114-16.

30 July, *op. cit.*, 58-59; Dunn, *op. cit.*, 122-28; Curtin, *op. cit.*, 121-22.

31 Ghirshman, *op. cit.*, 336-41.

32 Masoud Kheirabadi, *Iranian Cities: Formation and Development*(Austin: University of Texas Press, 1991), 45-65.

33 Thapar, *op. cit.*, 52; Chandler and Fox, *op. cit.*, 301.

34 Stephen P. Blake, *Shahjahanabad: The Sovereign City in Mughal India, 1639-1739*(Cambridge, Eng.: Cambridge University Press, 1991), 1-5.

35 Thapar, *op. cit.*, 239.

36 Dunn, *op. cit.*, 136; Tapan Raychaudhuri and Irfan Habib, *The Cambridge Economic History of India*, vol. 1, 1200-1750 (Delhi: Orient Longman, 1982), 82-83.

37 Raychaudhuri and Habib, *op. cit.*, 37-42; Curtin, *op. cit.*, 123-25.

8. 중화의 도시들

1 *The Travels of Marco Polo*, ed. Manuel Komroff(New York: The Modern Library, 1926), 50-71.

2 René Grousset, *The Empire of the Steppes*, trans. Naomi Walford(New Brunswick, N.J.: Rutgers University Press, 1970), 41-50, 90-95, 117-20; Kenneth Scott Latourette, *The Chinese: Their History and Culture*(New York: Macmillan, 1962), 80.

3 Bernard Lewis, *What Went Wrong? The Clash Between Islam and Modernity in the Middle East*(New York: Perennial, 2002), 6.

4 Wheatley, *The Pivot of the Four Quarters*, 176-78; Ray Huang, 1587, *A Year of No Significance: The Ming Dynasty in Decline*(New Haven: Yale University Press, 1981), 4.

5 Latourette, *op. cit.*, 216; Chandler and Fox, *op. cit.*, 270.

6 Gilbert Rozman, "East Asian Urbanization in the Nineteenth Century: Comparisons with Europe," in *Urbanization in History: A Process of Dynamic Interactions*, ed. Advan der Woude, Akira Hayami, and Jan de Vries(Oxford, Eng.: Clarendon Press, 1990), 65-66.

7 Sit, *op. cit.*, 22-23.

8 Ma, *op. cit.*, 119-20.

9 Sit, *op. cit.*, 39.

10 Heng Chye Kiang, *Cities of Aristocrats and Bureaucrats: The Development of Medieval*

Chinese Cityscapes(Honolulu: University of Hawaii Press, 1999), 19-25.

11 Ibid., 1-3.

12 Ma, *op. cit.*, 109-10; Sit, *op. cit.*, 25.

13 Latourette, *op. cit.*, 140-41; Chandler and Fox, *op. cit.*, 270.

14 L. Carrington Goodrich, *A Short History of the Chinese People* (New York: Harper Torchbooks, 1943), 116-17; Latourette, *op. cit.*, 67-68; Ma, *op. cit.*, 117; Sen-Dou Chang, *op. cit.*, 116.

15 Heng Chye Kiang, *op. cit.*, 3.

16 Latourette, *op. cit.*, 186.

17 Ma. *op. cit.*, 30-31; Goodrich, *op. cit.*, 151; Raychaudhuri and Habib, *op. cit.*, 128-31.

18 Ma, *op. cit.*, 34-35; Chandler and Fox, *op. cit.*, 270.

19 *The Travels of Marco Polo, op. cit.*, 153, 159-63, 254-56.

20 Goodrich, *op. cit.*, 154-59.

21 Ma, *op. cit.*, 5-6, 160; Heng Chye Kiang, *op. cit.*, 135, 150, 170, 192.

22 Grousset, *op. cit.*, 252.

23 Dunn, *op. cit.*, 250; *The Travels of Marco Polo*, xvi; Latourette, *op. cit.*, 215; Raychaudhuri and Habib, *op. cit.*, 135-38.

24 *The Travels of Marco Polo*, 153, 159-63, 254-56; Curtin, *op. cit.*, 125.

9. 잃어버린 기회

1   Ma, *op. cit.*, 11-13; Percival Spear, *India: A Modern History* (Ann Arbor: University of Michigan Press, 1961), 153; Raychaudhuri and Habib, *op. cit.*, 141, 170-71; Blake, *op. cit.*, 30; Fernand Braudel, *The Perspective of the World: Civilization and Capitalism: 15th-18th Century, vol. 3*, trans. Sian Reynolds (New York: Harper & Row, 1984), 534; Hourani, *op. cit.*, 232. 이 도시들은 규모가 큰 데에만 그치지 않았다. 이 도시들은 대부분의 경우 유럽 도시들보다 더 부유했다. 1700년 즈음에, 중국과 인도의 1인당 소득은, 유럽의 가난한 나라들은 언급할 필요도 없고, 영국이나 프랑스보다 비슷하거나 더 많았다. 인구가 대단히 많다는 점을 감안하면, 아시아의 경제는 전체적으로 세계 경제의 대단히 많은 부분을 차지했다.

2   Schinz, *op. cit.*, 1-2.

3   Bernard Lewis, *The Muslim Discovery of Europe* (New York: W. W. Norton, 1982), 60-68, 185-87.

4   Blake, *op. cit.*, 183, 192-94.

5   Saggs, *op. cit.*, 49; Ibn Khaldun, *op. cit.*, 135-37, 247; Grousset, *op. cit.*, 323-25.

6   Ma, *op. cit.*, 122.

7   Spear, *op. cit.*, 156-57.

8   Ma, *op. cit.*, 43, 134-37, 162; Ira Marvin Lapidus, *Muslim Cities in the Later Middle Ages* (Cambridge, Mass.: Harvard University Press, 1967), 96, 101; Raychaudhuri and Habib, *op. cit.*, 185-87, 277-78.

9   Ibn Khaldun, *op. cit.*, 238.

10   Curtin, *op. cit.*, 127; Latourette, *op. cit.*, 234.

11   Immanuel Wallerstein, *The Modern World-System: Capitalist Agriculture and the Origins of the European World-Economy in the Sixteenth Century*(New York: Academic Press, 1974), 55-56.

12   Lapidus, *op. cit.*, 50-65, 78-80, 185-91.

13   Abu-Lughod, *op. cit.*, 48-51; Lewis, *What Went Wrong?* 13.

14   Lewis, *The Muslim Discovery*, 195.

10. 유럽의 도시 르네상스

1   Pirenne, *Mohammed and Charlemagne*, 277.

2   Lauro Martines, *Power and Imagination: City-States in Renaissance Italy*(New York: Knopf, 1979), 13; Dougerty, *op. cit.*, 44; Pirenne, *Medieval Cities*, 61-64.

3   Fumagalli, *op. cit.*, 81, 92; William H. McNeill, *The Pursuit of Power: Technology, Armed Force and Society Since A.D. 1000*(Chicago: University of Chicago Press, 1982), 86.

4   John Hale, *The Civilization of Europe in the Renaissance*(New York: Touchstone, 1993), 20.

5   Nathan Rosenberg and L. E. Birdzell Jr., *How the West Grew Rich: The Economic Transformation of the Industrial World*(New York: Basic Books, 1986), 59-60, 68; John Langton and Goran Hoppe, "Town and Country in the Development of Early Modern Europe," in Historical Geography Research Series, no. 11 (1983): 7.

6   Pirenne, *Mohammed and Charlemagne*, 218-19.

7   Jan de Vries, *European Urbanization, 1500-1800*(Cambridge, Mass.: Harvard University Press, 1984), 28-29, 41.

8   Lewis, *The Muslim Discovery*, 26.

9   Brian Pullan, *A History of Early Renaissance Italy: From the Mid-Thirteenth to the Mid-Fifteenth Century*(New York: St. Martin's Press, 1973), 104-7.

10   Chandler and Fox, *op. cit.*, 313.

11   Morris, *op. cit.*, 113-14; Paul Zucker, *Town and Square, from the Agora to the Village Green*(Cambridge, Mass.: MIT Press, 1970), 99-102.

12   Jacob Burckhardt, *The Civilization of the Renaissance in Italy: An Essay*, trans. S.G.C. Middlemore, ed. Irene Gordon(New York: New American Library, 1961), 79; Morris, *op. cit.*, 112-17.

13   Pullan, *op. cit.*, 103.

14   Frederic C. Lane, *Venice: A Maritime Republic*(Baltimore: Johns Hopkins University Press, 1973), 93.

15   Mumford, *op. cit.*, 321-23; Braudel, *op. cit.*, 135-36; Lane, *op. cit.*, 165.

16   Braudel, *op. cit.*, 120, 124-27; Alberto Ades and Edward L. Glaeser, "Trade and Circuses:

Explaining Urban Giants," *Quarterly Journal of Economics* 110, no. 1 (1995): 220.

17 Braudel, *op. cit.*, 132.

18 Ibid., 30, 132.

19 Harold Acton, "Medicean Florence," in *Golden Ages of the Great Cities*, 105-8; Fumagalli, *op. cit.*, 91.

20 Frank J. Coppa, "The Preindustrial City," in Cities in Transition, 40-41.

21 Karl Polanyi, *The Great Transformation: The Political and Economic Origins of Our Times* (Boston: Beacon Press, 1944), 45; Cecil Fairfield Lavell, *Italian Cities* (Chautauqua, N.Y.: Chautauqua, 1905), 115.

22 Martines, *op. cit.*, 83.

23 Dante, *The Divine Comedy: Inferno, trans. John D. Sinclair* (New York: Oxford University Press, 1939), 209 (Canto XVI).

24 Martines, *op. cit.*, 169-72.

25 Coppa, *op. cit.*, 42.

26 Étienne Françis, "The German Urban Network Between the Sixteenth and Eighteenth Centuries: Cultural and Demographic Indicators," in *Urbanization in History*, 84-100; Alexandra Richie, *Faust's Metropolis: A History of Berlin* (New York: Carroll and Graf, 1998), 3, 22-24; Giles MacDonogh, *Berlin: A Portrait of Its History, Architecture and Society* (New York: St. Martin's Press, 1998), 40.

27 Mumford, *op. cit.*, 355

28 Machiavelli, *The Prince, trans.* Luigi Ricci (New York: Mentor, 1952), 119.

29 Lane, *op. cit.*, 177.

30 Martines, *op. cit.*, 169; McNeill, *Plagues and Peoples*, 170-71; Fernand Braudel, *The Mediterranean and the Mediterranean World in the Age of Philip II*, vol. 1, trans. Sian Reynolds (New York: Harper & Row, 1972), 334-36.

31 Braudel, *The Mediterranean*, 388-89.

32 Louis B. Wright, *Gold, Glory and the Gospel: The Adventurous Lives and Times of the Renaissance Explorers* (New York: Atheneum, 1970), 117; Harold Burdett, "Toward the 21st Century," Population Institute 2 (1996).

33 Chandler and Fox, *op. cit.*, 313; de Vries, *op. cit.*, 30.

34 *Prescott's Histories: The Rise and Decline of the Spanish Empire*, ed. Irwin Blacker (New York: Viking Press, 1963), 258-63.

35 Lopez, *op. cit.*, 322-25; Alfred Fierro, *Historical Dictionary of Paris*, trans. Jon Woronoff (Lanham, Md.: Scarecrow Press, 1998), 2-3.

36 Fumagalli, *op. cit.*, 91.

37 Yves Lenguin, *La mosaïue France: Histoire des étrangers et de l'immigration en France* (Paris: Larousse, 1988), 130, 142; Braudel, *The Perspective of the World*, 329-30.

38 James L. McClain and John M. Merriman, "Edo and Paris: Cities and Power," in James L. McClain, John M. Merriman, and Ugawa Kaoru, *Edo and Paris: Urban Life and the State in the Early Modern Era*(Ithaca, N.Y.: Cornell University Press, 1994), 4, 12-13.

39 Ibid., 23, 77.

40 Zucker, *op. cit.*, 195.

41 David Hamer, *New Towns in the New World: Images and Perceptions of the Nineteenth Century Urban Frontier*(New York: Columbia University Press, 1990), 36-37.

42 Michel Carmona, *Haussmann: His Life and Times, and the Making of Modern Paris*, trans. *Patrick Camiller*(Chicago: Ivan R. Dee, 2002), 10, 113-22, 139, 154-56; Georges Lefebvre, *The Coming of the French Revolution*, trans. R. R. Palmer(Princeton, N.J.: Princeton University Press, 1967), 98-99.

11. 맘몬의 도시들

1 Nicholas V. Riasanovsky, *A History of Russia*(New York: Oxford University Press, 1963), 92-117.

2 Rozman, 71-72.

3 Morris, *op. cit.*, 104-5; de Vries, *op. cit.*, 29, 50.

4 Hale, *op. cit.*, 456.

5 Prescott's Histories, 155.

6 Hale, *op. cit.*, 168.

7 Henry Kamen, *Spain 1469-1714: A Society of Conflict*(London: Longman, 1991), 39-42; Barnet Litvinoff, *1492: The Decline of Medievalism and the Rise of the Modern Age*(New York: Avon, 1991), 34, 58.

8 Kamen, *op. cit.*, 246-48.

9 Ibid., 170-71; Litvinoff, *op. cit.*, 66; Wallerstein, *op. cit.*, 195; J. H. Parry, *The Age of Reconnaissance*(New York: Mentor, 1963), 66.

10 Braudel, *The Mediterranean*, 146-52; Kamen, *op. cit.*, 98-99, 224-25; de Vries, *op. cit.*, 30.

11 Edith Ennen, *The Medieval Town*, trans. Natalie Fryde(Amsterdam: North Holland Publishing Company, 1979), 187; de Vries, *op. cit.*, 30.

12 Braudel, *Perspective of the World*, 31.

13 Rosenberg and Birdzell, *op. cit.*, 70, n. 30.

14 Hale, *op. cit.*, 170; de Vries, *op. cit.*, 30.

15 Simon Schama, *The Embarrassment of Riches: An Interpretation of Dutch Culture in the Golden Age*(New York: Knopf, 1987), 261; J. M. Bos, "A 14th Century Industrial Complex at Monnickendam and the Preceding Events," in *Medemblik and Monnickendam: Aspects of Medieval Urbanization in Northern Holland*, ed. H. A. Heidinga and H. H. van

Regteren (Amsterdam: Amsterdam University Press, 1989), 21.

16 Morris, *op. cit.*, 164; Simon Groenveld, "For Benefit of the Poor: Social Assistance in Amsterdam," in *Rome & Amsterdam: Two Growing Cities in Seventeenth Century Europe*, ed. Peter van Kessel and Elisja Schulte (Amsterdam: Amsterdam University Press, 1997), 206-8.

17 Braudel, *Perspective of the World*, 184-85; Jonathan Israel, *The Dutch Republic: Its Rise, Greatness and Fall* (Oxford, Eng.: Oxford University Press, 1995), 113-15.

18 Schama, *op. cit.*, 15, 253, 294, 311.

19 Ibid., 44-46, 300.

20 Braudel, *Perspective of the World*, 30.

21 Kamen, *op. cit.*, 116-17.

22 Braudel, *Perspective of the World*, 185-88; Israel, *op. cit.*, 116-17.

23 Israel, *op. cit.*, 350-51.

24 Hale, *op. cit.*, 274-76.

25 Ibid., 78-79, 137; A. R. Meyers, *England in the Late Middle Ages* (London: Pelican, 1951), 211.

26 Henri and Barbara van der Zee, *A Sweet and Alien Land: The Story of Dutch New York* (New York: Viking, 1978), 2-3; "New Amsterdam, Frontier Trading Post," from Nicholas van Wassenaer, Historisch Verhael, in *Empire City: New York Through the Centuries*, ed. Kenneth T. Jackson and David S. Dunbar (New York: Columbia University Press, 2002), 26.

27 Peter Burke, *Venice and Amsterdam: A Study of Seventeenth-century Elites* (Cambridge, Eng.: Polity Press, 1994), 135-39; van der Zee and van der Zee, *op. cit.*, 492-94; Edwin G. Burrows, and Mike Wallace, *Gotham: A History of New York City to 1898* (New York: Oxford University Press, 1999) 73-74.

28 Oliver A. Rink, *Holland on the Hudson: An Economic and Social History of Dutch New York* (Ithaca, N.Y.: Cornell University Press; Cooperstown, N.Y.: New York State Historical Association, 1986), 248-50.

29 F.R.H. Du Boulay, *An Age of Ambition: English Society in the Late Middle Ages* (New York: Viking, 1970), 66.

30 Meyers, *op. cit.*, 37; Du Boulay, *op. cit.*, 30.

31 Spear, *op. cit.*, 231.

32 McNeill, *The Pursuit of Power*, 151; Rhoads Murphey, "The City as a Centre of Change: Western Europe and China," in *The City in the Third World*, ed. D. J. Dwyer (New York: Barnes and Noble Books, 1974), 65.

33 Hale, *op. cit.*, 143.

34 Israel, *op. cit.*, 1011; Braudel, *Perspective of the World*, 365; Hall, *op. cit.*, 116.

35 Meyers, *op. cit.*, 161-63, 225, 232-33.

36 Hamish McRae and Frances Cairncross, *Capital City: London as a Financial Centre* (London:

Eyre Methuen, 1973), 9.

37 Emrys Jones, *Metropolis*(Oxford, Eng.: Oxford University Press, 1990), 93; Zucker, *op. cit.*, 196-98.

12. 영국과 미국의 도시 혁명

1 Hale, *op. cit.*, 355; Braudel, *Perspective of the World*, 548.

2 Braudel, *Perspective of the World*, 575-81; Karl Marx, *Das Kapital, op. cit.*, 914-30.

3 Jones, *op. cit.*, 94.

4 Du Boulay, *op. cit.*, 41; de Vries, *op. cit.*, 101.

5 John L. and Barbara Hammond, "The Industrial Revolution: The Rulers and the Masters," in *The Industrial Revolution in Britain: Triumph or Disaster?* ed. Philip A. M. Taylor(Boston: D. C. Heath & Company, 1958), 40; Mark Giroud, *Cities and People: A Social and Architectural History*(New Haven: Yale University Press, 1985), 265; Theodore Koditschek, *Class Formation and Urban-Industrial Society, Bradford, 1750-1850*(Cambridge, Eng.: Cambridge University Press, 1990), 79.

6 Arnold J. Toynbee, *The Industrial Revolution*(Boston: Beacon Press, 1956), 10-11.

7 Koditscheck, *op. cit.*, 107.

8 Friedrich Engels, *The Condition of the Working Class in England*, trans. W. O. Henderson and W. H. Chaloner(Stanford, Calif.: Stanford University Press, 1968), 57-61.

9 Hammond and Hammond, *op. cit.*, 41; Koditschek, *op. cit.*, 100; de Vries, *op. cit.*, 179.

10 Alexis de Tocqueville, "Memoir on Pauperism," in *Tocqueville and Beaumont on Social Reform*, ed. Seymour Drescher(New York: Harper Torchbooks, 1968), 2, 13.

11 Hammond and Hammond, *op. cit.*, 36.

12 Koditscheck, *op. cit.*, 133-37, 144.

13 Andrew Lees, *Cities Perceived: Urban Society in European and American Thought: 1820-1940*(New York: Columbia University Press, 1985), 29.

14 *The Complete Poetry and Prose of William Blake*, ed. David V. Erdman(New York: Anchor Books, 1988), 329.

15 Tocqueville, *op. cit.*, 2.

16 Lees, *op. cit.*, 40-41.

17 Hartmut Kaelble, *Historical Research on Social Mobility: Western Europe and the U.S.A in the Nineteenth and Twentieth Centuries*, trans. Ingrid Noakes(new York: Columbia University Press, 1981), 42-43, 62-65, 96-97; Reuven Brenner, *Rivalry: In Business, Science, Among Nations*(Cambridge, Eng.: Cambridge University Press, 1987), 43.

18 Gertrude Himmelfarb, *The De-moralization of Society: From Victorian Virtues to Modern Values*(New York: Knopf, 1995), 39; McNeill, *Plagues and Peoples*, 275; Thomas S. Ashton, "Workers Living Standards: A Modern Revision," in *The Industrial Revolution in Britain*,

481; Lees, *op. cit.*, 40-41.

19 Lees, *op. cit.*, 53-54.

20 Ibid., 44-55.

21 Fierro, *op. cit.*, 18.

22 Henry Nash Smith, *Virgin Land: The American West as Symbol and Myth* (Cambridge, Mass.: Harvard University Press, 1950), 32, 127-78.

23 Jonathan Hughes, *American Economic History* (New York: HaperCollins, 1990), 334.

24 Arthur M. Schlesinger, Jr. *The Age of Jackson* (New York: Book Find Club, 1945), 315.

25 Bernard Bailyn, *Voyagers to the West: A Passage in the Peopling of America on the Eve of the Revolution* (New York: Knopf, 1986), 152-54; Brinley Thomas, *Economics of International Migration* (New York: Macmillan, 1958), 65-66, 575.

26 Joseph Salvo and Arun Peter Lobo, "Immigration and the Changing Demographic Profile of New York," in *The City and the World: New York's Global Future*, ed. Margaret Crahan and Alberto Vourvoulias-Bush (New York: Council on Foreign Relations, 1997), 88-89.

27 Mumford, *op. cit.*, 467-68.

28 Sven Beckert, *The Monied Metropolis: New York City and the Consolidation of the American Bourgeoisie, 1850-1896* (Cambridge, Eng.: Cambridge University Press, 2001), 47.

29 Kaelble, *op. cit.*, 36-37; Paul H. Wilken, *Entrepreneurship: A Complete and Historical Study* (Norwood, N.J.: Ablex Publishing, 1979), 207.

30 Beckert, *op. cit.*, 51.

31 Jon C. Teaford, *Cities of the Heartland: The Rise and Fall of the Industrial Midwest* (Bloomington: Indiana University Press, 1994), 1-4; Lawrence R. Larsen, "Chicago's Midwest Rivals: Cincinnati, St. Louis and Milwaukee," in *Chicago History* (Fall 1976): 144.

32 Teaford, *op. cit.*, 66.

33 Charles and Mary Beard, *The Rise of American Civilization*, vol. 2 (New York: Macmillan, 1950), 176-206; Teaford, op, cit., 4, 49, 52-54; Hughes, *op. cit.*, 268-69.

34 Larsen, *op. cit.*, 141-47; Bessie Louise Pierce, *A History of Chicago: 1848-1871*, vol. 2 (New York: Knopf, 1940), 117.

35 Teaford, *op. cit.*, 11, 19.

36 J. A. Dacus and James M. Buel, A *Tour of St. Louis, or the Inside Life of a Great City* (St. Louis: Western Publishing Company, 1878), 406-13.

37 Teaford, *op. cit.*, 68.

38 Lees, *op. cit.*, 166-69; Teaford, *op. cit.*, 113-17; Samuel Hays, *The Response to Industrialism* (Chicago: University of Chicago Press, 1957), 22-24, 71-72.

39 Beard and Beard, *op. cit.*, 748; Beckert, *op. cit.*, 297.

40 Jane Allen Shikoh, "The Higher Life in the American City of the 1900s: A Study of Leaders and Their Activities in New York, Chicago, Philadelphia, St. Louis, Boston and Buffalo," PhD

dissertation in Department of History, Graduate School of Arts and Science, New York University, October 1972, 5-8, 81-85.

41 Lees, *op. cit.*, 1.

42 Frederick Law Olmsted, "Selected Writings on Central Park," in *Empire City: New York City Through the Centuries*, 278-79.

43 C.A.E. Goodhart, *The New York Money Market and the Finance of Trade: 1900-1913* (Oxford, Eng.: Oxford University Press, 1969), 9-10.

44 Robert Bruegmann, "The Paradoxes of Anti-Sprawl Reform," uncorrected draft for The Twentieth Century Planning Experience, ed. Robert Freestone (London: Routledge, 1999).

45 Max Page, *The Creative Destruction of Manhattan: 1900-1940* (Chicago: University of Chicago Press, 1999), 5; *Empire City: New York City Through the Centuries*, 404.

46 Emanuel Tobier, "Manhattan's Business District in the Industrial Age," in *Power, Culture, and Place: Essays on New York*, ed. John Mollenkopf (New York: Russell Sage Foundation, 1988), 85-87.

47 Beard and Beard, *op. cit.*, 787.

48 Tyler Cowen, *In Praise of Commercial Culture* (Cambridge, Mass.: Harvard University Press, 1998), 120.

49 Hall, *op. cit.*, 522; Fred A. McKenzie, *The American Invaders* (New York: reprinted by Arno Press, 1976), 9; William R. Taylor, *In Pursuit of Gotham: Culture and Commerce in New York* (New York: Oxford University Press, 1992), 74-76.

50 Anton C. Zijderveld, *A Theory of Urbanity: The Economic and Civic Culture of Cities* (New Brunswick, N.J.: Transaction Publishers, 1998), 2.

51 Beard and Beard, *op. cit.*, 780-82.

52 John Dos Passos, *Manhattan Transfer* (Boston: Houghton Mifflin, 1925), 305.

53 Paul Crowell and A. H. Raskin, "New York: The Greatest City in the World," in *Our Fair City*, ed. Robert S. Allen (New York: Vanguard, 1947), 58.

54 Teaford, *op. cit.*, 76; John G. Clark, David M. Katzman, Richard D. McKinzie, and Theodore Watson, *Three Generations in Twentieth Century America: Family, Community, and Nation* (Homewood, Ill.: Dorsey Press, 1977), 403.

55 Robert M. Fogelson, *Downtown: Its Rise and Fall, 1880-1950* (New Haven: Yale University Press, 2001), 112-66.

56 Crowell and Raskin, *op. cit.*, 37.

57 Fogelson, *op. cit.*, 2.

13. 산업주의와 문화적 좌절

1 G. C. Allen, *Appointment in Japan: Memories of Sixty Years* (London: Athlone Press, 1983),

2-5.

2 Ibid., 37.

3 C. E. Elias, Jr., James Gillies, and Svend Riemer, eds., *Metropolis: Values in Conflict*(Belmont, Calif.: Wadsworth Publishing, 1965), 11-12.

4 Dhamar Kumar, *The Cambridge Economic History of India*, vol. 2, 1757-1970(Hyderabad: Orient Longman, 1982), 568-69.

5 Sigmund Freud, *Civilization and Its Discontents*, trans. James Strachey(New York: W. W. Norton, 1962), 59.

6 Carl Mosk, *Japanese Industrial History*(Armonk, N.Y.: M. E. Sharpe, 2001), 50.

7 Thomas O. Wilkinson, *The Urbanization of Japanese Labor: 1868-1955*(Amherst: University of Massachusetts Press, 1965), 22-23.

8 Mosk, *op. cit.*, 55, 201-2; Richard Child Hill and Kuniko Fujita, "Japanese Cities in the World Economy," and Hachiro Nakamura, "Urban Growth in Prewar Japan," in *Japanese Cities in the World Economy*, ed. Kuniko Fujita and Richard Child Hill(Philadelphia: Temple University Press, 1993), 5, 30; Glenn T. Trewartha, *Japan: A Geography*(Madison: University of Wisconsin Press, 1965), 161.

9 Marisu B. Jansen, *The Cambridge History of Japan, vol. 5: The Nineteenth Century* (Cambridge, Eng.: Cambridge University Press, 1988), 731; Hachiro Nakamura, *op. cit.*, 30.

10 Mosk, *op. cit.*, 174-75; Wilkinson, *op. cit.*, 45.

11 Allen, *op. cit.*, 124-25.

12 Nishiyama Matsunosuke, *Edo Culture: Daily Life and Diversions in Urban Japan, 1600-1868*, trans. and ed. Gerald Groemer(Honolulu: University of Hawaii Press, 1997), 9.

13 Mosk, *op. cit.*, 217.

14 Beatrice M. Bodart-Bailey, "Urbanisation and the Nature of the Tokugawa Hegemony," in *Japanese Capitals in Historic Perspective*, 175, 199.

15 Wilkinson, *op. cit.*, 77-78.

16 Ibid., 122-23.

17 John W. Dower, *War Without Mercy: Race and Power in the Pacific War*(New York: Pantheon, 1986), 31.

18 Evelyn S. Colbert, *The Left Wing in Japanese Politics*(New York: Institute of Pacific Relations, 1952), 33; George Oakley Totten , *The Social Democratic Movement in Prewar Japan*(New Haven: Yale University Press, 1966), 106-7, 259.

19 Robert J. C. Butow, *Tojo and the Coming of the War*(Stanford, Calif.: Stanford University Press, 1969), 146-48; Dower, *op. cit.*, 228-29; Sheldon Garon, *Molding Japanese Minds: The State in Everyday Life*(Princeton, N.J.: Princeton University Press, 1997), 82-83.

20 Carola Hein, "Visionary Plans and Planners: Japanese Traditions and Western Influences," in *Japanese Capitals in Historic Perspective*, 309-42.

21 Jeffry M. Diefendorf, "The West German Debate on Urban Planning," "The American Impact on Western Europe: Americanization and Westernization in Transatlantic Perspective," Conference of the German Historical Institute, Washington D.C., March 25-27, 1999; Klaus P. Fischer, *Nazi Germany: A New History*(New York: Continuum, 1995), 116-17; Gottfried Feder, "Das Program der N.S.D.A.P.," in Joachim Remak, *The Nazi Years: A Documentary History*(Englewood Cliffs, N.J.: Prentice Hall, 1969), 30.

22 Philipp Oswald, "Berlin: A City Without Form," Tas Skorupa, http://www.urban-os.com/ think-pool/one?think_id=3164; Engels, *op. cit.*, 333; Helen Meller, *European Cities 1890-1930s; History, Culture and The Built Environment*(New York: John Wiley, 2001), 10; Morris, *op. cit.*, 166-67; Richie, *op. cit.*, 141, 144.

23 Lees, *op. cit.*, 119-21; Richie, *op. cit.*, 163, 167.

24 Georg Simmel, "The Metropolis and Mental Life," in *The Sociology of Georg Simmel*, trans. Kurt H. Wolff(New York: Free Press, 1950), 410-13.

25 Heinrich Class, "Wenn ich der Kaiser war," in Remak, *op. cit.*, 8-9; William Appleman Williams, *The Roots of the Modern American Empire: A Study of the Growth and Shaping of Social Consciousness in a Marketplace Society*(New York: Random House, 1969), 204.

26 Karl Dietrich Bracher, *The German Dictatorship: The Origins, Structure and Effects of National Socialism*, trans. Jean Steinberg(New York: Praeger, 1970), 45; Carl E. Schorske, *Fin de Sièle Vienna: Politics and Culture*(New York: Knopf, 1979), 5-6.

27 Program of the National Socialist German Workers Party, in Remak, *op. cit.*, 27-29.

28 Michael Burleigh and Wolfgang Wippermann, *The Racial State: Germany, 1933-1945* (Cambridge, Eng.: Cambridge University Press, 1991), 220-22.

29 Roger Eatwell, "Fascism: A Three Dimensional Approach," final draft, for inclusion in *Il fascismo e I suoi unterpreti*, ed. Alessandro Campi(Rome: Antonio Pellicani, 2000).

30 Klaus Fischer, *op. cit.*, 367; Richie, *op. cit.*, 407, 432, 437.

31 W. Bruce Lincoln, *Sunlight at Midnight: St. Petersburg and the Rise of Modern Russia*(New York: Basic Books, 2002), 1-3.

32 Roger P. Bartlett, *Human Capital: The Settlement of Foreigners in Russia 1762-1804* (Cambridge, Eng.: Cambridge University Press, 1979), 1-2; 94-95.

33 Reginald E. Zelnik, *Labor and Society in Tsarist Russia: The Factory Workers of St. Petersburg, 1855-1970*(Stanford, Calif.: Stanford University Press, 1971), 221.

34 Ibid., 23, 27; Riasanovsky, *op. cit.*, 309.

35 Daniel R. Brower, *The Russian City Between Tradition and Modernity, 1850-1900*(Berkeley: University of California Press, 1990), 9, 13-14, 23, 202, 221; Nicholas Riasanovsky, *Nicholas I and Official Nationality in Russia, 1825-1855*(Berkeley: University of California Press, 1959), 134-35.

36 Anatole G. Mazour, *The First Russian Revolution, 1825: The Decembrist Movement, Its*

Origins, Development, and Significance(Stanford, Calif.: Stanford University Press, 1961), 261-72; Zelnik, *op. cit.*, 17.

37 Laura Engelstein, Moscow 1905: *Working-Class Organization and Political Conflict*(Stanford, Calif.: Stanford University Press, 1982), 13, 27; Lincoln, *op. cit.*, 9; Zelnik, *op. cit.*, 240-41; Risanovsky, *History of Russia*, 470-74.

38 Lincoln, *op. cit.*, 242.

39 William J. Chase, *Workers, Society, and the Soviet State: Labor and Life in Moscow, 1918-1929*(Urbana: University of Illinois Press, 1987), 6-7; Paul E. Lydolph, *Geography of the U. S.S.R.*, (New York: John Wiley, 1964), 275.

40 Chase, *op. cit.*, 24-25.

41 Ibid., 73.

42 Lincoln, *op. cit.*, 231-33.

43 Ibid., 260-61; William Henry Chamberlin, *Russia's Iron Age*(Boston: Little, Brown, 1935), 5.

44 Dmitri Volkogonov, *Stalin: Triumph and Tragedy*, trans. Harold Shukman(New York: Grove Weidenfeld, 1991), 234.

45 Dmitri Volkogonov, *Autopsy for an Empire: The Seven Leaders Who Built the Soviet Regime*, trans. Harold Shukman(New York, Free Press, 1998), 184-85.

46 Chamberlin, *op. cit.*, 51-53.

47 Lyndolph, *op. cit.*, 275.

48 N. S. Khrushchev, *Socialism and Communism: Selected Passages 1956-63*(Moscow: Foreign Languages Press, 1963), 18, 43.

49 Volkogonov, Autopsy for Empire, 280; "The Environmental Outlook in Russia," National Intelligence Council, January 1999.

50 Nicolas Berdyaev, *The Origin of Russian Communism*(Ann Arbor: University of Michigan Press, 1960), 182.

14. 더 나은 도시를 찾아서

1 Dana W. Bartlett, *The Better City: A Sociological Study of a Modern City*(Los Angeles: Neuner Company Press, 1907), 1.

2 Carey McWilliams, *Southern California Country: An Island on the Land*(New York: Duell, Sloan and Pearce, 1946), 213.

3 Dana W. Bartlett, *op. cit.*, 37, 211.

4 Ibid., 191.

5 David Gebhard and Harriette von Breton, *Los Angeles in the Thirties: 1931-1941*(Los Angeles: Peregrine Smith, 1975), 28; Rybczynski, *op. cit.*, 143.

6 John D. Weaver, *El Pueblo Grande: Los Angeles from the Brush Huts of Yangna to the Skyscrapers of the Modern Megalopolis*(Los Angeles: Ward Ritchie Press, 1973), 38-39.

7 Greg Hise, *Magnetic Los Angeles: Planning the Twentieth-Century Metropolis*(Baltimore: Johns Hopkins University Press, 1997), 10-11.

8 Weaver, *op. cit.*, 48-51.

9 Gebhard and von Breton, *op. cit.*, 26; Richard Longstreth, *City Center to Regional Mall: Architecture, the Automobile, and Retailing in Los Angeles, 1920-1950*(Cambridge, Mass.: MIT Press, 1997), 13.

10 Greg Hise and William Deverell, *Eden by Design: The 1930 Olmsted-Bartholomew Plan for the Los Angeles Region*(Berkeley: University of California Press, 2000), 6-8, 22, 39-51.

11 Hildy Median, "L.A. Job Growth Beats Most Major Cities," *Los Angeles Business Journal*, May 26, 1997.

12 Tobier, *op. cit.*, 78.

13 Rudolf Hartog, "Growth Without Limits: Some Case Studies of 20th Century Urbanization," *International Planning Studies* 4, no. 1 (1999): 98.

14 Kenneth Jackson, *Crabgrass Frontier: The Suburbanization of the United States*(New York: Oxford University Press, 1985), 16-191.

15 Klaus Fischer, *op. cit.*, 25; Frank J. Poppa, "The Pre-Industrial City," in *Cities in Transition*, 43-45; Hale, *op. cit.*, 143; Robert Fishman, *Bourgeois Utopias: The Rise and Fall of Suburbia* (New York: Basic Books, 1987), 20-21.

16 Meller, *op. cit.*, 1, 8.

17 Morris, *op. cit.*, 110.

18 Girouard, *op. cit.*, 268-83.

19 Ibid., 280-83; D. A. Reeder, "A Theater of Suburbs: Some Patterns of Development in West London, 1801-1911," in *The Study of Urban History*, ed. H. J. Dyos(New York: St. Martin's Press, 1968), 253.

20 Girouard, *op. cit.*, 268-69, 282-83; Fishman, *op. cit.*, 75.

21 H. G. Wells, *Anticipations of the Reaction of Mechanical and Scientific Progress upon Human Life and Thought*(London: Chapman and Hall, 1902), 33-62.

22 Carl E. Schorske, "The Idea of the City in European Thought," in *The Historian and the City*, ed. Oscar Handlin and John Burchard(Cambridge, Mass.: MIT Press, 1963), 105-6.

23 Thomas Carlyle, *Selected Writings*, ed. Alan Shelston(Middlesex, Eng.: Penguin, 1971), 64-65; Fishman, *op. cit.*, 34-61.

24 William Peterson, "The Ideological Origins of Britain's New Towns," in *New Towns and the Suburban Dream*, ed. Irving Lewis Allen(Port Washington, N.Y.: University Publications, 1977), 62-65; Schorske, *op. cit.*, 108.

25 A. Digby Baltzell, *Philadelphia Gentlemen: The Making of a National Upper Class*(New Brunswick, N.J.: Transaction Press, 1989), 196-209; John Modell, "An Ecology of Family Decisions: Suburbanization, Schooling and Fertility in Philadelphia, 1880-1920," *Journal of*

Urban History 6, no. 4 (August 1980): 397-417.

26 Teaford, *op. cit.*, 238-42.

27 Jackson, *op. cit.*, 176.

28 Scott Donaldson, *The Suburban Myth* (New York: Columbia University Press, 1969), 3.

29 Jackson, *op. cit.*, 172.

15. 의기양양한 교외

1 Jackson, *op. cit.*, 7; Donaldson, *op. cit.*, 4.

2 Fred Siegel, *The Future Once Happened Here: New York, D.C., L.A., and the Fate of America's Big Cities* (New York: Free Press, 1997; uncorrected proof), .

3 Robert Moses, "Are Cities Dead?," in *Metropolis: Values in Conflict*, 53.

4 Jon C. Teaford, *Post-Suburbia: Government and Politics in the Edge Cities* (Baltimore: Johns Hopkins University Press, 1997), 10.

5 Ralph G. Martin, "A New Life Style," in Louis H. Masotti and Jeffrey K. Hadden, Suburbia in Transition (New York: New Viewpoints, 1974), 14-21; William H. Whyte, *The Organization Man* (Garden City, N.Y.: Doubleday, 1957), 331.

6 Andres Duany, *Elizabeth Plater-Zybeck, and Jeff Sperk, Suburban Nation: The Rise of Sprawl and the Decline of the American Dream* (New York: North Point Press, 2000), xii, 59.

7 Lewis Mumford, *The Urban Prospect* (New York: Harcourt Brace, 1968), 221; Donaldson, *op. cit.*, 202.

8 William M. Dobriner, *Class in Suburbia* (Englewood Cliffs, N.J.: Prentice Hall, 1963), 140.

9 Jackson, *op. cit.*, 42; William H. Whyte, "The Anti-City," in *Metropolis: Values in Conflict*, 69; Clark et al., *op. cit.*, 469; Hise, *op. cit.*, 7.

10 Teaford, *Cities of the Heartland*, 232-44; Clark et al., *op. cit.*, 418.

11 John J. Harrigan, *Political Change in the Metropolis* (Boston: Little, Brown, 1976), 36-37.

12 Mumford, *The Urban Prospect*, 207.

13 Himmelfarb, *op. cit.*, 225-33.

14 Louis M. Hacker, *The Course of American Economic Growth and Development* (New York: John Wiley, 1970), 351.

15 Meller, *op. cit.*, 16, 51; Le Corbusier, *The City of Tomorrow and Its Planning*, trans. Frederick Etchells (Cambridge, Mass.: MIT Press, 1971), 1-7; Rybczynski, *op. cit.*, 158-59; Le Corbusier, "The Fairy Catastrophe," in *Empire City: New York City Through the Centuries*, 611-13.

16 Jones, *op. cit.*, 99.

17 Mariana Mogilevich, "Big Bad Buildings," *The Next American City* 3 (2003); Robert W. Gilmer, "The Urban Consolidation of American Oil: The Case of Houston," Federal Reserve Bank of Dallas, Houston branch, June 6, 1998.

18 Robert Fitch, *The Assassination of New York* (London: Verso, 1993), xi-xiv.

19 Witold Rybczynski and Peter Linneman, "Shrinking Cities," *Wharton Real Estate Review*(Fall 1997); William Kornblum, "New York Under Siege," in *The Other City: People and Politics in New York and London*, ed. Susanne Macgregor and Arthur Lipow(Atlantic Highlands, N.J.: Humanities Press, 1995), 37; Jack Newfield and Paul Du Brul, *The Abuse of Power: The Permanent Government and the Fall of New York*(New York: Viking, 1977), 18-24.

20 Kate Stohr, "Shrinking Cities Syndrome," *The New York Times*, February 5, 2004; "London Comes Back to Life," *The Economist*, November 9, 1996.

21 Eric Sandweiss, introduction, in *Where We Live: A Guide to St. Louis Communities*, ed. Tim Fox(St. Louis: Missouri Historical Society Press, 1995), 2.

22 Teaford, *Cities of the Heartland*, 244, 255.

23 Anna Segre, "Turin in the 1980s," in *Europe's Cities in the Late 20th Century*, ed. Hugh Clout(Utrecht: Royal Dutch Geographical Society, 1994), 106; Gunter Glebe, "D seldorf: Economic Restructuring and Demographic Transformation," in *Europe's Cities in the Late 20th Century*, 127.

24 Jack Rosenthal, "The Outer City: An Overview of Suburban Turmoil in the United States," in Masotti and Hadden, *op. cit.*, 269.

25 James R. Scobie, *Buenos Aires: Plaza to Suburb, 1870-1910*(New York: Oxford University Press, 1974), 191; Charles S. Sargent, *The Spatial Evolution of Greater Buenos Aires, Argentina 1870-1930*(Tempe: Center for Latin American Studies, Arizona State University, 1974), 123-25.

26 Geoffrey Bolton, *The Oxford History of Australia: The Middle Way, 1842-1968*(Melbourne: Oxford University Press, 1990), 121-24.

27 Mumford, *The Urban Prospect*, 236; Hartog, *op. cit.*, 103.

28 Richard Rogers and Richard Burdett, "Let's Cram More into the City," *New Statesman*, May 22, 2000.

29 Patrick Collinson, "Property: A Slowdown Will Mean a Steadier Market," *The Guardian*, October 28, 2000; "The Music of the Metropolis," *The Economist*, August 2, 1997.

30 Emrys Jones, "London," in *The Metropolis Era, vol. 2, The Megacities*, ed. Mattei Dogan and John D. Kasarda(Newbury Park, Calif.: Sage Publications, 1988), 105.

31 Hartog, *op. cit.*, 121.

32 Henry Tricks, "Escape from the City," *The Financial Times*, October 12, 2003.

33 Pietro S. Nivola, *Laws of the Landscape: How Politics Shape Cities in Europe and America*(Washington, D.C.: Brookings, 1999), 27-28; Peter Marcuse and Ronald van Kempen, "Conclusion: A Changed Spatial Order," in *Globalizing Cities: A New Spatial Order?*, ed. Peter Marcuse and Ronald van Kempen(London: Blackwell Publishers, 2000), 260.

34 Manuel Valenzuela and Ana Olivera, "Madrid Capital City and Metropolitan Region," *Europe's Cities in the Late 20th Century*, 57-59; Glebe, *op. cit.*, 126-32.

35 Jeffry M. Diefendorf, "The American Impact on Western Europe: Americanization and Westernization in Transatlantic Perspective," Conference of the German Historical Institute, Washington, D.C., March 25-27, 1999.

36 Hartog, op. cit., 110-16.

37 "Discussion," in The Study of Urban History, op. cit., 278.

38 Eli Lehrer, "Crime Without Punishment," Weekly Standard, May 27, 2002.

39 Jan Rath, "A Game of Ethnic Musical Chairs? Immigrant Businesses and the Alleged Formation and Succession of Niches in the Amsterdam Economy," in Sophie Body-Gendrot and Marco Martiniello, Minorities in European Cities: The Dynamics of Social Integration and Social Exclusion at the Neighborhood Level(Houndmills, Basingstoke, Hampshire: Macmillan Press, 2000); "E.U. Needs Foreign Workers but Resents Their Success," The Hindu, August 3, 2001; "Crime and Politics," Business Week, March 18, 2002.

40 네덜란드의 Edouord Bomhoff와 Nyber가 제공한 조사 결과; Jennifer Ehrlich, "Liberal Netherlands Becomes Less So on Immigration," Christian Science Monitor, December 19, 2003; Philip Rees, Evert van Imhoff, Helen Durham, Marek Kupiszewski, and Darren Smith, "Internal Migration and Regional Population Dynamics in Europe: Netherlands Case Study," Council of Europe, August 1998.

41 Jane Holtz Kay, "In Holland, the Pressures of American Style Urban Sprawl," Christian Science Monitor, October 3, 2002.

42 Christian Kestletoot, "Brussels: Post Fordist Polarization in a Fordist Spatial Canvas," in Globalizing Cities, op. cit., 186-210.

43 Martine Berger, "Trajectories in Living Space, Employment and Housing Stock: The Example of the Parisian Metropolis in the 1980s and 1990s," InterNational Journal for Urban and Regional Research 20.2(1996), 240-54; Fierro, op. cit., 19; Jean Robert, "Paris and the Ile de France: National Capital, World City," in Europe's Cities in the Late 20th Century, 17-22.

44 Andre Sorensen, "Subcentres and Satellite Cities: Tokyo's 20th Century Experience of Planned Polycentrism," International Planning Studies 6, no. 1(September 2001); Mosk, op. cit., 263-64.

45 Edward Seidensticker, Tokyo Rising: The City Since the Great Earthquake(New York: Knopf, 1990), 290-303.

46 Carola Hein, op. cit., 309-42.

47 Sorensen, op. cit.; Hill and Fujita, op. cit., 11; Seidensticker, op. cit., 336-37.

16. 후기식민주의의 딜레마

1 "Urban Agglomerations 2003," United Nations, Department of Economic and Social Affairs, Population Division.

2 Carlos Fuentes, Where the Air Is Clear, trans. Sam Hileman(New York: Farrar, Straus and

Giroux, 1971), 7.

3   Kamen, *op. cit.*, 13; Chandler and Fox, *op. cit.*, 15.

4   Litivnoff, *op. cit.*, 5, 11.

5   Valliant, *op. cit.*, 127, 138.

6   Díaz, *op. cit.*, 215-19.

7   Fehrenbach, *op. cit.*, 146에 인용된 1523-1528년경에 지어진 나후아틀족의 시의 일부.

8   Hardoy, *op. cit.*, 21; Fehrenbach, *op. cit.*, 189; Wright, *op. cit.*, 199-200.

9   Díaz, *op. cit.*, 200; Valliant, *op. cit.*, 172, 257; W. W. Collins, *Cathedral Cities of Spain* (New York: Dodd, Mead and Company, 1909), 19.

10   Hardoy, *op. cit.*, 22-25; Fehrenbach, *op. cit.*, 147, 159; Kamen, *op. cit.*, 95; Mark D. Szuchman, "The City as Vision-The Development of Urban Culture in Latin America," in *I Saw a City Invincible: Urban Portraits of Latin America*, ed. Gilbert M. Joseph and Mark D. Szuchman (Wilmington, Del.: SR Books, 1996), 5.

11   Hardoy, *op. cit.*, 46-53; Lesley Byrd Simpson, *Many Mexicos* (Berkeley: University of California Press, 1974), 362-63; "Cities: A Survey," *The Economist*, July 19, 1995; Alejandro Portes, "Urban Latin America: The Political Condition from Above and Below," in *Third World Urbanization*, ed. Janet Abu-Lughod and Richard Hay, Jr.(Chicago: Maaroufa Press, 1977), 67-69.

12   "Regions at Risk: Comparisons of Threatened Environments," ed. Jeanne X. Kasperson, Roger E. Kasperson, and B. L. Turner (New York: United Nations University Press, 1995); Jonathan Kandell, "Mexico's Megalopolis," in *I Saw a City Invincible*, 189; Josef Gugler, "Overurbanization Reconsidered," in *Cities in the Developing World: Issues, Theory and Policy*, ed. Josef Gugler (London: Oxford University Press, 1977), 120.

13   Procuraduría General de la República, Inciodencia Delictiva del Fuero Federal, www.pgr.gob.mx; *The World Almanac and Book of Facts*, 2003, 166.

14   Fuentes, *op. cit.*, 4.

15   "The State of the World's Population, 1996," United Nations Population Fund.

16   Richard Hay, Jr., "Patterns of Urbanization and Socio-Economic Development," in *Third World Urbanization*, 71. "The State of the World's Population, 1996"; "The State of the World's Population, 2001," United Nations Population Fund.

17   Alan Gilbert and Josef Gugler, Cities, *Poverty and Development: Urbanization in the Third World* (London: Oxford University Press, 1991), 13; Edward W. Said, *Orientalism* (New York: Vintage, 1979), 153.

18   McNeill, *Plagues and Peoples*, 151; Murphey, *op. cit.*, 65.

19   Curtin, *op. cit.*, 170-78; Murphey, *op. cit.*, 55; July, *op. cit.*, 57-60, 275-76, 347-48; Curtin, *op. cit.*, 212.

20   Kumar, *op. cit.*, 492-93.

21 Girouard, *op. cit.*, 238-42; Raychaudhuri and Habib, *op. cit.*, 437-39; Parry, *op. cit.*, 272-74; Rhoads Murphey, "The History of the City in Monsoon Asia," in *The Urban Transformation of the Developing World*, ed. Josef Gugler (London: Oxford University Press, 1996), 23.

22 Hourani, *op. cit.*, 295-98, 439-42; Raymond, *op. cit.*, 210; Janet Abu-Lughod, "Urbanization in the Arab World and the International System," in *The Urban Transformation of the Developing World*, 25.

23 Bianca, *op. cit.*, 170-71; Raymond, *op. cit.*, 318; Abu-Lughod, Cairo, 98-99.

24 Mattei Dogan and John Kasarda, "Introduction: Comparing Giant Cities," in *The Metropolis Era*, vol. 2, Megacities, 23.

25 Alfred Crofts and Percy Buchanan, *A History of the Far East* (New York: Longmans, Green and Company, 1958), 142-52; Schinz, *op. cit.*, 18; Xiangming Chen, "Giant Cities and the Urban Hierarchy of China," in Mattei Dogan and John Kasarda, *A World of Giant Cities: The Metropolis Era*, vol. 1 (Newbury Park: Sage, 1989), 230-32.

26 Murphey, "The City as a Centre of Change," 55-61; Stella Dong, *Shanghai: The Rise and Fall of a Decadent City* (New York: William Morrow, 2000), 1.

27 Abu-Lughod, "Urbanization in the Arab World," 190.

28 "The State of the World's Population, 1996"; Alain R. A. Jacquemin, *Urban Development and New Towns in the Third World: Lessons from the New Bombay Experience* (Aldershot, Eng.: Ashgate, 1999), 5.

29 Robert B. Potter, "Cities, Convergence, Divergence and Third World Development," in *Cities and Development in the Third World*, ed. Robert B. Potter and Ademola T. Salau (London: Mansell, 1990), 1-2.

30 Janice E. Perlman, *The Myth of Marginality: Urban Poverty and Politics in Rio de Janeiro* (Berkeley: University of California Press, 1976), 12; John Vidal, "Disease Stalks New Megacities," *The Guardian*, March 23, 2002; "State of the World Population, 1996"; "Air Pollution for 40 Selected World Cities," World Health Organization; Jorge E. Hardoy, "Building and Managing Cities in a State of Permanent Crisis," Wilson Center, Latin America Program, no. 187, 16; Kalpana Sharma, "Governing Our Cities: Will People Power Work," Panos Institute, London, 2000.

31 David Drakakis-Smith, *The Third World City* (New York: Methuen, 1987), 8, 38; Michael F. Lofchie, "The Rise and Demise of Urban Based Development Policies in Africa," in *Cities in the Developing World*, 23; Ronald McGill, *Institutional Development: A Third World City Management Perspective* (London: I. B. Tauris & Co., 1996), 21; Gilbert and Gugler, *op. cit.*, 25.

32 John M. Shandra, Bruce London, and John B. Williamson, "Environmental Degradation, Environmental Sustainability and Overurbanization in the Developing World," *Sociological Perspectives* 46, no. 3, 309-29; Aprodicio A. Laquian, "The Asian City and the Political

Process," in *The City as a Centre of Change in Asia*, ed. D. J. Dwyer (Hong Kong: Hong Kong University Press, 1972), 50.

33 Gilbert and Gugler, *op. cit.*, 85; Allen C. Kelley and Jeffrey G. Williamson, *What Drives Third World City Growth? A Dynamic General Equilibrium Approach* (Princeton, N.J.: Princeton University Press, 1984), 5.

34 Rollie E. Poppino, Brazil: The Land and People (New York: Oxford University Press, 1968), 113-17; "World Urbanization Prospects: The 2003 Revision," United Nations Population Division; "A World of Cities," *The Economist*, July 29, 1995.

35 "State of the World's Population, 2001."

36 S. I. Abumere, "Nigeria," in *Urbanization in Africa: A Handbook*, ed. James D. Tarver (Westport, Conn.: Greenwood Press, 1994), 262-77; Pauline H. Baker, *Urbanization and Political Change: The Politics of Lagos, 1917-1967* (Berkeley: University of California Press, 1974), 32-34.

37 Drakakis-Smith, *op. cit.*, 8, 38; Lofchie, *op. cit.*, 23; McGill, *op. cit.*, 21; Gilbert and Gugler, *op. cit.*, 25; Alan Mabin, "Suburbs and Segregation in the Urbanizing Cities of the South: A Challenge for Metropolitan Government in the Early 21st Century," Lincoln Institute of Land Policy, 2001; "Black Flight," *The Economist*, February 24, 1996.

38 Lewis, *What Went Wrong?*, 34; Ali Madanipour, *Tehran: The Making of a Metropolis* (New York, John Wiley, 1998), 5, 9.

39 Hourani, *op. cit.*, 373-74; Abu-Lughod, "Urbanization in the Arab World," 189; Salah S. El-Shakhs and Hooshang Amirahmadi, "Population Dynamics, Urbanization, and the Planning of Large Cities in the Arab World," in *Urban Development in the Muslim World*, ed. Salah S. El-Shakhs and Hooshang Amirahmadi (New Brunswick, N.J.: Rutgers University Press, 1993), 21-23; Hooshang Amirahmadi and Ali Kiafar, "The Transformation of Tehran from Garrison Town to a Primate City: A Tale of Rapid Growth and Uneven Development," in *Urban Development in the Muslim World*, 120-21.

40 Manuel Castells, *The Information Age: Economy, Society and Culture, Vol. 3: End of Millenium* (Oxford, Eng.: Blackwell Publishers, 1998), 78-83; John D. Kasarda and Allan M. Parnell, "Introduction: Third World Urban Development Issues," in *Third World Cities: Problems, Policies and Prospects*, ed. John D. Kasarda and Allan M. Parnell (Newbury Park, Calif.: Sage Publications, 1993), xi.

41 Grey E. Burkhart and Susan Older, *The Information Revolution in the Middle East and North Africa*, report prepared for the National Intelligence Council (Santa Monica, Calif.: RAND, 2003), ix, 2, 53.

42 Bianca, *op. cit.*, 170-71; Raymond, *op. cit.*, 318; Abu-Lughod, Cairo, 98-99.

43 El-Shakhs and Amirahmadi, *op. cit.*, 234; Burdett, "Toward the 21st Century"; Hourani, *op. cit.*, 374; Jonathan Eric Lewis, "Iraq's Christians," *The Wall Street Journal*, December 19,

2002; Rachel Pomerance, "Iraq's Glorious Past," Jewish Telegraphic Service, February 9, 2003; Amir Taheri, "Saddam Hussein's Delusion," *The New York Times*, November 14, 2002.

44 Hourani, *op. cit.*, 438; El-Shakhs and Amirahmadi, *op. cit.*, 240; Jacquemin, *op. cit.*, 35.

45 Madanipour, *op. cit.*, 21, 95.

46 Burdett, "Toward the 21st Century"; Amirahmadi and Kiafar, *op. cit.*, 130-31; Masoud Kheirabadi, *Iranian Cities: Formation and Development* (Austin: University of Texas Press, 1991), 60; Madanipour, *op. cit.*, 23; Masserat Amir-Ebrahimi, "L'image socio-géographique de Téhéran 1986," in *Téhéran: Capitale Bicentenaire*, ed. Chahryar Adle and Bernard Hourcade (Paris: Institut Françis de Recherche en Iran, 1992), 268.

17. 극동의 여왕들

1 "State of the World's Population, 2001."

2 C. M. Turnbull, *A History of Singapore: 1819-1875* (Kuala Lumpur: Oxford University Press, 1977), 1-45.

3 Sharma, "Governing Our Cities"; Donald N. Wilber, *Pakistan: Its People, Its Society and Its Culture* (New Haven: HRAF Press, 1980), 373; Anthony King, *Colonial Urban Development: Culture, Social Power and Environment* (London: Routledge and Kegan Paul, 1976), 273; Kumar, *op. cit.*, 520.

4 Nigel Harris, *City, Class, and Trade: Social and Economic Change in the Third World* (London: I. B. Tauris & Co., 1991), 30; Barnett E. Rubin, "Journey to the East: Industrialization in India and the Chinese Experience," in *Social and Economic Development in India: A Reassessment*, ed. Dilip K. Basu and Richard Sisson (New Delhi: Sage Publications, 1986), 69.

5 "Plenty of Space, Few Taker," *Businessline*, May 24, 1999; Jacquemin, *op. cit.*, 275-77.

6 Sharma, "Governing Our Cities"; "Orillion India Thriving in Hyderabad," Orillion Source, August 2000; Isher Judge Ahluwalia, *Industrial Growth in India: Stagnation Since the Mid-Sixties* (Delhi: Oxford University Press, 1985), 161-87.

7 Ali Sharaf and Leslie Green, "Calcutta," in *Great Cities of the World: Their Government, Politics, and Planning*, ed. William A. Robson and D. E. Regan (Beverly Hills, Calif.: Sage Publications, 1972), 299; Tim McDonald, "U.S. Tech Bust a Boon for Asia," NewsFactor Network, June 7, 2001; Arvind Singhal and Everett M. Rogers, *India's Information Revolution* (New Delhi: Sage Publications, 1989), 163-65.

8 Kyle Eischen, "India's High-Tech Marvel Makes Abstract Real," *San Jose Mercury News*, March 19, 2000; Joanna Slater, "Influx of Tech Jobs Ushers in Malls, Modernity to Calcutta," *The Wall Street Journal*, April 28, 2004.

9 Castells, *op. cit.*, 151-55; Amy Waldman, "Low-Tech or High, Jobs Are Scarce in India's Boom," *The New York Times*, May 6, 2004.

10   Peter John Marcotullio, "Globalisation, Urban Form and Environmental Conditions in Asia-Pacific Cities," *Urban Studies* 40, no. 2 (2003).

11   Joochul Kim and Sang-Chuel Choe, *Seoul: The Making of a Metropolis* (West Sussex, Eng.: John Wiley, 1997), 3, 8-11.

12   Jacquemin, *op. cit.*, 35; A. S. Oberoi, *Population Growth, Employment and Poverty in Third-World Mega-Cities: Analytical and Policy Issues* (New York: St. Martin's Press, 1993), 11; Kim and Choe, *op. cit.*, 11-12, 26-29, 191-92.

13   Hardoy, "Building and Managing Cities in a State of Permanent Crisis," 21.

14   El-Shakhs and Amirahmadi, *op. cit.*, 240; Jacquemin, *op. cit.*, 35.

15   Richard Child Hill and June Woo Kim, "Global Cities and Development States: New York, Tokyo and Seoul," *Urban Studies* 37, no. 12 (2000).

16   John Rennie Short and Yeong-Hyun Kim, *Globalization and the City* (London: Longman, 1999), 26, 57.

17   Barbara Demick, "South Korea Proposes a Capital Change," *Los Angeles Times*, July 9, 2004.

18   Gerald Segal, *The Fate of Hong Kong* (New York: St. Martin's Press, 1993), 1-27; Roy Hofheinz, Jr. and Kent E. Calder, *The East Asia Edge* (New York: Basic Books, 1982), 103.

19   Turnbull, *op. cit.*, 1-45; Lynn Pan, *Sons of the Yellow Emperor: A History of the Chinese Diaspora* (Boston: Little, Brown, 1990), 110.

20   Janet W. Salaff, *State and Family in Singapore: Restructuring a Developing Society* (Ithaca, N.Y.: Cornell University Press, 1988), 3, 226-27; Lim Chong Yah, "The Transformation of Singapore in Twenty-five Years: A Glimpse," in *Singapore: Twenty-five Years of Development*, ed. You Poh Seng and Lim Chong Yah (Singapore: Nan Yang Xing Zhou Lianhe Zaobao, 1984), 6-7; Giok-Ling Ooi, "The Role of the State in Nature Conservation in Singapore," *Society and Natural Resources* 15 (2002): 445-60.

21   T J.S. George, *Lee Kuan Yew's Singapore* (Singapore: Eastern Universities Press, 1984), 109.

22   Pan, *op. cit.*, 264-65; George, *op. cit.*, 16.

23   George, *op. cit.*, 16, 109.

24   Ibid., 28; David S. G. Goodman, *Deng Xiaoping and the Chinese Revolution: A Political Biography* (London: Routledge, 1994), 120; Hoiman Chan and Rance P. L. Lee, "Hong Kong Families: At the Crossroads of Modernism and Traditionalism," *Journal of Comparative Family Studies* (Spring 1995); Marcotullio, "Globalisation"; Castells, *op. cit.*, 292; Weiming Tu, "Beyond Enlightenment Mentality: A Confucian Perspective on Ethics, Migration and Global Stewardship," *International Migration Review* (Spring 1996).

25   Rhoads Murphey, "The City as a Centre of Change: Western Europe and China," in D. J. Dwyer, ed., *The City in the Third World* (New York: Barnes and Noble Books, 1974), 62-63.

26   Gilbert and Gugler, *op. cit.*, 187; Weiming Tu, "Beyond Enlightenment Mentality"; Yue-Man Yeung, "Great Cities of Eastern Asia," in *The Metropolis Era, vol. 1, A World of Giant Cities*,

158; Martin King Whyte, "Social Control and Rehabilitation in Urban China," *Third World Urbanization*, 264-70; Sidney Goldstein, "Levels of Urbanization in China," in *The Metropolis Era*: vol. 1, A World of Giant Cities, 200-221; Chen, *op. cit.*, 230-32; Deborah Davis, "Social Transformation of Metropolitan China Since 1949," in *Cities in the Developing World*, 247-52.

27 James Kynge, "An Industrial Powerhouse Emerges by the Waterfront," *Financial Times*, January 23, 2003.

28 Davis, *op. cit.*, 249-54; "China: Can the Centre Hold?," *The Economist*, November 6, 1993; Lin You Su, "Introduction," in *Urbanization in Large Developing Countries: China, Indonesia, Brazil and India*, ed. Gavin W. Jones and Pravin Visaria (Oxford, Eng.: Clarendon Press, 1997), 26-44; Ben Dolven, "Economic Lure of China's Cities Grows," *The Wall Street Journal*, February 26, 2003.

29 "The Decline of Hong Kong," *The Wall Street Journal*, July 1, 2003; "Shanghai: 2004," *The Economist*, January 15, 2004; Shahid Yusuf and Weiping Wu, "Pathways to a World City: Shanghai Rising in an Era of Globalization," *Urban Studies* 39, no. 7 (2002); Zhao Bin, Nobukazu Nakahoshi, Chen Jia-kuan, and Kong Ling-yi, "The Impact of Urban Planning on Land Use and Land Cover in Pudong of Shanghai, China," *Journal of Environmental Sciences* 15, no. 2 (2003).

30 David Lague, "China's Most Critical Mass Movement," *The Wall Street Journal*, January 8, 2003; David Murphy, "Outcasts from China's Feast: Millions of Laid Off Workers Are Getting Angry," *The Wall Street Journal*, November 6, 2002; "Sex of a Cultural Sort in Shanghai, China," *The Economist*, July 13, 2002; Eugene Linden, "The Exploding Cities of the Developing World," Foreign Affairs, January 1996; David Clark, *Urban World/Global City* (London: Routledge, 1996), 175.

31 Harris, *op. cit.*, 73; Mabin, "Suburbs and Segregation in the Urbanizing Cities of the South"; Yeung, *op. cit.*, 158, 181; Marcotullio, "Globalisation," 219-47.

32 Elisabeth Rosenthal, "North of Beijing, California Dreams Come True," *The New York Times*, February 3, 2003; "Shanghai Plans Massive Suburban Development," *People's Daily*, May 18, 2003.

33 Thomas Campenella, "Let a Hundred Subdivisions Bloom," *Metropolis*, May 1998; Mabin, "Suburbs and Segregation in the Urbanizing Cities of the South"; Norton Ginsburg, "Planning the Future of the Asian City," *The City as a Centre of Change in Asia*, 277.

결론

1 "World Population Prospects: The 2000 Revision," United Nations Population Division.

2 "World Population Prospects, Population Data Base," United Nations Population Division, 2000; "World Urbanization Prospects: The 2003 Revision," United Nations Population Division.

291

주

3   El-Shakhs and Amirahmadi, *op. cit.*, 237; Sally E. Findley, "The Third World City: Development Policy and Issues," in *Third World Cities*, 7, 11; "The State of the World's Population, 2001"; Harris, *op. cit.*, 49.

4   Ali Parsa, Ramin Keivani, Loo Lee Sin, Seow Eng Ong, Asheed Agarwai, and Bassem Younes, "Emerging Global Cities: Comparisons of Singapore and the Cities of the United Arab Emirates"(London: Rics Foundation, 2003); Sulong Mohamad, "The New Town as an Urbanization Strategy in Malaysia's Regional Development Planning," in Robert B. Putter and Adenola T. Salau, *Cities and the Development in the Third World*(London: Mansell, 1970), 127-28.

5   Kandell, *op. cit.*, 187.

6   Fehrenbach, *op. cit.*, 627; Sergio Aguayo Quezada, *Mexico in Cifras: El Almanaque Mexicano*(Mexico City: Editorial Hechos Confirables, 2002), 58-59, 66-68; INEGI, *Conteo de Poblaciation y Vivienda 1995*(Mexico, 1995); INEGI, *Conteo de Poblaciation y Vivienda 1*(Mexico, 2001); Szuchman, *op. cit.*, 5; George Martine and Clelio Campolina Diniz, in *Urbanization in Large Developing Countries*, "Economic and Demographic Concentration in Brazil: Recent Inversion of Historical Patterns," 205-27; Teresa P. R. Caldeira, *City of Walls: Crime, Segregation and Citizenship in Sa-o Paulo*(Berkeley: University of California Press, 2000), 233; "World Urbanization Prospects: The 2003 Revision"; Findley, *op. cit.*, 27; Harry W. Richardson, "Efficiency and Welfare in LDC Megacities," in *Third World Cities*, 37; Larry Rohter, "Model for Research Rises in a Third World City," *The New York Times*, May 1, 2001; "Chicago Heaven," *The Economist*, May 1, 2004.

7   Parsa et al., "Emerging Global Cities"; Tüzin Naycan-Levent, "Globalization and Development Strategies for Istanbul: Regional Policies and Great Urban Transportation Projects," 39th IsoCa Congress, 2003.

8   Josef W. Konvitz, "Global Cities and Economic Growth," *OECD Observer*(Paris: Organization for Economic Cooperation and Development, 1994).

9   Susan S. Fainstein and Michael Harloe, "Introduction: New York and London in the Contemporary World," in *Divided Cities: New York and London in the Contemporary World*, ed. Susan S. Fainstein, Ian Gordon, and Michael Harloe(London: Blackwell Publishers, 1992), 7.

10   Manuel Castells, *The Informational City*(Oxford, Eng.: Blackwell Publishers, 1989), 146-52; Hall, *op. cit.*, 7, 23; Eli Lehrer, "Crime Without Punishment," *Weekly Standard*, May 27, 2002.

11   Saskia Sassen, *Cities in a World Economy*(Thousand Oaks, Calif.: Pine Forge Press, 2000), 5, 21.

12   Susanne MacGregor and Arthur Lipow, "Bringing the People Back In: Economy and Society in New York and London," in *The Other City*, 5; Peter Hall, "Urban Growth and Decline in

Western Europe," in *The Metropolis Era, vol. 1*, A World of Giant Cities, 113; Segre, *op. cit.*, 99-107; John R. Logan, "Still a Global City: The Racial and Ethnic Segmentation of New York," in *Globalizing Cities*, 158-61.

13   Robert McC. Adams, "Contexts of Civilizational Collapse," in *The Collapse of Ancient States and Civilization*, 20.

14   Thomas Klier and William Testa, "Location Trends of Large Company Headquarters During the 1990s," *Economic Perspectives*, Federal Reserve Bank of Chicago, 2002; Ron Martin and Peter Sunley, "Deconstructuring Clusters: Creative Concept or Policy Panacea," *Journal of Economic Geography*, June 6, 2002.

15   Peter Muller, "The Suburban Transformation of the Globalizing American City," *Annals of the American Academy of Political and Social Science*(May 1997); John Friedmann, *The Prospect of Cities*(Minneapolis: University of Minnesota Press, 2002), 41.

16   Lee Burdet, "The Unthinkable Move Not Any Longer," Southern Business and Development, February 6, 2004.

17   Peter Muller, *op. cit.*; Short and Kim, *op. cit.*; "Engine Failure," Center for an Urban Future, September 2003; Burdet, *op. cit.*; Tom Shachtman, *Around the Block: The Business of a Neighborhood*(New York: Harcourt Brace, 1997), 5.

18   Inc. "The Best Places" survey, March 2004, 경제학자 David Friedman이 행한 연구; "Leeds: Cities Paved with Brass," *The Economist*, August 29, 1998; Paul Fox and Rachael Unsworth, "City Living in Leeds-2003," University of Leeds, 2003; Jonathan Tilove, "2000 Census Finds America's New Mayberry Is Exurban and Overwhelmingly White," *Newhouse News Service*, November 26, 2001.

19   "Will Asian Crisis Spare the Suburbs," *Real Estate Forum*, November 1998, 101.

20   Castells, *The Informational City*, 151; Peter Muller, *op. cit.*; "Engine Failure"; Inc. "Best Places" survey, May 2004, 경제학자 David Friedman이 행한 연구.

21   National Retail Federation, 2003, 웹 사이트로부터.

22   Charles V. Bagli, "Office Shortage in Manhattan Imperils Growth," *The New York Times*, September 9, 2000; Siegel, *op. cit.*, 253; "Engine Failure"; Jackson, *op. cit.*, 185; John Norquist, *The Wealth of Cities: Revitalizing the Centers of American Life*(New York: Perseus Books, 1999), 60; Andy Newman, "Recession Seen as Gentler for New York City's Outer Boroughs," *The New York Times*, February 6, 2004.

23   Joseph N. Pelton, "The Rise of Telecities: Decentralizing the Global Society," *The Futurist*, January-February 2004; William J. Mitchell, *City of Bits: Space, Place, and the Infobahn* (Cambridge, Mass.: MIT Press, 1995), 94-98; Doug Bartholomew, "Your Place or Mine?," CFO magazine, March 15, 2004; Sheridan Tatsuno, *The Technopolis Strategy: Japan, High Technology and the Control of the 21st Century*(New York: Prentice Hall, 1986), xv-xvi; Bruce Stokes, "Square One," *National Journal*, May 24, 1997; Alvin Toffler, *The Third*

Wave(New York: William Morrow, 1980), 204-7.

24 Fishman, *op. cit.*, 187; U.S. Census analysis by William Frey, Brookings Institution; *Technological Reshaping of America*, 93; Sara B. Miller, "Big Cities Struggle to Hold On to New Immigrants as Costs Rise," *Christian Science Monitor*, October 9, 2003; "U.S. Cities Have Fewer Kids, More Singles," NewsMax.com, June 13, 2001; William H. Frey, "Metropolitan Magnets for International and Domestic Migrants," Brookings Institution, October 2003; Berger, *op. cit.*; Friedmann, *op. cit.*, 40-41.

25 Fogelson, *op. cit.*, 42; Wells, *op. cit.*, 32.

26 Jacques Ellul, *The Technological Society*, trans. John Wilkinson(New York: Vintage, 1967), 113-15; Norman Birnbaum, *The Crisis of Industrial Society*(New York: Oxford University Press, 1969), 113-14.

27 B. Joseph Pine Ⅱ and James H. Gilmore, *The Experience Economy: Work Is Theatre and Every Business a Stage*(Cambridge, Mass.: Harvard Business School Press, 1999), 1-3; 라스베이거스를 현대적인 도시 패러다임으로 간주하며 가진 훌륭한 논의는 Robert Venturi, Denise Scott Brown, and Steven Izenour, *Learning from Las Vegas*(Cambridge, Mass.: MIT Press, 1977) 에서 볼 수 있다.

28 Keith Schneider and Charlene Crowell, "Granholm's Urban Theory," Great Lakes News Service, May 6, 2004; Richard Florida, "The Rise of the Creative Class," *The Washington Monthly*, May 2002; Larry Solomon, "Canada's Outsourcing," *Financial Post*, March 31, 2004; Peggy Curan, "Montreal's Bright Side," *The Gazette*, September 25, 2000.

29 Alan Cowell, "Manchester Rising," *The New York Times*, June 24, 2001; Bruce Weber, "Arts Sapling Bears Fruit in Downtown U.S.," *The New York Times*, November 19, 1997; Ben Craft, "City of Brotherly Love Bets on the Arts," *The Wall Street Journal*, June 24, 1998; "In London's Shadow," *The Economist*, August 1, 1998; Yusuf and Wu, "Pathways to a World City."

30 Richard Bernstein, "Vienna's Grandeur Fails to Mask a Sense of Loss," *The New York Times*, August 3, 2003; Akin Ojumu, "Escape: Berlin," *The Observer*, July 15, 2001; John Burgess, "A Renaissance of Counterculture," *The Washington Post*, March 9, 2004; David Wessel, "If a City Isn't Sunny-and Air Conditioned-It Should Be Smart," *The Wall Street Journal*, February 26, 2004.

31 Peter Hall, "Changing Geographies: Technology and Income," in *High Technology and Low-Income Communities: Prospects for the Positive Use of Advanced Information Technology*, ed. Donald A. Schon, Bish Sanyal, and William J. Mitchell(Cambridge, Mass.: MIT Press, 1999), 51-53; "Engine Failure."

32 Jean Gottmann, *The Coming of the Transactional City*(College Park: University of Maryland Press, 1983), 28-43.

33 Robert Bruegmann, "The American City: Urban Aberration or Glimpse of the Future," in *Preparing for the Urban Future: Global Pressures and Local Forces*, ed. Michael A. Cohen,

Blair A. Ruble, Joseph S. Tulchin, and Allison Garland (Baltimore: Johns Hopkins University Press, 1996), 59.

34 Tyler Cowen, *In Praise of Commercial Culture* (Cambridge, Mass.: Harvard University Press, 1998), 31, 83-96, 108-10, 120.

35 David Clark, *op. cit.*, 161-63; Taichi Sakaiya, *The Knowledge-Value Revolution, or, A History of the Future*, trans. George Fields and William Marsh (Tokyo: Kodansha, 1985), 348; "Population Drop to Affect Tokyo Policy," Daily Yomiuri, January 31, 1997; Yusuf and Wu, "Pathways to a World City,"; "Failing Birth Rates Revive E. E. Debate on Immigration," *The Hindu*, May 31, 2001; "State of the World's Population, 1999."

36 Tamara Theissen, "Marriage, Mussolini Losing Their Grip in Italy," *The Gazette* (Montreal), August 6, 2000; Susan H. Greenberg, "The Rise of the Only Child," *Newsweek*, April 23, 2001; David Holley, "Italy's Aging Bambini," *Los Angeles Times*, September 14, 2002; "Population Drop to Affect Tokyo Policy"; "Global Baby Bust," *The Wall Street Journal*, January 24, 2003.

37 "Uptown, Downtown," advertising supplement to the *Dallas Morning News*, April 14, 1999; Yusuf and Wu, "Pathways to a World City"; Weber, "Arts Sapling Bears Fruit in Downtown US."

38 Julian Wolpert, "Center Cities as Havens or Traps for Low Income Communities: The Potential Impact of Advanced Information Technology," in *High Technology and Low-Income Communities*, 78-94; Hill and Kim, "Global Cities and Development States"; Logan, *op. cit.*, 158-59; Castells, *The Informational City*, 172-228.

39 Eli Lehrer, "Broken Windows Reconsidered," *Public Interest* (Summer 2002); Friedmann, *op. cit.*, 40-41.

40 Fred Siegel, "The Death and Life of American Cities," The *Public Interest* (Summer 2002).

41 Burdett, "Toward the 21st Century."

42 Larry Rohter, "As Crime and Politics Collide in Rio, City Cowers in Fear," *The Wall Street Journal*, May 8, 2003; Jonathan Friedlan, "Living a Cut Above Mexico: Offices, Shops, and Restaurants Cash In Need for 'Safer Ground,'" *The Wall Street Journal*, June 24, 1998.

43 Linden, "The Exploding Cities of the Developing World"; Vidal, "Disease Stalks New Megacities"; Thomas H. Maugh, "Plunder of Earth Began with Man," *Los Angeles Times*, June 12, 1994.

44 Drakakis-Smith, *op. cit.*, 8, 38; Lofchie, *op. cit.*, 23; McGill, *op. cit.*, 21; Gilbert and Gugler, *op. cit.*, 25; Mabin, "Suburbs and Segregation in the Urbanizing Cities of the South"; "Black Flight," *The Economist*, February 24, 1996.

45 Bianca, *op. cit.*, 329-30.

46 Ali Parsa et al., "Emerging Global Cities"; Robert Looney, "Beirut: Reviving Lebanon's Past," *Journal of Third World Studies* (Fall 2001).

47 Frantz Fanon, *The Wretched of the Earth*, trans. Constance Farrington (New York: Grove Press, 1965), 315.

48 Fouad Ajami, "Arabs Have Nobody to Blame but Themselves," *The Wall Street Journal*, October 16, 2001; Daniel Benjamin and Steven Simon, *The Ages of Sacred Terror* (New York: Random House, 2002), 79.

49 Yossi Klein Halevi, "Islam's Outdated Domination Theology," *Los Angeles Times*, December 4, 2002; Benjamin and Simon, *op. cit.*, 5.

50 "One Year Later: New Yorkers More Troubled, Washingtonians More on Edge," Pew Research Center for the People and the Press, September 2003; "The Impact of 9/11 on Workplace Security and Business Continuity Planning," *Business Continuity Planning*, October 2002; Daniel Benjamin, "The 1,776 Foot Target," *The New York Times*, March 23, 2004; Jonathan D. Glater, "Travel Fears Cause Some to Commute Online," *The New York Times*, April 7, 2003; *Innovation Briefs*, Urban Mobility Corporation, July-August 2002.

51 Benjamin, "The 1,776 Foot Target"; Pelton, "The Rise of Telecities: Decentralizing the Global Society"; Jason Singer, "Tokyo Braces for Tsunami of New High-Rises," *The Wall Street Journal*, December 11, 2002; Charles V. Bagli, "$3.7 Billion Plan to Alter Far West Side Is Revealed," *The New York Times*, February 12, 2004; Margaret Ryan, "Skyscrapers Transforming City Skyline," *BBC News Online*, March 24, 2004.

52 Jane Jacobs, *The Economy of Cities* (New York: Random House, 1969), 141.

53 H. J. Dyos, "Agenda for Urban History," in *The Study of Urban History*, 1; Ryan, "Skyscrapers Transforming City Skyline."

54 Coulanges, *op. cit.*, 310.

55 Mike Biddulph, "Villages Don't Make a City," *Journal of Urban Design* 5, no. 1 (2000); William J. Stern, "How Dagger John Saved New York's Irish," *City Journal* (Spring 1997).

56 Eli Lehrer, "Broken Windows Reconsidered"; Charles Zwingmann and Maria Pfister-Ammende, *Uprooting and After* (New York: Springer-Verlag, 1973), 25; Schorske, *op. cit.*, 109-11.

57 Daniel Bell, *The Coming of Post-Industrial Society: A Venture in Social Forecasting* (New York: Basic Books, 1973), 367, 433; Arthur Herman, *The Idea of Decline in Western History* (New York: Free Press, 1997), 312, 348-57.

58 Lenn Chow, Des Verma, Martin Callacott, and Steve Kaufmann, "Ethno-Politics Threaten Canadian Democracy," *National Post*, March 31, 2004; Stephen Toulmin, Cosmopolis: *The Hidden Agenda of Modernity* (Chicago: University of Chicago Press, 1992), 26.

59 Hill and Kim, "Global Cities and Development States"; Weiming Tu, "Beyond Enlightenment Mentality"; David Bonavia, *The Chinese: A Portrait* (London: Penguin, 1980), 18-19; "Shanghai Tries to Stay Original," *China Daily*, August 6, 2002; Lily Kong and Brenda S. A. Yeoh, "Urban Conservation in Singapore: A Survey of State Policies and Popular Attitudes,"

Urban Studies(March 1994).

60 Bianca, *op. cit.*, 324-41; Wilfred Cabtwell Smith, *Islam in Modern History*(New York: Mentor, 1959), 204-7; Naycan-Levent, "Globalization and Development Strategies for Istanbul"; Bruce Stanley, "Going Global and Wannabe World Cities: (Re)conceptualizing Regionalism in the Middle East," Globalization and World Cities Study Group, 2003; David Lamb, "In Egypt, a Bastion of Learning Rises from the Ashes of History," *Los Angeles Times*, December 5, 2002.

추천 문헌

집필은 대체로 외로운 작업이지만 이 책을 완성하는 과정에서 나는 말 그대로 수백 권의 책에서 좋은 친구들을 찾아냈다. 다음에 소개하는 책들은 여러분들이 도시의 역사를 계속 탐구하는 동안 더 많은 지식과 역사적 사실을 알려 줄 것이다.

역사에 대한 글을 쓸 때, 당대의 맥락에서 도시의 일상 생활과 시대상을 묘사한 1인칭 시점의 설명보다 더 큰 기쁨을 안겨 주는 것은 없다. 나는 이 책을 그런 텍스트로 시작했다. 베르날 디아스 델 카스티요의 『멕시코의 발견과 정복 1517~1521 *The Discovery and Conquest of Mexico 1517-1521*』은 유럽인들이 멕시코 중부의 위대한 도시 문명을 처음 접하는 순간으로 독자들을 데려가는 마법과 같은 작품이다.

이러한 1인칭 시점의 통찰력을 내게 제공해 준 다른 책들에는 그리스 역사가 헤로도토스의 저작, 로마의 풍자가 페트로니우스의 글, 단테의 시, 아랍 여행가 이븐 바투타의 일기, 마르코 폴로의 회고록, 영국 역사가이자 오랫동안 일본에 거주했던 G. C. 앨런의 회고록, 윌리엄 블레이크의 시, 존 도스 파소스의 소설들이 포함된다. 이들 작품 모두는 본문에 인용됐다.

가장 찾기 어려운 것은 도시의 역사를 폭넓은 시각으로 살핀 책들일 것이다. 루이스 멈포드Lewis Mumford의 『역사 속의 도시The City in History』(Harcourt Brace, 1961)는 의문의 여지없는 권위 있는 저작으로 남아 있다. 나는 도시의 역사에 대한 강의를 할 때마다 이 책을 선정해 왔다. 이 책은 무겁고 복잡하지만 학생들에게 도시의 역사에 대한 확실한 영감을 주고 학생들을 자극하며 때로는 격노하게 만든다. 나는 멈포드의 『도시의 전망The Urban Prospect』(Harcourt Brace, 1968)에 수록된 일련의 에세이들을 추천하기도 한다.

다른 저작들은 도시의 발전을 이해하는 데 가치가 있다. A. E. J. 모리스 A. E. J. Morris의 『도시 형태의 역사: 산업혁명 이전History of Urban Form: Before the Industrial Revolution』(Longman, 1994)과 피터 홀Peter Hall의 『문명 속의 도시들Cities in Civilization』(Pantheon Books, 1998), 마크 지라드Mark Girouard의 『도시와 사람들: 사회와 건축의 역사Cities and People: A Social and Architectural History』(Yale University Press, 1985)는 많은 흥미로운 통찰력을 제공한다.

도시의 인구 통계에 대한 이해와 관련해서는 테르티우스 챈들러Tertius Chandler와 제럴드 폭스Gerald Fox의 『도시 성장의 3천년Three Thousand Years of Urban Growth』(Academic Press, 1974)과 『역사 속의 도시화: 역동적 상호작용의 과정 Urbanization in History: A Process of Dynamic Interactions』(Clarendon Press, 1990)에 실린 에세이들에 많이 의지했다. 이런 의지는 인구통계학적 추정치 ―특히 과거에 대한 추정치―들이 불확실하다는 것을 깨달으면서 더욱 심해졌다. 대부분의 경우 나는 가장 보수적인 추정치를 선택하거나 독자들에게 가능성 있는 사실의 폭을 최대한 넓게 제공하려고 노력했다.

윌리엄 H. 맥닐William H. McNeill의 저작은 두 분야에서 특히 유용했다. 도시의 발전에 질병이 끼친 영향을 강조한 『전염병과 인간들Plagues and

Peoples』(Anchor Press, 1976)은 뚜렷한 생물학적 관점으로 도시의 발전을 볼 수 있게 해줬다. 이와 비슷하게『힘의 추구: 서기 1000년 이후의 기술, 무장병력 그리고 사회*The Pursuit of Power: Technology, Armed Force and Society Since A.D. 1000*』(University of Chicago Press, 1982)는 종종 진가를 인정받지 못하는 군사적 기술의 역할에 초점을 맞출 수 있게 해줬다. 이런 저작들과 더불어 오랫동안 애호해 온 저작인 필립 D. 커틴Philip D. Curtin의『세계사 속의 문화간 교역 *Cross-Cultural Trade in World History*』(Cambridge University Press, 1984)은 거대 도시의 틀을 잡은 주요 요인 중 하나인 '국가간 교역'과 관련된 문제를 다룰 때 자주 참고했다.

이 책에서 나는 종교와 도덕 그리고 성스러운 장소에 대한 사항을 특히 많이 언급했다. 이것은 멈포드 같은 비종교적인 학자들에게는 명료한 개념이었겠지만 현대의 역사가들 사이에서는 너무나 자주 잊혀진 개념이었다. 윌러드 R. 트래스크Willard R. Trask가 번역한 미르치아 엘리아데Mircea Eliade의『영겁회귀의 신화*The Myth of the Eternal Return*』(Princeton University Press, 1971)는 자크 엘륄의『도시의 의미*The Meaning of the City*』(Vintage, 1967)와 더불어 도시 경험의 종교적 뿌리를 논하는 데 특히 많은 영감을 주었다.

고대 도시의 역사가들은 일반적으로 종교와 성스러운 장소의 역할을 인정한다. 출발점으로 삼기에 훌륭한 저작으로는 그레이엄 클락Grahame Clark의『세계의 선사: 개요*World Prehistory: An Outline*』(Cambridge University Press, 1961), 메이슨 해먼드Mason Hammond의『고대 세계의 도시*The City in the Ancient World*』(Harvard University Press, 1972), 고든 차일드Gordon Childe의『역사에서 벌어진 일*What Happened in History*』(Penguin, 1957), 누마 드니 퓌스텔 드 쿨랑주Numa Denis Fustel de Coulanges의『고대 도시*The Ancient City*』(Johns Hopkins University Press, 1980), 허버트 뮬러Herbert Muller의『과거의 활용*The Uses of the Past*』(Oxford

University Press, 1952) 그리고 내가 개인적으로 좋아하는 저작인 베르너 켈러Werner Keller의 『역사로서의 성경The Bible as History』(William Morrow, 1981) 등이 있다. 이 주제에 더 가까이 접근하고 싶다면 초창기 도시 거주자들의 영적인 삶을 만날 수 있게 해 주는 『길가메시 서사시The Epic of Gilgamesh』(Penguin, 1999)를 추천한다.

서구의 전통에서 벗어나 있는 지역의 경우 폴 휘틀리Paul Wheatley의 『사방의 중심: 고대 중국 도시의 기원과 특징에 대한 사전 연구The Pivot of the Four Quarters; A Preliminary Enquiry into the Origins and Character of the Ancient Chinese City』(Aldine Publishing Company, 1971)를 강력하게 추천한다. 여러 문화권에 걸친 종교와 도시를 다룬 휘틀리의 저작은 이 중요한 주제를 탐구하는 데 소중한 수단을 제공한다. G. C. 밸리언트G. C. Valliant의 『멕시코의 아스텍족Aztecs of Mexico』(Doubleday, 1944)과 제레미 A. 사블로프Jeremy A. Sabloff의 『고대 멕시코의 도시들: 잃어버린 세계의 재건The Cities of Ancient Mexico: Reconstructing a Lost World』(Thames and Hudson, 1989)은 초기 중앙아메리카에서 유사한 과정이 전개됐다는 것을 깨닫는 데 도움을 주었다. T. R. 페렌바흐T. R. Fehrenbach의 『불과 피: 멕시코의 역사Fire and Blood: A History of Mexico』(Macmillan, 1979)는 멕시코 역사의 초창기와 그에 이어지는 기간 모두를 풍성하게 다룬다.

메소포타미아와 고대 근동은 일반적으로 도시 역사의 중요한 용광로로 간주된다. A. 버나드 냅A. Bernard Knapp의 『고대 서아시아와 이집트의 역사와 문화The History and Culture of Ancient Western Asia and Egypt』(Wadsworth Press, 1988), H. W. F. 새그스H. W. F. Saggs의 『위대했던 바빌론: 티그리스-유프라테스 협곡의 고대 문명에 대한 스케치The Greatness That Was Babylon: A Sketch of the Ancient Civilization of the Tigris-Euphrates Valley』(Hawthorn Publishers, 1962), 마이클 그랜트Michael Grant의 『고대 지중해The Ancient Mediterranean』(Scribner's, 1969)는 모두 이

매혹적인 지역에 대한 탐구를 시작하는 데 특출한 저작들이다.

나는 페니키아인들에게 특히 매혹됐는데, 가장 큰 이유는 그들이 현대의 상업적 도시의 재주 많은 선조들처럼 보이기 때문이다. 이 매혹적인 사람들에 대해 더 많은 것을 배우고 싶다면 제라드 험Gerhard Herm의 『페니키아인: 고대 세계의 자줏빛 제국The Phoenicians: The Purple Empire of the Ancient World』(William Morrow, 1975) 그리고 앨러스테어 해밀턴Alastair Hamilton이 번역한 사바티노 모스카티Sabatino Moscati의 『페니키아인들의 세계The World of the Phoenicians』(Praeger, 1968)를 추천한다.

고대 그리스와 로마 문명은 많은 연대기 작가들을 배출했지만 어느 누구도 헤로도토스보다 위대하지는 않았다. 나는 훌륭한 고대 사학자로서뿐 아니라 역사와 도시에 대한 철학자로서도 그를 추천한다. 오브리 드 셀린코트Aubrey de Sélincourt가 번역한 『역사The Histories』(Penguin Books, 1954)는 내가 강의하는 '도시의 역사'의 필독서이다. 마이클 그랜트와 레이첼 키친거Rachel Kitzinger가 편집한 『고대 지중해 문명Civilization of the Ancient Mediterranean』(Scribner's, 1988)에 실린 다양한 에세이들도 빼어난 출발점으로 추천한다.

나는 영국의 모범적인 사학자 마이클 그랜트에게 특히 많은 빚을 졌다는 것을 밝히고 싶다. 고대인들의 사고를 이해하고 싶은 독자는 그리스와 로마의 역사에 대한 그의 많은 저작에서 풍부한 지식을 얻을 수 있다. 그의 저작은 비범하고, 글은 명료하고 간결하며, 통찰력은 풍성하면서도 안정적이다. 그랜트의 『알렉산드로스로부터 클레오파트라까지From Alexander to Cleopatra』(Scribner's, 1982)는 마케도니아 제국의 발흥기부터 멸망까지 중요한 시기를 비범한 재능과 탁월한 분석력으로 다루었다.

로마 시대의 경우, 가장 주요한 저작은 여전히 에드워드 기번Edward Gibbon의 권위 있는 『로마제국 쇠망사The Decline and Fall of the Roman Empire』(Modern

Library, 1995)이다. 이외에 로마의 도시 생활에 대한 특히 자세한 시각을 제 공하는 두 저작은 제롬 카르코피노Jérôme Carcopino의 『고대 로마의 일상생 활*Daily Life in Ancient Rome*』(Yale University Press, 1940)과 J. P. V. D. 발스던J. P. V. D. Balsdon의 『고대 로마의 생활과 여가*Life and Leisure in Ancient Rome*』(McGraw-Hill, 1969)이다. 로마 제국의 멸망과 로마가 남긴 불후의 유산에 대해서는 로버 트 로페즈Robert Lopez의 『유럽의 탄생*The Birth of Europe*』(M. Evans and Company, 1967)과 시릴 망고Cyril Mango의 『비잔티움: 새로운 로마 제국*Byzantium: The Empire of New Rome*』(Scribner's, 1980)이 필독서다.

우리 시대와 대단히 관련이 깊은 이슬람권 도시는 당대의 독자들과 시 사적 사건의 추종자들의 관심 대상이어야만 한다. 이슬람권에 헤로도토 스와 어깨를 견줄만한 인물이 있다면 그 사람은 바로 이븐 할둔이다. 내 가 『종족들*Tribes*』을 집필하기 시작했을 때 마주친 이 작가를 독자들에게 다시 알리게 돼서 기쁘다. 프란츠 로젠탈Franz Rosenthal이 번역한 그의 『역사 서설*The Muqaddimah: An Introduction to History*』은 이슬람권뿐 아니라 거대 도시의 창 조를 추동하는 원동력에 대한 대단히 높은 통찰력을 보여 주는 책 중 하 나다.

이븐 할둔의 책과 더불어 더욱 현대적이고 빼어난 역사서들이 있다. 주 요한 텍스트로는 앨버트 후라니Albert Hourani의 『아랍인들의 역사*A History of the Arab Peoples*』(Harvard University Press, 2002), 필립 K. 히티Philip K. Hitti의 『아랍 이 슬람의 중심 도시들*Capital Cities of Arab Islam*』(University of Minnesota Press, 1973), 스테파노 비앙카Stefano Bianca의 『아랍 세계의 도시 형태: 과거와 현재*Urban Form in the Arab World: Past and Present*』(Thames and Hudson, 2000) 그리고 비범한 폴 휘틀리가 쓴 『인간들이 한 데 기도하는 곳: 7세기부터 10세기까지의 이슬 람권 도시들*The Places Where Men Prey Together: Cities in Islamic Lands, Seventh Through the Tenth*

Centuries』(University of Chicago Press, 2001) 등이 있다.

재닛 아부-루고드Janet Abu-Lughod의『카이로: 승리한 도시의 1,001년*Cairo: 1,001 Years of the City Victorious*』(Princeton University Press, 1971)과 안드레 레이몬드André Raymond의『카이로*Cairo*』(Harvard University Press, 2000)는 이슬람권 최대의 도시에 대해 내가 이해하는 바를 대단히 풍성하게 만들어 주었다. 인도 도시들의 발전은 타판 레이차우드후리Tapan Raychaudhuri와 이르판 하비브Irfan Habib의『케임브리지 인도 경제사, 1권, 1200-1750 *Cambridge Economic History of India, Volume One, 1200-1750*』(Orient Longman, 1982)에서 잘 다뤄졌고, 로밀라 타파르Romila Thapar의『인도의 역사*History of India*』(Penguin, 1990)에서도 마찬가지다.

중국을 여러 차례 여행했고 중국과 이곳 캘리포니아에 중국 문화에 정통한 오랜 지인들이 있음에도 초기와 중세의 중국 역사는 이해하기가 특히 어려웠다. 나는 휘틀리의『사방의 중심』 외에도 케네스 스콧 라투렛Kenneth Scott Latourette의『중국인들: 그들의 역사와 문화*The Chinese: Their History and Culture*』(Macmillan, 1962), 로렌스 J. C. 마Laurence J. C. Ma의『송의 상업적 발전과 도시의 변화*Commercial Development and Urban Change in Sung China*』(Michigan Geographical Society, 1971), 빅터 F. S. 시트Victor F. S. Sit의『베이징: 중국 수도의 본질과 계획*Beijing: The Nature and Planning of a Chinese Capital City*』(John Wiley, 1995), 앨프레드 쉰츠Alfred Schinz의『중국의 도시들*Cities in China*』(Gebruder Borntraeger, 1989)에서 많은 도움을 받았다.

르네상스와 근대에 서구 도시들이 발흥한 것과 관련해서는 빼어난 저작들이 많이 있다. 이 약동하는 시기에 대한 내 관점의 대부분은 페르낭 브로델Fernand Braudel과 앙리 피렌느Henri Pirenne에 의해 형성됐다. 피렌느의『중세 도시: 그들의 기원과 교역의 부활*Medieval Cities: Their Origins and the Revival of*

Trade』(Princeton University Press, 1925)과 『무함마드와 샤를마뉴*Mohammed and Charlemagne*』(Meridian Books, 1957)는 유럽 도시의 초창기 재출현을 이해하는 데 유용하다. 브로델의 『세계를 보는 관점: 문명과 자본주의: 15-18세기 *The Perspective of the World: Civilization and Capitalism: 15th-18th Century*』(Harper & Row, 1984)와 『펠리페 2세의 지중해와 지중해 세계*The Mediterranean and the Mediterranean World of Philip Ð*』(Harper & Row, 1972)에는 중세가 지난 후 찾아온 세계적인 변화에 대한 디테일이 아주 풍부하다. 또 통찰력이 그득한 설명이 담겨 있다.

도시의 역사를 다룬 이 책은 근대 초기에 대해서는 주로 런던과 암스테르담, 두 도시에 초점을 맞췄다. 브로델 외에 사이먼 샤마Simon Schama의 『부자들의 낭패: 황금기 네덜란드 문화의 해석*The Embarrassment of Riches: An Interpretation of Dutch Culture in the Golden Age*』(Vintage, 1987), 조나단 이스라엘Jonathan Israel의 『네덜란드 공화국: 출현과 위대성 그리고 몰락*The Dutch Republic: Its Rise, Greatness and Fall*』(Oxford University Press, 1995), F. R. H. 드 블레F. R. H. Du Boulay의 『야망의 시대: 중세 후기의 영국 사회*An Age of Ambition: English Society in the Late Middle Age*』(Viking, 1970) 같은 저작들도 많은 도움이 되는 텍스트들이다.

산업화 시대로의 이행 그리고 영미 세력의 지배력 증대는 고전적인 저작 세 편, 즉 벤 포우크스Ben Fowkes가 번역한 칼 마르크스의 『자본론*Das Kapital*』(Vintage, 1976), W. O. 헨더슨W. O. Hennderson과 W. H. 챌로너W. H. Chaloner가 번역한 프리드리히 엥겔스의 『영국 노동계급의 상태*The Condition of the Working Class in England*』(Stanford University Press, 1968), 아놀드 토인비Arnold Toynbee 의 『산업혁명*The Industrial Revolution*』(Beacon Press, 1956)을 보지 않고서는 제대로 이해할 수 없다.

세계의 특정 지역에서 산업주의가 끼친 영향에 대해서는 탁월한 역사서들이 많다. 일본과 관련해서 나는 칼 모스크Carl Mosk의 『일본 산업사

Japanese Industrial History』(M. E. Sharpe, 2001), 토머스 O. 윌킨슨Thomas O. Wilkinson의
『일본 노동의 도시화: 1868-1955The Urbanization of Japanese Labor: 1868-1955』
(University of Massachusetts Press, 1965), 후지타 쿠니코Fujita Kuniko와 리처드 차
일드 힐Richard Child Hill이 엮은 『세계 경제 속의 일본 도시들Japanese Cities in World
Economy』(Temple University Press, 1993)에 많은 도움을 받았다.

존 C. 티퍼드Jon C. Teaford의 『중심부 도시들: 산업화된 중서부의 발흥과
몰락Cities of the Heartland: The Rise and Fall of the Industrial Midwest』(Indiana University Press,
1994)과 앤드류 리Andrew Lee의 『도시의 이해: 유럽과 미국의 사고 속의 도
시 사회: 1820-1940 Cities Perceived: Urban Society in European and American Thought: 1820-
1940』(Columbia University Press, 1985), 찰스와 메리 비어드Charles and Mary Beard의
『미국 문명의 발흥The Rise of American Civilization』(Macmillan, 195)은 산업의 성장이
미국 도시들에 끼친 영향을 이해하는 데 탁월한 문헌들이다.

독일의 경험을 연구할 때 칼 E. 쇼르스케Carl E. Schorske의 『세기말 빈: 정
치와 문화Fin de Siècle Vienna: Politics and Culture』(Knopf, 1979)는 위대한 모범적 연구
서로 남아 있다. 나는 이 책을 쓸 때 알렉산드라 리치Alexandra Richie의 『파우
스트의 메트로폴리스: 베를린의 역사Faust's Metropolis: A History of Berlin』(Carroll and
Graf, 1998)와 클라우스 P. 피셔Klaus P. Fischer의 『나치 독일: 새 역사Nazi Germany:
A New History』(Continuum, 1995)에도 의지했다.

러시아의 산업화 도시화에 대한 통찰력을 얻기 위해서는 W. 브루스 링
컨W. Bruce Lincoln의 『한밤중의 햇빛: 상트페테르부르크와 현대 러시아의 출
현Sunlight at Midnight: St. Petersburg and the Rise of Modern Russia』(Basic Books, 2002), 레지널
드 E. 젤니크Reginald E. Zelnik의 『제정 러시아의 노동과 사회: 상트페테르부
르크의 공장노동자들, 1855-1970 Labor and Society in Tsarist Russia: The Factory Workers
of St. Petersburg, 1855-1970』(Stanford University Press, 1971), 해럴드 션크먼Harold

Shunkman의 번역으로 최근에 출판된 드미트리 볼코고노프Dmitri Volkogonov의
『스탈린: 승리와 비극Stalin: Triumph and Tragedy』(Grove Weidenfeld, 1991)을 참조했
다.

나는 교외를 '반反도시'로 치부해버리기보다는 지배적인 현대적 정서가
표출된 지역으로 선택했다. 캘리포니아 남부는 내가 이런 분석을 하는 데
모델 역할을 해 주었다. 그렉 히스Greg Hise와 윌리엄 데버렐William Deverell의
『계획된 에덴: 로스앤젤레스 지역을 위한 1930년 올름스테드-바톨로뮤
계획Eden by Design: The 1930 Olmsted-Bartholomew Plan for the Los Angeles Region』(University of
California Press, 2000)과 윌리엄 풀턴William Fulton의 『달갑지 않은 메트로폴리
스: 로스앤젤레스의 도시 성장의 정치The Reluctant Metropolis: The Politics of Urban
Growth in Los Angeles』(Solano Books Press, 1997)는 캘리포니아 남부를 이해하는
탁월한 출발점이라는 게 판명됐다. 캘리포니아를 깊이 공부하고자 하는
사람은 누구나 케빈 스타Kevin Starr가 집필하는 훌륭한 캘리포니아 역사서
시리즈(모두 Oxford University Press)도 참고해야만 한다.

교외 지역의 개괄적 역사를 빼어나게 저술한 저서로는 케네스 잭슨
Kenneth Jackson의 『바랭이 변경: 미합중국의 교외화Crabgrass Frontier: The
Suburbanization of the United States』(Oxford University Press, 1985), 로버트 피쉬먼Robert
Fishman의 『부르주아 유토피아들: 교외의 흥망Bourgeois Utopias: The Rise and Fall of
Suburbia』(Basic Books, 1987), 조엘 개로Joel Garreau의 『가장자리 도시: 새 변경
에서 사는 삶Edge City: Life on the New Frontier』(Doubleday, 1991) 등이 있다. 이와 나
란히 벌어진 전통적 도시들의 쇠락은 위톨드 립친스키Witold Rybczynski의
『도시의 삶: 신세계 도시에 대한 예상City Life: Urban Expectations in the New World』
(Scribner's, 1995), 로버트 M. 포겔슨Robert M. Fogelson의 『다운타운: 흥망,
1880-1950 Downtown: Its Rise and Fall, 1880-1950』(Yale University Press, 2001), 프레드

시겔Fred Siegel의 『언젠가 여기서 일어난 미래: 뉴욕, D.C., L.A. 그리고 미국 대도시들의 운명The Future Once Happened Here: New York, D.C., L.A., and the Fate of America's Big Cities』(Free Press, 1997) 같은 가치 있는 책들에 잘 기록돼 있다.

현대 제3세계 도시에 대한 결정적인 설명을 담은 책은 아직 집필되지 않았는지도 모른다. 데이비드 드라카키스-스미스David Drakakis-Smith의 『제3세계 도시The Third World City』(Methuen, 1987)는 탁월한 출발점 역할을 해 준다. 조세프 구글러Josef Gugler 그리고 존 D. 카사르다John D. Kasarda가 별도의 책들로 모은 에세이들이 담긴 책 몇 권 —특히 카사르다와 앨런 M. 패럴Allan M. Parrell이 엮은 『제3세계 도시들: 문제점, 정책 그리고 전망Third World Cities: Problems, Policies and Prospect』(Sage Publication, 1993) — 은 이 주제와 관련해서는 필독서들이다. A. S. 오베로이A. S. Oberoi의 『제3세계 메거시티들의 인구 증가, 환경 그리고 빈곤Population Growth, Employment and Poverty in Third-World Mega-Cities』(St. Martin's Press, 1993)도 추천하고 싶다.

21세기 어버니즘의 핵심으로 동아시아가 부상한 것도 요즘에 와서야 기록되고 있다. 이 발전에 대한 소중한 통찰력을 D. J. 드와이어D. J. Dwyer가 편집한 『아시아 변화의 중심지로서의 도시The City as a Centre of Change in Asia』(Hong Kong University Press, 1972)와 김주철Joochul Kim과 최상철Sang-Cheul Choe의 『서울: 메트로폴리스의 발달 과정Seoul: The Making of a Metropolis』(John Wiley, 1997)에서 발견할 수 있다.

마지막으로 우리가 현대의 도시와 미래를 심사숙고할 때에 두드러지는 저작이 몇 권 있다. 내게 가장 인상적이었던 책은 출판된 지 1세기가 지난 H. G. 웰스H. G. Wells의 『인류의 생활과 사고가 기계적, 과학적 진보에 대해 보이는 반응에 대한 예상Anticipations of the Reaction of Mechanical and Scientific Progress upon Human Life and Thought』(Chapman and Hall, 1902)이다. 이 저서에는 도시에서 기술이 차지하는 역할에 대한 가장 날카로운 통찰력들이 담겨 있다.

그보다 더 최근에 나온 유서 깊지만 상당히 예언적인 저서들은 마뉴엘 카스텔Manuel Castells의 『정보화시대: 경제, 사회와 문화, 3권: 밀레니엄의 끝 *The Information Age: Economy, Society and Culture, Volume III: End of Millennium*』(Blackwell Publishers, 1998), 존 윌킨슨John Wilkinson이 번역한 자크 엘륄Jacques Ellul의 『기술적 사회*The Technological Society*』(Vintage, 1967), 조지 필즈George Fields와 윌리엄 마쉬William Marsh가 번역한 사카이야 타이치Taichi Sakaiya의 『지식-가치 혁명, 또는 미래의 역사*The Knowledge-Value Revolution, or, A History of the Future*』(Kodansha, 1985), 다니엘 벨Daniel Bell의 『후기산업사회의 도래: 모험적인 사회적 예상 *The Coming of Post-Industrial Society: A Venture in Social Forecasting*』(Basic Books, 1973) 그리고 앨빈과 하이디 토플러Alvin and Heidi Toffler의 저작들, 그중에서도 특히 앨빈 토플러Alvin Toffler의 『제3의 물결*The Third Wave*』(William Morrow, 1980)이다.

연표

BC 약 25,000	호모 사피엔스가 완전히 진화하다.
8000	근동에서 가축 사육과 농경이 시작되다.
7500~6800	예리코에 사람들이 정착하다.
7000	마지막 빙하기가 끝나다.
6000	예리코에 성벽을 쌓고, 통치의 기미를 보여 주다.
4000	티그리스-유프라테스 유역에 잉여 식량이 생겨나다.
3500	메소포타미아 우루크에서 문자사용의 첫 사례가 생겨나다.
3000	크레타에서 미노아 문명이 시작되다.
2600	케옵스에 대 피라미드가 세워지다.
2500~2400	페르시아만의 수메르와 틸문 사이에서 정기적인 교역이 발달하다.
약 2300	사르곤이 아카드 왕조의 수도인 바빌론 인근에 아가데의 기초를 세우고 통치하다.
2150	인도에서 하라파의 도시들이 출현하다.
2004	마지막 수메르 왕조가 멸망하다.
2000	크레타에서 미노아 시대가 열리다.
1960	셈족의 침공으로 고대 메소포타미아 제국들이 무너지다.
1900	메소포타미아에서 이스라엘 민족의 조상 아브라함이 태어난 대략적인 시기.

1894	수무아붐 치하의 바빌론에 최초의 왕조가 등장하다.
1792~1750	함무라비가 바빌론을 통치하다.
1766	상商이 개국한 대략적인 시기.
1750	중국에서 상의 도시 문명이 출현하다.
1730	힉소스 족이 이집트를 침략해서 정복하다.
1600	그리스에서 미케네 문명의 도시들이 세워지다.
1400	크노소스 궁전이 파괴되다.
1400~1200	우가리트의 황금기.
1200	이스라엘인들이 이집트에서 이주해 나온 대략적인 시기.
1111	중국의 주周나라가 개국한 대략적인 시기.
961~922	솔로몬이 예루살렘에서 통치하다.
814	카르타고가 창건되다.
753	로마의 전설적인 창건이 이루어지다.
600	그리스의 해외 이주민들이 훗날 마르세유가 되는 마실리아를 창건하다.
592	아테네에서 내분을 조정하기 위해 솔론이 집정관으로 임명되다.
587	네부카드네자르가 예루살렘을 탈환하다.
559~529	페르시아의 키루스 대왕 통치기.
515	예루살렘의 사원을 복구하다.
480~479	페르시아가 그리스를 침공하다.
475~221	중국, 전국시대로 접어들다.
450	로마에서 12표법이 제정되다.
431~404	펠로폰네소스 전쟁이 그리스 도시국가들을 약화시키다.
338	필리포스 2세가 그리스 도시국가들을 제압하는 헤게모니를 확립하다.
332	티레가 알렉산드로스 대왕에게 함락되다.
332	알렉산드리아가 창건되다.
331	알렉산드로스가 가우가멜라에서 페르시아군을 쳐부수다.

323	알렉산드로스가 사망하다.
321	찬드라굽타 마우리아가 인도에서 제국을 건설하기 시작하다.
221	시황제가 진秦나라를 창건하다.
168	셀레우코스에 맞선 유대인들의 반란이 일어나다.
146	카르타고가 파괴되다.
100	중국에서 광저우廣州가 창건되다.
63	폼페이우스가 예루살렘을 정복하고 사원을 모독하다.
44	로마의 카이사르가 암살되다.
31	악티움 해전이 일어나다.
AD 27	아우구스투스 치하의 로마제국이 창건되다.
54	네로 치하의 로마에서 대화재가 발생하다.
70	예루살렘 사원이 파괴되다.
98	트라야누스가 최초의 비 이탈리아인 황제가 되다.
161	마르쿠스 아우렐리우스가 황제가 되다.
220	중국 한漢나라가 멸망하다.
306	콘스탄티누스가 황제가 되면서 기독교를 국교로 삼다.
324	로마에서 최초의 성베드로 대성당이 완공되다.
326	콘스탄티노플이 제국의 동쪽 수도로 확정되다.
395	로마제국이 분할되면서 비잔티움이 옛 로마권의 중심지로 부상하다.
410	서 고트족의 알라리크 1세가 로마를 약탈하다.
413	아우구스티누스가 『신국론』의 집필을 시작하다.
421	베니스의 전설적인 창건이 시작되다.
476	서로마제국이 멸망하다.
500	일본 수도의 초기 건설이 시작되다.
537	콘스탄티노플의 성소피아 성당이 완공되다.
570	무함마드가 메카에서 태어나다.
581	중국의 수隋나라가 창건되다.
618	중국의 당唐나라가 창건되다.

622	무함마드가 메카에서 메디나로 이주(헤지라, hijira)하다.
632	무함마드가 사망하다.
635	아랍인들이 다마스쿠스를 점령하다.
637	아랍인들이 예루살렘을 점령하다.
639~647	아랍인들이 이집트를 정복하다. 훗날 카이로가 되는 푸스타트가 창건되다.
661	칼리프가 메디나에서 다마스쿠스로 이주하다.
690	년대아랍어가 행정의 주요 언어로 그리스어를 대체하다.
708	일본에서 나라奈良가 창건되다.
732	카를 마르텔이 푸아티에서 아랍군을 격파하다.
749	칼리프가 바그다드로 옮겨가다.
751	아랍인들이 중앙아시아에서 당나라의 군대를 격파하다.
794	헤이안[교토京都]이 일본의 새 수도가 되다.
800	샤를마뉴가 로마에서 황제로 대관하다.
885~887	파리가 노르만인들의 침공을 성공적으로 격퇴하다.
960	중국의 송宋나라가 개국되다.
968	카이로가 창건되다.
971	첫 세관 건물이 중국 광저우에 세워지다.
987	위그카페가 파리에서 프랑스 왕으로 선출되다.
1037	키예프에 성소피아 대성당이 세워지다.
1095	제1차 십자군이 출발하다.
1163	노트르담 성당의 건축이 시작되다.
1176	살라딘 치하에서 카이로의 성벽과 요새 구축이 시작되다.
1179	존엄왕 필리프 2세가 프랑스 왕이 되면서 파리의 거리를 포장하고 새로운 성벽을 쌓는 작업을 시작하다.
1192	무함마드왕 치하의 이슬람교도들이 델리 왕국을 빼앗다.
1204	십자군이 콘스탄티노플을 정복하다.
1215	칭기즈 칸이 베이징에 입성하다.

1250	맘루크가 이집트에서 권력을 장악하다.
1258	파리의 노트르담 성당이 완공되다.
1258	몽골인들이 바그다드를 점령하다.
1267~1293	현재 베이징이 있는 곳에 다두大都를 건설하다.
1279	몽골의 중국 정복이 완료되다.
1291	십자군이 끝나다.
1299	몽골인들이 다마스쿠스를 파괴하다.
1300	단테의 『신곡』에서 지옥에 들어가는 해.
1303	몽골인들이 마르즈 알-사프라르에서 패배하다.
1325	테노치티틀란이 창건되다.
1325	이븐 바투타가 여행을 시작하다.
1337	영국과 프랑스 사이의 백년전쟁이 시작되다.
1347	대역병大疫病이 베니스 인구의 절반을 앗아가다.
1348	대역병이 카이로를 황폐화하다.
1368	몽골이 멸망하고 명明나라가 창건되다.
1377	이븐 할둔이 『역사서설』을 완성하다.
1394	한양이 조선의 수도로 건설되다.
1402~1424	중국의 영락제 치세, 명의 대외 팽창이 최고조에 달하다.
1421	조반니 디 메디치가 피렌체에서 장관gonfalonier으로 선출되다. 가문에서 권력을 쥔 최초의 인물이다.
1433~1434	명이 해외 무역에 제약을 가하다.
1453	콘스탄티노플이 오스만 투르크에게 함락되다.
1453	프랑스와 영국 사이에 벌어진 백년전쟁이 끝나다.
1486	단테의 『신곡』이 출판되다.
1492	콜럼버스가 미국 대륙에 도착하다.
1492	그라나다. 왕국이 정복되다. 유대인들이 스페인에서 추방되다.
1498	바스코 다. 가마가 캘리컷에 도착하다.
1499	프랑스가 밀라노를 점령하다. 이탈리아 도시 국가의 최후.

1506	로마 성베드로 대성당의 초석이 놓여지다.
1509	알메이다가 지휘하는 포르투갈 함대가 디우에서 이슬람 함대를 격파하다.
1510	포르투갈이 인도의 고아Goa를 점령하다.
1517	맘루크 왕조가 멸망하다. 오스만이 카이로를 장악하다.
1519~1521	테노치티틀란이 정복되다.
1520~1566	쉴레이만 1세의 치세.
1522	마젤란의 선원들이 최초의 세계일주를 끝내다.
1533	이반 뇌제가 러시아의 왕권을 장악하다.
1534	포르투갈이 봄베이 섬을 통치하다.
1536	영국이 로마와 갈라서다.
1561	펠리페 2세가 왕궁을 리스본에서 마드리드로 옮기다.
1563	스페인의 엘에스코리알 궁전의 초석이 놓여지다.
1571	레판토 해전에서 투르크 함대가 패배하다.
1572	네덜란드에서 스페인에 맞선 대봉기가 시작되다.
1576	앤트워프가 약탈되다.
1584	도요토미 히데요시가 오사카성으로 옮겨가다.
1588	스페인 무적함대가 패배하다.
1594	프랑스의 앙리 4세가 가톨릭으로 개종하다.
1600	세키가하라 전투가 도쿠가와 이에야스의 승리로 끝나다.
1609	네덜란드와 스페인 사이에 평화조약이 체결되다.
1615	도요토미 가문 최후의 요새인 오사카성이 파괴되다.
1624	뉴 암스테르담이 창건되다.
1633	도쿠가와 쇼군들이 일본의 쇄국 정책을 실시하다.
1644	중국의 명나라가 멸망하다.
1664	영국이 뉴 암스테르담을 넘겨받아 뉴욕을 건설하다.
1665	영국이 봄베이의 통치권을 획득하다.
1682	루이 14세가 왕궁을 베르사유로 옮기다.

1689	러시아에서 표트르 대제의 통치가 시작되다.
1690	영국 동인도회사의 에이전트인 좁 카르녹이 캘커타를 창건하다.
1703	상트페테르부르크가 창건되다.
1764	세인트루이스가 창건되다.
1769	제임스 와트가 증기 엔진에 대한 특허를 취득하다.
1772	캘커타가 영국령 인도의 수도가 되다.
1776	아담 스미스의 『국부론』이 출판되다.
1781	로스앤젤레스가 창건되다.
1785	테헤란이 페르시아의 수도가 되다.
1788	신시내티가 창건되다.
1789	프랑스에서 혁명이 일어나다.
1797	나폴레옹이 베니스 공국을 파괴하다.
1800	런던 인구가 1백만 명을 돌파하다.
1815	나폴레옹이 패배하다.
1819	스탬포드 래플스 경이 싱가포르를 창건하다.
1833	시카고가 창건되다.
1835	영국에서 지방자치제법이 통과되다.
1841	홍콩이 영국에 할양되다.
1842	난징조약으로 중국의 항구들이 개항되고 첫 영국 조차지가 상하이에 개설되다.
1844	프리드리히 엥겔스가 『영국 노동계급의 상태』를 출판하다.
1848	영국 의회가 최초의 건강보건법을 통과시키다.
1850	태평천국의 난이 시작되다.
1851	영국이 나이지리아의 라고스를 점령하다.
1851	런던 대박람회가 열리다.
1853	페리 제독이 도쿄만에 입항하다.
1853	루이 나폴레옹이 오스망을 파리 지사로 임명하다.
1854	카이로에서 알렉산드리아까지 기차가 개통되다.

1857	프레데릭 올름스테드와 캘버트 보가 뉴욕 센트럴파크의 디자인 콘테스트에서 우승하다.
1860	파리의 교외 지역들이 파리로 통합되다.
1861	영국이 노예무역과 맞서 싸우기 위해 라고스의 행정권을 넘겨받다.
1861	러시아 차르 알렉산드르 2세가 농노를 해방하다.
1863	영국이 상하이의 관세 징수권을 넘겨받다.
1867	풀먼 객차회사가 시카고에서 창립되다.
1867	싱가포르가 영국의 식민지가 되다.
1868	일본에서 메이지유신이 시행되다.
1869	수에즈운하가 개통되다.
1871	시카고에서 대화재가 발생하다.
1871	베를린이 독일제국의 수도로 선포되다.
1872~1893	시카고 공공도서관과 시카고대학이 창건되고, 필드박물관과 시카고예술대학이 건축되다.
1876	세인트루이스의 포레스트 파크가 개장되다.
1881	'다운타운downtown'이라는 단어가 『웹스터 사전』에 처음 등장하다.
1883	모스크바에 '구세주의 교회'가 완공되다.
1888	에드워드 벨러미의 『돌이켜보면Looking Backward』이 출판되다.
1895	칼 뤼거가 비엔나 시장으로 선출되다.
1898	뉴욕의 다섯 독립구가 통합되다.
1902	H. G. 웰스의 『인류의 생활과 사고가 기계적, 과학적 진보에 대해 보이는 반응에 대한 예상』이 출판되다.
1902	뉴욕의 플랫아이언 빌딩이 완공되다.
1903	영국 레치워스에 첫 전원도시가 건설되다.
1904	뉴욕 지하철의 일부 구간이 첫 개통되다.
1905	제1차 러시아혁명이 발발하다.
1907	다나 바틀릿의 『더 나은 도시The Better City』가 출판되다.
1908	로스앤젤레스가 미국에서 처음으로 포괄적인 지방자치제 조례를

제정하다.

1910	일본이 조선의 한양을 점령하다.
1913	로스앤젤레스 수로가 완공되다.
1917	상트페테르부르크에서 차르 체제가 전복되다.
1918	러시아가 수도를 모스크바로 옮기다.
1923	일본에서 관동대지진이 일어나다.
1930	지그문트 프로이트의 『문명 속의 불만』이 출판되다.
1930	로스앤젤레스 공원들을 위한 올름스테드 계획이 프레젠테이션되다.
1932	모스크바 지하철의 건설이 시작되다.
1933	모스크바 '구세주의 교회'가 헐리다.
1935	르 코르뷔지에가 『빛나는 도시 *La Ville radieuse*』를 출판하다.
1936	베를린 올림픽이 열리다.
1939	고트프리트 페더의 『새로운 도시 *Die neue Stadt*』가 출판되다.
1942	뉴욕 브룩클린에 최초의 대규모 공영주택이 개장되다.
1943	전후 런던을 위한 애버크롬비 계획이 발표되다.
1945	베를린이 분할되다.
1946	영화 '20년 동안의 도쿄 Tokyo in Twenty Years' Time'가 개봉되다.
1947	인도가 분할되면서 대규모 도시 이주가 야기되다.
1947	뉴욕 레빗타운 건설이 시작되다.
1949	중국 공산당이 중국 본토를 통일하다.
1950~53	한국전쟁으로 서울이 황폐해지다.
1951	멕시코시티 외곽의 레르마 수로가 완공되다.
1953	베를린에서 폭동이 일어나다.
1960	브라질이 수도를 브라질리아로 옮기다.
1960	나이지리아가 독립하다.
1961	프란츠 파농의 『지상의 저주받은 사람들』이 출판되다.
1965	싱가포르가 독립하다.
1965	로스앤젤레스의 와츠 폭동이 발발하다.

1966	중국에서 문화혁명이 시작되면서 도시 거주자들이 도시에서 시골로 강제로 하방下放되다.
1968	미국의 주요 도시들에서 폭동이 일어나다.
1977	세계무역센터 트윈 타워가 완공되다.
1979	이란에서 이슬람 혁명이 일어나다.
19794대	현대화 계획이 중국의 도시 경제에 다시 활력을 불어넣기 시작하다.
1988	서울올림픽이 열리다.
1990	베를린이 재통합되다.
1990	상하이 외곽의 푸동 개발이 시작되다.
1991	레닌그라드가 상트페테르부르크로 다시 이름을 바꾸다.
1991	일본에서 가장 높은 빌딩인 도쿄도 정부종합청사가 신주쿠에 완공되다.
1992	로스앤젤레스에 폭동이 발발하다.
1993	멕시코시티 외곽의 산타페 개발이 시작되다.
1995	봄베이가 이름을 뭄바이로 바꾸다.
2001	테러리스트들이 뉴욕의 트윈 타워를 파괴하다.
2003~2007	세계 인구의 대다수가 도시에 거주할 것으로 추정되다.

"인간이 만든 최고의 발명품을
함축적으로 보여 주는 책"

우리가 먼지가 곱게 내린 오래된 청동거울을 꺼내드는 이유는 무엇일까? 조심스레 먼지를 불어내고 면이 반질반질해질 때까지 정성껏 닦고서는 거울을 들여다보는 이유는 무엇일까? 먼 옛날 그 푸르스름한 거울에 어렸던 얼굴을 떠올려 보려는 생각에서 그러는 것일 수도 있고, 그 시절의 얼굴이 지금의 얼굴로 변모해오는 데 어떤 과정을 거쳤는지를 곰곰이 돌이켜 보려는 것일 수도 있다. 또는 과거와 현재를 잇는 그 연속선상의 일들을 바탕으로 훗날 그 거울에 비춰질 자신의 모습을 상상하려고, 그때 비춰볼 모습을 조금이나마 더 현명하고 보기 좋은 모습으로 만들려면 어떻게 해야 할지를 고민하려고 그러는 것일 수도 있다.

청동거울을 들여다보는 이유를 놓고 경중을 가리는 것은 우스운 일일 수도 있겠지만 나는 가장 중요한 이유는 미래의 모습을 그려보기 위함이어야 한다고 생각한다. 역사책을 읽는 이유도 크게 다르지 않을 것이다. 과거를 돌아보고 지금의 모습을 살피면서 옳은 점과 그릇된 점을 파악하여 옳은 점은 더 갈고 닦고, 그릇된 점은 반성하고 바로잡는 것 그리고 그 갈고 닦음과 반성, 바로잡음을 바탕으로 좀더 나은 미래를 설계하고 이룩해 나가는 것이야말로 역사책을 읽는 가장 중요한 이유일 것이다.

이 책은 인류가 처음으로 도시를 만든 5천년 전쯤의 메소포타미아에서 출발해서 동서고금을 통해 명멸했던 도시들과 현재도 존재하고 있는 도시들의 과거와 현재, 미래를 설명하고 있다. 옮긴이의 입장에서 볼 때 이 작품은 우리가 역사책을 읽는 가장 중요한 이유에 잘 부합한다. 이 책은 인류가 세계 곳곳에 각양각색의 목적으로 도시들을 만들어낸 이유와 그 도시들의 발전이나 정체 또는 퇴락의 과정 밑에 자리 잡은 일반적인 원칙을 도출해서 보여 준다. 그러면서도 개별 도시들의 문화적, 역사적, 지정학적 특수성에 대한 언급도 빠뜨리지 않는다. 짧은 지식과 어눌한 문장으로 번역을 한 탓에 이 책의 내용과 주장을 훼손한 것은 아닐까 하는 두려움은 있지만 아무튼 번역의 질은 별개의 문제로 치고, 이 책을 읽는 독자들은 여행을 통해 직접 호흡했거나 각종 미디어를 통해 간접적으로 접한 세계 각지의 도시들을 바라보는 시각이 이전과는 많이 달라질 것이라 생각한다.

인류가 만들어낸 최고의 발명품이라는 도시의 5천년의 역사를 함축적으로 설명한 이 짧은 책에서 저자 조엘 코트킨이 주장하는 도시의 생성과 발전의 키워드는 크게 '종교와 정치', '경제' 그리고 '개방성'이다. 도시는 이 세 가지 목적 중 하나 이상의 목적에 따라 지어지지만 그 도시가 발전하고 번영하려면 그리고 미래의 전망을 확보하려면 앞의 세 가지 요인들이 적절히 서로를 보완해야만 한다는 것이 코트킨의 주장이다. 그리고 정보 통신과 교통 수단의 발달 때문에 정치와 경제, 문화의 측면에서 세계의 크기가 작아질 대로 작아진 지금, 외국인과 외래적인 문물에 대한 관용의 정신으로 상징되는 개방성이라는 요인은 그 어느 때보다도 중요해졌다고 코트킨은 강조한다.

코트킨은 고대 메소포타미아와 그리스, 로마, 중국과 인도의 고대 도시들, 르네상스의 도시국가들, 신대륙 정복 당시의 스페인과 포르투갈의 도시들, 중세 유럽의 도시들, 산업혁명기의 영국과 미국의 도시들 그리고 2차대전 후 식민 통치에서 벗어난 아시아와 아프리카의 도시들을 차례차례 예로 들면서 자신의 주장을 입증해나간다.

코트킨이 내세운 틀을 서울에 적용해 보면 그의 주장의 타당성이 상당하다는 것을 알 수 있다. 600년 전에 한양이 궁궐과 종묘와 사직단으로 대표되는 조선 왕조의 정치와 종교의 중심지로 창건됐을 때, 한양의 영역은 지금 보기에는 좁디좁은 4대문 안쪽이 전부였다. 그러다가 나라가 망하고 일제가 통치하고 대한민국이 건국하는 과정에서 '경제'의 중요성이 강조되면서 서울은 차츰차츰 면적을 넓혀나갔고 인구도 급격히 늘어났다. 그리고 이제 서울은 도시 곳곳에 여러 나라의 이름이 붙은 동네가 생겨나는 '개방과 세계화'의 문턱에 서 있다. 이 책을 주의 깊게 읽은 독자라면 서울이 그 문턱을 제대로 넘을 수 있을 것인지, 제대로 넘으려면 어떤 것이 필요한지, 혹여 넘지 못하는 일이 생기면 어떻게 될 지에 대한 대답을 자연스레 얻을 수 있을 것이라 믿는다.

이 책에는 우리나라와 서울을 언급하는 곳이 몇 군데 있다. 그런데 역자의 생각에 저자의 설명 중 몇 가지는 잘못된 것이었다. 그걸 그대로 옮기고 별도의 역주를 다는 문제를 고민했지만 결국은 그 설명들을 올바른(또는 저자의 의도에 맞을 거라고 생각되는) 설명으로 고쳐서 번역하기로 결정하였다.

책을 번역하는 과정에서 격려와 성원을 아끼지 않은 한상진 선배, 안식년을 맞아 런던에 계시면서도 조금도 귀찮아하는 기색 없이 본문에 등장하는 영시英詩를 번역해 주신 전인한 교수님께 감사드린다. 좋은 책의 번역을 맡겨 주고 역시 좋은 책으로 편집해서 출판해 주신 을유문화사 임직원 여러분께도 감사드린다.

윤철희

찾아보기